KB132203

잠재역량 계발을 위한

기적의 코칭

James Flaherty 저
기업상담학회 코칭상담연구회 역

Coaching: Evoking Excellence in Others

학지사

Coaching: Evoking Excellence in Others, Third Edition
by James Flaherty

역자 서문

이 책의 시작에 대해 이야기하려면 2016년 겨울로 거슬러 올라가야 할 것 같습니다. 당시 서울대학교 호암교수회관에서 한국상담학회 산하 기업상담학회 임원진들은 1박 2일의 일정으로 기업상담학회의 장단기 발전 방향과 방안을 모색하기 위해 워크숍을 열기로 하고 이를 위한 회의를 했습니다. 한국상담학회 산하에는 많은 분과다양한 학회가 있는데, 그중에서 기업상담학회는 상담학계, 기업 및 상담 현장이라는 다양한 장면에서 활동하는 전문가들이 임원진으로 활동하는 전통이 있습니다. 회의에서는 수많은 현장에서 바쁘게 활동하는 임원진들이 각자의 전문성을 살리면서 이를 공유하는 스터디 모임을 정기적으로 갖자는 의견이 나왔고, 임원진이 만장일치로 동의를 한 주제가 '코칭'이었습니다.

상담을 전공하면서 전문적인 상담 훈련을 받았거나 조직에서 상담제도를 운용해 본 경험이 있으며 다양한 현장에서 상담자, 교수, 연구원, 기업교육 훈련가 및 인사 관리자로 활동하던 기업상담학회 임원진의 대부분은 현장에서 코치로도 활동하고 있었습니다. 워크숍 자리에서 나온 의견 중 '상담자가 하는 코칭은 기존의 코칭과는 뭔가 다른데 이를 체계적으로 조사하고 연구할 필요가 있다.' '상담이 심리적인 문제해결에 집중해 왔고 전문성을 가지고 있지만, 예방과 발달도 상담의 고유한 목적이며 관련 이론과 기법이 상당히 있다.'라는 아이디어는 '그렇다면 우리가 한번 상담학 기반의 코칭을 연구해 보자.'라는 열정을 불러일으켰고, '코칭상담'이라는 새로운 상담의 영역을 개척하는 시작이 되었습니다.

임원진의 자발적인 모임으로 3월에 코칭상담연구회가 결성되었고, 기업상담학회 운영위원회를 마치고 나서 관련 논문을 읽고 토론하는 시간을 정기적으로 가졌습니다. 8월 상담학회 연차대회 기간에 열린 코칭상담연구회에서 이제는 코칭상담과 관련된 최신의 서적을 번역하여 체계적이고 깊이 있게 공부하자는 제안이 나왔고, 연구회와 유사한 관점을 가진 이 책, 『잠재역량 계발을 위한 기적의 코칭(Coaching: Evoking Excellence in Others)』(2011)을 발견하여 기쁜 마음으로 번역을 시작하였습니다. 각자 나누어 맡아 번역한 초벌 원고를 여러 번에 걸쳐서 서로 돌아가면서 검토하고 수정하였으며 각자의 일로 바쁜 번역진이지만 이 전 과정에서 뜨거운 열의와 성의를 보였습니다.

제임스 플래어티(James Flaherty)는 '코칭은 코치와 클라이언트라는 두 인간 존재가 만나서 상호 영향을 주고받는 대화의 과정이기에, 코치와 클라이언트는 자신이 인간을 어떤 존재라고 이해하는지 근본적인 질문을 던져서 충분히 검토하는 것이 핵심 과정'이라고 말하고 있습니다. 이 과정은 시간이 걸리고 불편한 과정이지만 굳건한 기초를 세우는 과정이고, 그래서 기법이나 팁을 제시하는 책은 아니라고 저자인 제임스는 강조하고 있습니다. 이 책에서 상담의 이론을 소개하고 있지는 않지만, 상담자가 충분히 공감할 수 있는 관점에서 서술되었으며 성장을 위한 상담학, 즉 코칭상담의 새로운 지평을 열어 가는 데 디딤돌이 되리라는 희망을 품어 봅니다. 그리고 이 책에서 머무르지 않고 앞으로도 코칭상담연구회는 지속적인 연구와 개발을 해 나가려고 합니다.

21세기는 변화의 시대라고 합니다. 조직은 개인에게 끊임없이 변화하는 환경에 대응하기 위한 능력을 요구하고 있습니다. 개인이 자신의 타고난 잠재력을 개발하여 고유한 개성을 발휘하면서도 환경에 유연하게 대응하도록 돕는 코칭상담에 관심이 있는 분들에게 도움이 되기를 기대해 봅니다. 그리고 전국에서 코칭상담을 실행하고 연구하는 많은 움직임이 더 활성화되기를 기대합니다. 끝으로, 이 책이 번역되기까지 수고를 아끼지 않은 코칭상담연구회 분들과 이 책의 출판을 허락해 주시고 많은 지원을 해 주신 학지사 김진환 사장님께 진심으로 감사의 인사를 드립니다.

2019년 4월

역자 대표 이윤주

추천사

제임스 플래어티의 이 책은 언뜻 보면 급격하게 떠오르며 발전하고 있는 '코칭'이라는 영역에 대해 이를 어떻게 진행하여야 하는가에 대한 방법을 알려 주는 책처럼 보일 수 있다. 하지만 그렇지만은 않다. 비록 당신이 이 책을 읽는 유일한 이유가 코칭을 진행하는 방법을 익히기 위함이라고 할지라도, 이 책은 그보다 훨씬 많은 것을 제공하며 또한 코치로서(혹은 클라이언트로서나, 코칭을 의뢰하는 고객사의 담당자로서) 당신이 코칭을 진행함에 있어 필요한 역량을 강화하는 데 도움을 줄 것이다.

얼마 전까지만 해도 코칭이 운동선수, 연기자, 학생들을 훈련시키는 것을 의미하였던 적이 있었다. 요즘에는 코칭이라는 용어의 사용이 비즈니스 경영, 리더십, 창업 및 삶의 여러 영역에서의 수행과 관련하여 확장되어 사용되고 있다. 나는 1980년대경 페르난도 플로레스(Fernando Flores)가 농구 코치들의 기법을 경영자들과 최고운영 위원회 위원들에게 활용하자고 제안했을 때 나의 초기 대응을 기억한다. 나는 이러한 기대하지 않았었던 활용에 놀랐지만, 사실 그것은 매우 적절한 것이었다. 돌이켜 보면, 나는 관리하고 이끈다는 것이 얼마나 어려운 것인가를 잘 알고 있었기 때문에 그것은 매우 적절하게 들렸다. 미래에 대한 책임을 지고, 특히 관리하고 이끌어 가는 도전적인 역할을 맡아 수행하면서 자기 자신을 스스로 관찰하고 개선한다는 것은 매우 어려운 작업이다.

코칭이라는 영역은 어떻게 사람들이 새로운 역량을 개발하고, 지평을 넓히고, 그들 자신과 주변 사람들을 위해 새로운 기회의 세상을 발견하도록 도울 수 있을 것인가를 그 중심에 놓는다. 다시 말하면, 우리는 코칭의 역할이 다가오는 시대에 각별히 필요하다고 보기 시작하고 있다. 이 책은 자신이 일하고 생활하는 환경의 변화에 대해 끊임없이 배우고, 비효과적이고 생산적이지 않은 습관을 버리고 고쳐 나가며, 새로운 기술, 관행, 습관 및 늘 변화하고 있는 세상에서 협력하기 위한 플랫폼을 익히고자 하는 사람들 간의 관계를 구축하는 것에 관한 책이라고 할 수 있다.

20세기 동안 우리는 전 세계에 엄청난 조직들을 만들었고, 다루기 힘들고 값비싸며 교체 가능한 특수한 부속품으로서 사람들을 고용하였다. 이러한 조직들은 그들이 가는 곳곳에 때로는 가치 있고 때로는 쓸모없는 관행들을 만들어 가면서 지구촌의 모습을 바꾸어 왔다. 더 효율적이고 효과적이 되기 위해 중앙집중화, 분권화, 비용 절감, 아웃소싱, 구조 조정, 적정 규모 조정, 자동화 등 많은 것을 시도하였다. 우리는 'ERP' 시스템을 통해 물류와 제조를 조직화하였고, 우리의 고객들을 'CIS' 'CRM' 시스템을 통해 관리하였다. (이러한 용어가 무엇을 의미하는지 모른다고 걱정하지 마십시오. 그것이 내가 말하는 요점을 흐리지는 않으니까요.) 구성원이 보유하고 있는 대부분의 기술은 다시 고칠 필요가 없었으며, 코칭이라는 것은 그런 세상에 반드시 필요한 것은 아니었다. 사람들은 기업의 목적을 달성하기 위해 설계된 역할을 맡아 수행하도록 훈련되었고, 적응하지 못하면 교체되었다. 우리는 사람들을 '정보'를 기억하고 반복하며, 규정을 따르도록 훈련시켰다. 20세기 말이 되서야 세상은 끊임없이 변화하는 환경에 대응하기 위한 능력을 요구하기 시작하였고, 이를 다룰 수 있도록 코칭이라는 새로운 접근법이 개발되었다.

우리는 제임스가 자신의 코칭을 해석함에 있어 클라이언트를 중심에 놓았다는 점에 주의를 기울일 필요가 있다. 서평가 중 누군가는 "제임스가 코칭을 받는 대상이 '사람'임을 잊지 않는다."라고 말하였다. 이것은 무슨 뜻일까? 코치가 사람과 함께 작업한다는 것에 대해서는 누구도 이견이 없을 것이다. 그러나 제임스는 그가 코치로 훈련시키는 존재와 코치가 되고자 하는 존재에 관해 특별한 해석을 하였다. 그는 이러한 해석을 발전시키기 위해 수많은 세월 동안 일해 왔으며, 그것이 바로 이 책이 도움을 줄 수 있는 근간이라고 할 수 있다. 이것을 간략하게 요약할 방법은 없으며, 당신은 책을 완독하고, 제임스가 무엇을 하고 있는가에 대해 당신 스스로 이해하여야 한다. 그렇지만 독자가 놓치지 않기를 바라며 제임스가 강조하는 세 가지 사항에 대해 말하면 다음과 같다.

첫째, 사람들은 지속적으로 그들 스스로 자신의 세상을 이해하기 위한 이야기, 서사를 만들고 다시 만들기를 거듭하면서 그들 자신을 언어로 창조한다. 만약 당신이 타인의 존재를 이해하려 한다면, 그(그녀)가 스스로를 해석하는 데 사용하는 언어와 서사에 주의를 기울여야 한다.

둘째, 사람들은 처음부터 끝까지 생물학적 존재이다. 사람은 그들의 기분, 그들이 소중히 여기는 것, 몸으로 어떻게 세상을 이해하고 있는가에 대해 만들어 내고, 품고, 표현한다. 만약 당신이 타인의 존재를 이해하려 한다면, 그들의 몸과 그들이 몸을 어떻게 돌보는지를 살펴야 한다.

셋째, 사람들은 자기모순적이다. 사람들은 우리가 생각하는 것보다 훨씬 더 습관의 산물이기도 하고, 또한 매우 잘 변하기도 한다(malleable). 제임스에게 이러한 역설은 끝없는 경이로움, 놀라움, 의문, 즐거움의 원천이다. 이 책은 전문적인 서적이지만 동시에 제임스의 유머도 가미되어 있다.

이러한 차별점은 다양한 영역을 연구해 온 제임스의 배경에서 온 것이다. 예를 들어, 제임스가 인간의 언어 및 언어로 자신과 세상을 만들어 가는 방법에 대해 깊게 생각해 왔다는 것이 독자들에게 명확히 보일 것이다. 이것은 이 책의 가장 분명한 차별점 중의 하나일 수 있다. 또한 그는 저명한 철학자들에 기초하여 그들의 작업을 독자들과 나누며, 불교, 생물학자, 철학자, 뇌과학자로부터 배운 점들과 코치 및 코치 양성가가 되기 전 그의 작업이었던 전문 롤핑 근육 마사지사로서 배운 점 등을 포함하여 그가 깨우친 바를 직간접적으로 독자들에게 전달하고 있다.

이 책에서 제임스는 두 명의 인간이 존재로서 함께하며 한 명의 혹은 둘 모두의 세상을 바꾸는 독창적인 다차원 공간 사고를 위한 지도를 제시한다. 그는 이를 '모델'이라고 부른다. 이러한 질문들에 대해 생각하도록 상식적인 세상이 우리에게 주는 모델들은 대부분 좋지 않은 지도들이다. 예를 들어, 나의 여식이 대학입시 시험에서 이런 질문에 대해 기술할 것을 요청받은 적이 있다. "사람들은 돈이나 명성에 동기부여가 되는가 혹은 개인적 만족에 의해 동기부여가 되는가?" 돌이켜 볼 때, 이것은 "언제 부인을 매질하는 것을 멈추셨습니까?"라는 농담처럼 좋은 질문이 아니라는 것을 쉽게 알 수 있다. 제임스가 그가 제시하는 모델들이 꼭 그렇게 중요한 것은 아니라고 말한다고 해서 그것을 간과해서는 안 된다. 그는 지도를 영역과 혼동하지 말 것과 사람들을 모델로 낙인찍는 것은 한마디로 '게으름'이라고 경고하였다. 여기서 그는 "나의 제안은 다음과 같이 설명하는 역할을 한다. 나를 이해하는 사람은 누구나 제안을 통해 올라가든, 그 위에 있든, 타고 넘든, 그것을 넘어서면 궁극적으로 그것들을 무의미하다고 본다."라는 비트겐슈타인(Wittgenstein)의 철학적 전통을 말하고 있는 것이다. (그는 말하자면, 올라간 다음에는 사다리를 치워 버리라는 것이다.)* 결국은 제임스가 제안하는 모델들을 버리는 것이 현명할 것이라는 점에 동의한다. 그러나 그 전에, 새로운 지형에 접근함에 있어 그 모델들은 엄청나게 유용한 '사다리'이다.

지금과 같은 역사적인 전환점에서 우리의 지역사회, 기업 조직에 대해 책임을 갖는 위치에 있는 너무 많은 리더나 관리자, 경영자가 오래된 습관이나 나쁘게 인식되는 상황으로 인하여 '어찌할 바를 모르는(stuck)' 상태에 처한 사람들에게 어떻게 개입할 것인지,

* 논리철학논고의 명제 6.54

어떻게 우리 주변의 세계를 볼 것인지, 사람들은 어떻게 학습하는지 등에 대한 질문에 대해 숙고하지 않아도 다른 사람을 관리하고 이끄는 것이 가능하다고 당연시하게 되었다는 것이다.

내가 예비 코치들을 훈련시킬 때, 나는 종종 그들에게 만약 세상에 있는 인간의 문제들에 대해 진단하고 개입할 기술이 없고 자신이 없다면, 그들은 중요한 실수를 저지를 수 있음을 상기시킨다. 그들은 인간의 능력을 이해함에 있어 그들 자신의 능력이 제한된 상태로 새로운 세상의 모습을 설계할 것이다. 유사하게, 효과적인 코치로서의 스스로의 능력에 대한 자신감이야말로 더 나은 팀, 비즈니스, 서비스, 더 나은 세상을 만들어 나가는 데 있어 필수 불가결한 요소이다. 여러분이『잠재역량 계발을 위한 기적의 코칭』을 읽고 그것이 제공하는 것을 실행에 옮기기 시작한다면, 전에는 불가능했던 프로젝트, 목표를 맡아서 성공적으로 해낼 수 있다는 포부와 자신감이 커지면서 나는 여러분이 여러분 자신과 여러분이 만나는 여러 사람의 가능성의 확장을 돕는 경험을 하게 될 것이라고 확신한다.

시애틀, 워싱턴

퍼시픽 노스웨스트 파이낸셜 서비스 대표

촌시 벨(Chauncey Bell)

3판 서문

코칭을 시작한 이후로 20여 년이 훌쩍 지나갔지만 코칭에 대한 나의 이해는 여전히 진화 중이다. 이 말이 나한테는 기분 좋게 들린다. 왜냐하면 나에게는 클라이언트 건너편에 앉아 있을 때가 어떤 것이 가능한지 발견하는 시간이고, 이전의 것들을 떠나보내는 시간이기 때문이다.

물론 내가 방금 전에 한 말은 코칭을 이제 막 시작하는 누군가에게는 그리 도움이 되지 않을 것이고, 심지어 불안을 야기하는 말이 될 수도 있다. 우리가 어떤 활동을 처음 시작할 때에는 규범, 규칙, 절차 및 기준이 존재하는 것이 중요하다. 우리는 차를 몰거나 스키를 탈 때 또는 타이핑을 할 때 이런 경험을 하게 된다. 활동이 단순하고 기계적일수록 그 활동은 더 규칙에 의존하게 된다. 타이핑하는 법을 배울 때, 우리는 연습할 때마다 키보드가 바뀌어도 크게 걱정할 필요가 없다. 불행하게도, 이렇게 처음 단계에서 중요하면서도 영원히 적절한 안정적이고 기계적인 지식들이 거의 모든 영역에서 앎의 방식이 되어 버렸다.

내가 말하고 싶은 것은, 예를 들어 목표를 설정하고, 사람들에게 책임을 부여하고, 자주 피드백을 제공하는 등 경영에 대해 알아가는 초심자의 방식이 모든 사람에게 효과적이지 않고, 심지어 시간이 흐른 뒤에는 같은 사람에게도 효과적이지 않다는 것이다. 우리는 이것을 우리 자신의 경험, 즉 특정 규칙이 유효하지 않은 상황에 그 규칙을 적용하려고 시도했던 경험으로부터 배운다. 즉, 우리는 어느 순간에 맥락의 중요성, 환경에 우리 자신을 조율시키는 것의 중요성을 이해하게 된다. 그 순간, 우리 자신의 불안과 직면하게 되는데, 구조에 기대서 우리가 한 행동을 정당화할 수 없기 때문이다. 일단 엄격한 타성을 넘어서게 되면, 우리는 자신의 경험과 기술에 의존해야 한다.

경험을 통해 배우는 것에 지름길은 없다. 차를 운전하는 것에 관해 아무리 많은 책을 읽어도 폭우가 쏟아지는 안개 낀 산길을 운전하는 느낌을 재현할 수는 없다. 경험은 우리의 이해를 형성하고 무엇이 적절한 행위인지 한눈에 알 수 있게 한다. 우리는 이런 일을 매일 경험한다. 모임에 가기 위해 걸어갈 때 또는 집에서 벌어지고 있는 어떤 일의 한가운데에 끼어들 때이다. 어느 누구도 멈춰서 우리에게 어떤 일이 일어나고 있다고 설명할 필요가 없다. 우리는 비슷한 경험을 너무 많이 했기 때문에 그것을 즉각적으로 인지한다.

이 지점에서 주의 깊은 독자라면 내가 말하고 있는 것에서 어떤 모순을 발견했을 것이다. 한편으로는 매 순간이 신선하다고 주장하고, 다른 한편으로는 규칙을 넘어 반응하기 위해서는 경험에 기대야 한다고 말하고 있다. 이 두 가지가 어떻게 진실일 수 있을까? 우리가 경험에 충실하다면, 우리는 과거의 어떤 상황을 재현하려고 시도하는 것은 아닐까? 그리고 우리가 경험을 저버린다면, 우리는 단순히 어찌해야 할지 모르거나 아니면 판에 박힌 방식으로 반응하고 있는 것은 아닐까?

이런 질문은 도발적으로 느껴질 수 있다. 따라서 나는 당신 스스로 답하라고 요구하고 싶다. 이때 모순을 가지고 일하는 방법이 있다. 일단 우리의 경험이 넓고 깊다면, 우리의 반응은 결코 기계적이지 않을 것이다. 이것은 어느 재즈 앙상블에 가서 공연을 관람하면 금방 알 수 있다. 음악가들은 즉석에서 연주하고 듣고 음악을 만드는 경험이 너무 많기 때문에 매번 연주할 때마다 즉흥적이고 또한 신선할 수 있다. 따라서 이런 관점을 취한다면, 경험은 필요할 때 끌어다 쓸 수 있는 거대한 저장소이다.

가끔 사람들이 경험을 이야기할 때, 경험이 그 자체로 일어난다고 상상한다. 맞다. 매 순간 우리는 경험을 한다. 그러나 이것이 내가 말하고 싶은 것은 아니다. 재즈를 예로 들면, 연주자들은 수천 시간의 연습에서 오는 경험의 혜택을 가지고 있다. 일몰을 바라본 경험이나 희귀한 포도주를 음미했던 경험은 연주 중에 리듬을 바꾸거나 코드 진행을 변경하려고 할 때 큰 도움이 되지 않는다. 이 책에서 제시하는 '연습'은 구조와 기준을 가지고 있고 또한 인내를 요구한다. 이것이 특정 활동에서 능수능란해질 수 있고, 여전히 신선하게 창의적일 수 있는 유일한 방법이다. 즉, 경험은 단지 어떤 것을 계속 반복하는 것이 아니다. 특정 활동에 관여하면서 우리가 가지고 있는 역량을 증진시키고 계속해서 우리 자신을 교정하려는 뚜렷한 의도를 가지고 있어야 한다. 이런 의도가 부족하다면, 반복적으로 행위를 하는 것은 연습이 아니라 대신 우리를 소모시키는 반복적인 상황에 불과하다. 내가 무슨 이야기를 하는지 이해하려면, 당신이 거주하고 있는 지역의 정부기관에서 대부분의 시간을 반복적으로 무미건조하게 일하고 있는 사람들을 보면 된다.

연습에서 핵심적인 것은 구분(distinction)하는 것이다. 이것은 일종의 말하는 방식인데, 우리가 주어진 활동 안에서 기능하게 한다.

우리는 운전하기 이전에 브레이크, 액셀, 운전대, 후방경과 같은 언어를 배워야 한다. 기본적으로 이 책은 그러한 구분에 관한 것들을 모아 놓고 당신을 코칭의 세계로 인도해서 실무자로서 점점 더 유능해질 수 있도록 돕고자 한다.

3판은 두 개의 장이 새롭게 추가되었고, 그 두 장에는 수천 명의 코치를 훈련시키고 수백 명의 클라이언트들과 일한 경험이 묻어 있다. 새롭게 추가된 두 개의 장에서는 코칭이 성공할 수 있을지, 또는 그렇지 않을지에 관한 핵심적인 내용을 다루고 있다.

'변화를 위한 조건으로 들어가기'로 명명한 장에서는 코칭을 계약할 초기에 어떤 점에 주의를 기울여야 하는지를 다루고 있다. 여기서 중점적으로 다루고 있는 내용은 클라이언트가 변화를 받아들일 수 있는 조건하에 있는지이다. 아무리 상황이 좋고 의지가 충만해 있다고 하더라도 준비가 되어 있지 않다면 지속되거나 극복할 수 없다. 진지하고 지속적인 변화를 위해서는 클라이언트가 자신의 인생을 관찰하기 위한 관심과 에너지를 충분히 비워 두어야 하고, 유용하지 않은 습관을 내려놓고, 새로운 행위와 관계를 받아들여야 한다.

21세기 초반을 살고 있는 사람이라면 누구나 알고 있는 사실이지만, 우리가 만나는 거의 모든 사람은 너무 바쁘다. "어떻게 지내세요?"라는 일상적인 질문에 "바빠요."라고 대답한다. 이렇게 바쁜 와중에—행동뿐 아니라 인지적으로, 정서적으로— 어떤 변화의 싹도 다른 일들로 묻히거나 또는 방치된 채 죽어 버린다. 당신은 이 점에 대해 알고 있었는가? 이때 많은 코치는 자신의 클라이언트를 버리거나 또는 클라이언트에게 더 큰 의지를 갖고 더 많이 노력하라고 응원한다. 앞으로 살펴보겠지만, 이런 방식은 잘해야 단명할 가능성이 높고, 코칭을 마치는 시점에서 클라이언트는 혼자 힘으로 계속 나아가지 못하게 된다. 대신 이 장에서는 클라이언트의 변화 준비도를 평가하는 방법을 제시하고, 준비가 되어 있지 않을 때 어떤 처방이 필요한지 다루고 있다.

새롭게 추가된 또 다른 장('코칭이 실제로 작동하는 방법')에서는 핵심적인 사안이지만 일반적으로는 숨겨져 있는 코칭의 주제인 언어에 대해 다루고 있다. 코치들이 하는 것은 오로지 말하고 듣는 것이다. 많은 독자에게 이것은 매우 명백한 일이지만, 가끔 코치들은 우리 클라이언트 역시 거의 대부분 하는 것이 말하고 듣는 것이라는 것을 잊곤 한다. 어떤 일의 자질(quality)은 깊이 있게 듣는 능력, 의도하는 성과가 무엇인지 명료하게 전달하고, 관여하고 있는 모든 사람이 프로젝트에 만족할 때까지 계속해서 대화하는 능력에 달려 있다. 이런 능력은 일이 있는 곳이라면 어디든 필요하다. 그것이 부재할 경우에는 좌절, 낭비, 사업 실패의 원인이 된다.

직장 생활뿐 아니라 개인 생활 역시 라포를 형성하고, 가능성을 탐색하며, 행위를 조율하는 능력에 달려 있다. 다른 능력처럼 이것 또한 자체적으로 구분되는 것들이 있는데, 이 장에서 자세히 다룰 것이다. 좋은 소식은 거의 모든 사람을 행위로 이끌고, 새로운 가능성을 열며, 관계를 형성하는 방식으로 말하는 법을 배울 수 있다는 것이다. 그것은 타고난 능력이 아니라 학습된 기술이다.

새롭게 추가된 장과 나머지 장을 읽으면서 이 책이 당신에게 영향을 미치는 것을 허용하기 바란다. 이 책에서는 클라이언트와 코치 모두를 만족시키면서 사람들을 이해하고 사람들과 함께 일하는 방법을 보여 주고 있다. 단어 자체에 매몰되지 말고, 대신 어떤 방향으로 당신의 관심을 이끌려고 하는지 발견하기 바란다. 이 책에서 기술하고 있는 방법대로 꾸준히 실무에 임한다면 어느 시점에서 매우 높은 수준의 역량을 갖추게 될 것이다. 다른 사람에게 큰 도움을 줄 수 있고, 스스로 크나큰 성취감을 경험하게 될 것이다.

서문

관리자, 교사, 코치 혹은 부모로서 우리가 사람들과 일하는 데 있어 핵심은 사람에 대해 기본적인 이해를 하는 것일 것이다. 인간은 고통을 피하고 쾌락을 추구하는 존재라고 믿는가? 인간은 누구나 자신의 한계를 넘어서려 노력하는 존재라는 결론을 내렸는가? 인간은 삶의 조건에 의해 프로그래밍되어 변화에 있어 매우 제한적인 바이오컴퓨터 같은 존재라고 생각하는가? 인간은 대양 속을 떠다니는 작은 병뚜껑처럼 거대하고 멈출 수 없는 메커니즘의 역사적 힘 속에 무력하게 내던져진 작은 한 부분으로 그려지는가? 혹은 낙관적 관점으로, 개인은 그 자신의 운명의 주인이어서 무엇이 일어날지 전적으로 결정할 수 있고, 자신의 의지로 조건들을 변화시키고 모든 환경적 장벽을 극복하는 존재라고 보는가? 우리 자신이 인간을 어떤 존재라고 이해하는지에 대해 스스로 분명히 하지 않은 채로는 사람들을 코칭할 수 없다. 이러한 이해가 없다면 뭔지 잘 모르는 재료들로 건물을 지으려고 하는 것과 마찬가지로 일을 하게 된다. 그런 재료로 건축했을 때 그 건물이 견딜 수 있는 하중이 얼마인지 모르고, 방수가 되는지도 모른다고 하자. 단열이 어떻게 될지, 방음이 얼마나 잘 될지에 대해서도 알 수 없다. 정상적인 지각이 있는 사람이라면 그런 식으로는 어떠한 프로젝트도 결코 추진하지 않을 것이다. 그러나 우리 중 많은 사람이 이러한 근본적인 질문에 대한 답을 얻지 않은 채로 사람들과 일을 시작하고 계속 진행해 나간다.

사실, 많은 책의 저자들이 이러한 주제에 대해 설명하지 않고 또 많은 전문가가 결코 규명되지 않은 가설적 이론을 가지고 일한다. 그렇게 하는 이유는 아마도 그것을 설명할 필요가 없다고 생각하기 때문일 것이다. 결국 우리는 이러한 논의 없이 경영 이론과 교육 이론 안에서 코칭 일을 해 왔다. 왜 여기서 지금 이러한 문제를 제기하는가? 가장 실용적인 이유는 우리가 하는 것이 효과가 없다는 것이다. 이러한 주장에 대한 통계적 증거를 여기서 제시할 필요는 없을 것이다. 더욱 흥미로운 것은 그것에 대한 사람들의 반응이다. 우리는 우리가 이미 한 일을 재검토하기보다는 과거에 이미 한 것을 더 하는 경향이 있다. 새로운 생각 없이 우리는 모두 우리가 이미 해 왔던 행위를 반복하고, 그 결과로 우리가 이미 산출한 성과만을 다시 낸다.

코칭이라는 이름의 프로그램에 과거와 같은 행위만을 넣어서 다시 꾸린다면, 그저 시간을 단축하는 노력만을 한다면, 그것은 같은 실수의 또 다른 버전일 뿐이다. 이 책은 근본적인 질문을 제기하려고 한다. 이 책은 쉽게 적용할 수 있는 팁과 기법만을 제시하려는 목적으로 만들어지지 않았다. 어떻게 하면 벽에 회반죽을 쉽게 바를지를 가르치기보다는 어떤 굳건한 기초 위에서 건물을 설계할 것인지를 보여 주고자 한다. 근본적인 질문을 다루려면 시간이 걸리고 편치 않다는 어려움이 있다. 그래서 많은 사람은 이렇게 하려 하지 않는다. 이 책을 읽는 것은 약간의 시간이 걸리지만 사람들과 일하는 방식과 방법에 대해 다시 생각해 볼 기회가 될 것이다.

이 책을 읽는 방법

이 책을 읽는 다양한 방법이 있다. 어떤 독자들은 처음부터 시작해서 순서대로 세부사항 끝까지 모두 읽을 것이다. 어떤 다른 사람들은 각 장의 요약 부분만 슬쩍 읽어 볼 수도 있을 것이다. 또 어떤 독자들은 표와 그림만 먼저 보고 그것을 통해 본문의 내용을 이해해 보려고 할 수도 있다. 표와 서지사항만 읽고 이 책에 대한 어떠한 결론을 내릴 수도 있다. 나는 여러분이 이 책을 읽을 때 여러분의 독서 습관에 따라 하지 말고, 잠시 시간을 가지고서 이 책을 통해 무엇을 얻기를 원하는지, 이 책과 더불어 무엇을 하고 싶은지에 대해 생각해 보기 바란다. 그런 다음 당신 자신에게 있어서 그 목적을 이루는 가장 좋은 방식이 무엇인지 스스로에게 질문하기를 바란다. 습관에 개입하는 것은 코칭에서 매우 중요하다. 그리고 당신이 자신에게 이러한 질문을 하는 것으로 당신 자신에 대한 코칭이 시작될 수 있다. 물론, 각 독자는 어떻게 읽을 것인지에 대한 판단을 완료할 것이다. 그래도 질문은 남는다. 이 행위의 근거는 무엇인가? 결정한 그 방법은 가장 효율적이고 빠르게 읽는 방법인가 혹은 기존에 제시된 성과에 대한 반증으로 지속적으로 측정되어 온 검증된 방법론인가? 당신이 당신에게 어떻게 하라고 말해 준 누군가의 생각에 맞춰서 이 책을 읽는다면 당신은 어떻게 읽어야 할지를 찾아내지 못할 것이다.

어쨌든, 이 책은 조직적으로 구성되어 있다. 각 장은 내용에 대한 간략한 요약으로 시작된다. 그리고 그다음에는 각 주제의 이론적 기초가 제시된다. 그다음에는 참고문헌과 자료가 제시되어 있다. 본문은 단순하고 직설적으로 작성하려고 노력하였다. 각 장의 말미에 있는 참고문헌은 본문에 제시된 아이디어들의 기초이면서 향후 더 공부할 수 있는 참고자료로 볼 수 있다. 이 책에서 제시된 뛰어난 부분을 당신 자신의 세계를 보는 방법으로 적용할 수 있다면 당신은 이 책을 코칭 툴로 활용할 수 있다. 당신이 발견한 것은 유용하거나 혹은 당신 자신에게 활용하기에는 맞지 않는 것일 수 있다. 다른 한편으로는 제시된 내용에서 예외를 발견하거나 혹은 논쟁의 여지가 있다고 생각되는 것을 발견했다면 그것은 당신이 이 책을 읽기 전에 이미 알고 있었던 것과 더불어 당신에게 남을 것이다. 그렇다. 그 부분에 대해 질문하고 그 부분과 씨름하는 것이 맞다. 당신의 삶 안으로 그 부분을 가져오려는 진지한 시도 없이 그것을 놓아 버린다면 당신이 이미 가지고 있는 역량만 계속 당신 안에 남아 있을 뿐 새로운 것은 더해지지 않을 것이다. 코칭이 되었다는 증거는 행위에 있지 논쟁에 있지 않다. 책에서 읽은 것이 행위 안으로 들어오는 것은 그것에 대한 논쟁보다 그것이 당신에게 가치가 있는지 평가할 수 있는 훨씬 더 좋은 기회가 된다. 코치로서 당신은 당신이 말하는 것이 맞다는 것을 클라이언트에게 추상적으로 설명하고 클라이언트와 논쟁하기보다는, 당신이 말하는 것이 행위 안으로 들어가도록 같은 방침을 취하고 클라이언트에게 질문해야 할 것이다. 당연하지만 이렇게 하는 것이 옳은 것이며, 코칭이 시작되기 전에 이것이 삶 속에서 자기 자리를 잡도록 해야 한다. 독자로서 당신을 위해 책에서 읽은 것이 이 책 밖에서 가장 이익이 되기 위해서는 당신에게 유익할지 의심하는 것을 실행에 옮겨 체험하고 확인해 보아야 한다.

이 책의 제한점

이 책의 차례를 보면서 이 책에서 다루는 내용이 만만치 않다는 것을 발견했을 것이다. 이 책의 주제들은 수 세기 동안 이루어져 온 철학적 · 사회학적 · 심리학적 논의를 포함하고 있다. 물론 이 책은 이러한 주제들에 대해 결론을 내리고자 하는 것이 아니며, 이미 확정된 아이디어들을 다루는 것도 아니다. 오히려 이 책의 주제들은 그 주제에 관한 당신의 생각이 밝혀지도록 자극하려는 의도로 제시된 것이다. 이 책을 능동적으로 읽으면서 제시된 아이디어에 대한 당신의 반응을 살피기 바란다. 당신의 반응은 그 주제들에 관해 당신이 어떤 입장인지를 보여 줄 것이다. 삶에 대한 당신의 이해는 뭔가 다른 어떤 것을 비출 때에만 볼 수 있는 빛과도 같다. 이 책은 이 책의 내용에 반영된 당신 자신의 생각을 볼 수 있도록 하는 대상일 수 있다. 이 책의 내용은 당신의 어떤 문제 혹은 상황을 직접적으로 설명하는 것이 아니라, 책에 제시된 생각을 취하고 그것들을 당신 자신의 삶과 당신 자신에게 적용하고, 그 결과 새로운 알아차림을 가져오는 데 쓰여야 할 것이다. 이 알아차림은 일어난 일에 대한 새로운 관점을 갖고 상황들과 새로운 관계를 하며, 새로운 행위를 취할 수 있는 기회가 되어 줄 수 있다.

이 책은 요리의 재료를 어떻게 합해야 할지, 어떻게 요리해야 할지, 얼마나 오래 해야 할지를 당신에게 말해 주는 그런 요리책이 아니다. 이 책은 굉장히 뛰어난 요리사가 될 수 있는 누군가가 내던져 버린 요리책이다. 이와 마찬가지로 누군가 우리에게 말해 주는 단계별 절차를 따르기만 한다고 해서 위대한 코치가 될 수 있는 것이 결코 아니다. 초심자에게는 교재에 포함된 그러한 구조와 지도가 필요한 것이 사실이다. 그러나 그것들은 단지 우선적인 절차일 뿐이다. 여기에 제시된 절차들이 이 책을 통해서 독자인 당신 자신의 유능성을 구축하고, 당신 자신의 단계를 설계한 다음에는 내던져 버리는 절차이기를 바란다.

일러두기

누구든 한번쯤은 다른 사람이 더 잘할 수 있도록 도와주고 싶어 한 적이 있을 것이다. 자식이 자라는 것을 보는 부모, 학생들과 함께하는 선생님, 직장의 감독관(supervisor)과 경영자(managers), 노력이 필요한 일에서 서로 돕는 친구들 등 타인에게 기여하고 싶은 인간의 기본 욕구에 대한 수많은 예시가 있다. 이 책(과 내 삶)은 '어떻게 그것을 하는가?'나 '어떻게 하면 존경심을 갖고 효과적으로 누군가의 능력을 발달시킬 수 있는가?'라는 질문을 지향하고 있다. 독자인 당신이 이와 같은, 혹은 이와 유사한 질문을 가지고 있다면, 이 책은 분명히 당신에게 해 줄 말이 있다.

글을 시작하며

나는 코칭에 대한 책을 저술할 때, 코칭을 시작할 때 누구나 당면하게 되는 도전과 동일한 것을 경험한다.

- 변화를 일으킬 만큼 충분히 독특한, 그리고 이해시킬 수 있을 만큼 충분히 친숙한 무언가를 어떻게 이야기할 수 있는가?
- 전체적으로 또는 체계적인 방식으로만 이해할 수 있는 무언가를 어떻게 직선적으로(거의 모든 책은 이런 방식으로 조직되어 있음) 말할 수 있는가?
- 패러다임 변화를 불러일으킬 의도를 가지고 있을 때, 흥미를 유지시킬 만큼 충분히 효과적이면서 설득력 있게 기술할 수 있는가?

달리 말하면, 빨리 배울 수 있는 기법들을 시끄럽게 요구하고 있는 세상에서 어떻게 하면 '이 책은 그런 기법 이상의 것을 이야기하고 있어요.'라는 말을 독자들로부터 들을 수 있을까? 잘 알고 있는 것처럼 누군가를 코칭한 경험이 있다면, 즉 누군가에게서 탁월함을 이끌어 내려고 시도한 적이 있다면, 도전이 되는 목록은 매우 길 것이다. 코치가 해야 할 일은 늘 어떤 일이 발생할 수 있는지 말하고 보여 주어야 하는 것인데, 사람들이 행위를 자유롭게 선택할 수 있는 방식으로 말하고 보여 주어야 한다.

우리 또한 이 세상에 존재하는 제약들에 대해 너무나 익숙하다. 사실, 우리가 더 많이 인식하고 경험하며 정보를 얻을수록 제약을 극복하고 직장에서 성취하고 우리의 삶에서 의미를 느낄 수 있으려면 더 많은 인식과 경험과 정보가 필요하다는 것이 더 분명해진다(다음 그림 참조).

물론 이 원은 이미 당신이 눈치챈 것처럼 종종 악순환하는데, 처음에는 우리 자신에 관한 것이지만 나중에는 다른 사람들에게 코칭을 제공하는 데 있어서 제약이 된다.

책을 더 많이 읽을수록 저자가 설명하고 있는 증상들이 결국 우리 것이 아닌가 스스로 진단 내리고 있지 않은가? 같은 이유에서 의학 교재를 읽는 것은 에드거 앨런 포(Edgar Allan Poe)나 스티븐 킹(Stephen King)을 읽는 것보다 훨씬 더 우리를 당황스럽게 만든다.

이 책을 읽으면서 이 점을 기억하기 바란다. 더 억지스러운 느낌이 드는가? 그러한 구분들로 인해 어떤 것은 왜 일어날 수 없는지

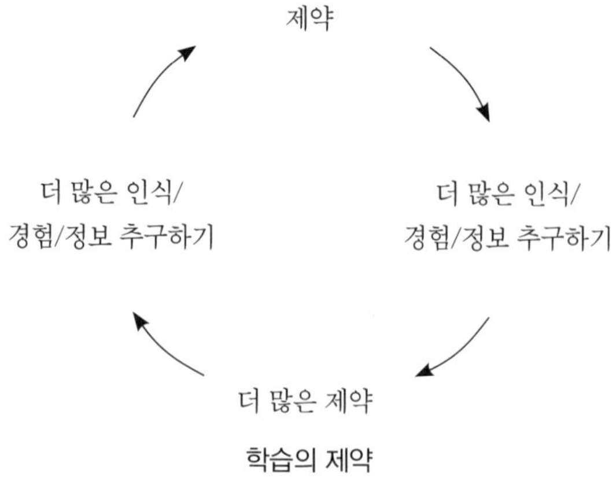

학습의 제약

더 잘 이해하게 되는가? 아니면, 당신은 더 자유롭게 행위하고 있다고 느끼는가? 물론, 이런 질문은 당신이 누군가를 코치할 때 던져야 할 질문이기도 하다.

억지스럽거나/혼란스럽거나/동의하지 않는다고 느낄 때, 다음과 같은 질문을 추천한다. "나는 어떤 방식으로 이 주제를 바라보고 있는가, 또는 어떤 방식으로 방어하고 있는가?" "내가 이 새로운 방식으로 바라보면 어떤 일이 발생하는가?" 이 책을 읽으면서 이런 방식으로 스스로를 채찍질한다면, 결국 스스로 더 유능해졌다고 느끼게 될 것이다.

차례

01

코칭의 기본 원리

이 장에서 서술하는 것은 기본, 즉 펀더멘털에 관한 것이다. 여기서 펀더멘털이란 그 이후에 등장하는 모든 것의 기초가 되는, 건물에 비유하자면 기초석에 해당된다. 펀더멘털의 속성은 분명하고, 직접적이며, 단순하기 때문에 그것을 설명할 때 많은 예시나 보충설명을 필요로 하지 않는다. 펀더멘털에 관한 소개들을 접했을 때, 당신은 당신 자신의 창의성과 사고력을 발휘할 수 있는 넓은 공간을 허락받는 것이다. 이 책은 당신에게 '무엇을 하라'라고 말하지는 않을 것이다. 그 대신에 이 책은 당신에게 아이디어, 모델, 변별성, 원리들에 대해 말할 것이며, 그것들에 기초해서 당신은 무엇을 할지를 스스로 설계할 수 있게 될 것이다. 독자에 따라서는 이 책의 이런 점 때문에 마음이 불편할 수도 있지만, 그렇지 않은 독자는 이 책을 읽으면서 정보를 얻을 뿐만 아니라 자유로움을 느낄 것이다. 두 가지 중 어떤 경우에 해당되든지 간에 책에 대한 처음의 반응은 중요하지 않다. 중요한 질문은 무엇이 독자, 즉 당신에게 유능한 코치가 될 수 있는 최대의 기회를 제공할 것인가이다. 여기서 유능한 코치란 자신의 혁신 사항을 스스로 창조해 낼 수 있고, 스스로 개선해 나갈 수 있음을 말한다. 자, 이제부터 이 중요한 질문에 대해서 고찰을 시작하자.

"우리가 인생에서 가장 필요로 하는 것은 내가 할 수 있는 것을 하도록 만들어 주는 사람이다."

– 에머슨 Emerson

왜 지금 코칭인가

당신이 코칭에 관한 서적 한 권을 골랐다는 사실은 아마도 당신이 지금 당면한 이 상황에서 코칭을 사용하려는 마음이 이미 자리잡고 있음을 의미할 것이다. 가정컨대, 당신은 한 조직의 경영자이며 당신을 위해 일하는 한 직원의 수행을 향상시키고 싶어 할 수 있다. 혹은 당신은 장래가 촉망되는 한 젊은 직원에게 멘토 역할을 하려 할 수도 있다. 또 다른 예를 든다면, 당신은 회사의 내부의 소프트웨어 개발팀의 팀장으로서 팀이 효율적으로 잘 굴러가도록 팀빌딩을 구현하기를 원할 수도 있다. 혹은, 당신은 부모로서 자녀에게 최선의 교육과 양육을 제공하기를 원하는 사람일 수도 있다. 이것들 외에도 여기 해당될 수 있는 시나리오는 수없이 다양할 수 있다. 다만, 이 책이 목표하는 바는 오늘날 우리가 흔히 당면하게 되는 이런 다양한 상황에서 활용이 가능한 코칭의 입문적인 내용들을 제공하는 것이다.

이들 다양한 경우를 꿰뚫는 공통의 끈이 하나 있는데, 그것은 코칭받는 이(우리는 이들을 클라이언트라고 부른다)가 코치와 클라이언트의 공동 이익을 위한 활동을 더 잘하게 만드는 것이 모든 코치들이 의도하고 바라는 것이다. 이 책의 독자는 대개가 코칭을 비즈니스 분야에 적용하는 데 관심이 있을 걸로 짐작되기 때문에 다음에 코칭이 비즈니스 세계에서 왜 중요성을 갖는지 이유를 설명하고자 한다.

1. 혁신의 필요성은 항상 존재한다. 비즈니스 세계에서는 새로운 생산품을 발명해야 하며, 클라이언트의 마음을 기쁘게 해 주는 방식에 있어서도 혁신을 해야 한다. 뿐만 아니라 사업가는 사업 자체를 조직하는 방식, 각종 활동을 재조정하기 위한 소통의 방식도 새로 만들어야 한다. 또한, 주변 환경의 변화, 즉 기술, 인구 구성, 정치, 정부의 규제 등에서 발생하는 각종 변화를 그때그때 민감하게 따라가야 한다.
2. 회사를 다운사이징하거나 리엔지니어링하려는 잔인한 시책으로 인해서 과거로부터 내려오던 회사와 직원 간의 전통적인 관계는 더 이상 회복이 불가능해 보일 만큼 바뀌었다. 그 결과, 우수한 사원들마저 한 회사에서 평생 동안 몸담으려 하는 경우는 찾아보기가 어렵고, 현재의 일자리는 일시적으로 거쳐가는 자리일 뿐이라는 인식을 가지고서 업무에 임한다. 겉으로 드러내지는 않더라도 속으로는 그런 생각을 가지고 있다. 조직은 이런 사람들을 최대한 오래 머물도록 하기 위한 방편을 마련해야 하는데, 그렇게 하기 위해서는 매력적인 보상을 제공한다든가, 끊임없이 배움의 기회를 제공한다든가 해야 한다.
3. 조직은 필연적으로 다문화적인 환경에서 일해야만 한다. 이런 조건은 회사들이 외국인들을 직원으로 고용하는 데에서 기인하였으며, 미국에서 회사의 인구 구성은 점점 유럽계 백인 중심으로부터 탈피하고 있다.

명령 하달과 중앙 통제식의 조직 운영은 주변의 총체적 도전에 대해서 성공적으로 대처하지 못한다는 것이 이 책의 핵심 관점이다. 대부분의 경우, 조직은 이 사실을 받아들이고 있으며, 스스로를 재조직함으로써 매니지먼트와 리엔지니어링의 질을 전반적으로 높이려고 도모하고 있다. 그런데 이런 노력에서 흔히 발생하는 문제점은 그런 노력 자체가 오히려 명령하달식-중앙 통제식 구조를 강화하는 결과를 낳는다는 사실이다. 바로 이 점에 대해서 나는 반대 의견을 가지고 있다. 명령 하달식-중앙 통제식 조직 구조는 권력과 지식을 위계적으로 조직해야 최선의 효율성을 낳을 수 있다는 이론에 근거하고 있다. 최상층부에 위치한 인물이 의사결정을 내리며, 그 결정은 변경 사항 없이 아래로 내려가면서 시행되는 업무 구조를 말한다. 그런데 이 과정은 느리고, 경비가 많이 든다. 그리고 이 과정은 직원들이 신뢰가 가지 않아 지속해서 감독을 요한다는 가정에 기초하고 있다. 이런 믿음이 조직에 자리잡고 있는 한 그 조직은 현대 사회에서 번영을 구가할 수가 없다. 물론 내가 여기서 말하고자 하는 것이 완전히 새로운 진술은 아니다. 내가 이 책에서 하는 주장은 명령 하달식-중앙 통제식 환경에 대한 대안을 제공하려는 것이다. 나의 경험에 의하면 조직이란 직원, 즉 사람들이 효율적이고, 성취감을 느낄 수 있게 최선을 다해야 한다. 조직이란 조직 구성원들이 부단히 형성하는 진행 과정의 생명체이다. 만약 조직체를 하나의 거대한 기계, 즉 명령과 통제에 의해 움직여지는 것으로 여긴다면, 이는 사실을 크게 오인하는 것이다. 나의 주장들을 요약하고 단순화하자면, 코칭이란 직원들(사람들)이 더욱더 능력을 발휘하고 성취감을 느낄 수 있게 도와주는 것으로서, 그들이 조직에 더 많이 공헌하고 그들의 일에서 많은 의미를 발견할 수 있게끔 해 주는 것이다. 희망컨대, 이 책을 읽음으로써 당신도 그렇게 할 수 있다는 확신을 갖게 되고, 이 책에서 제공한 아이디어를 실제에서 실험해 보기를 바란다. 내가 이 책에서 말한 것들의 가치를 인식하는 유일한 길은 실제로 해 보는 것뿐임을 명심해야 한다.

코칭이란 무엇인가

코칭이 무엇인지 이해하는 가장 좋은 방법은 그 목적을 이해하는 데에서 나온다. 우리는 자신이 이루고자 하는 것이 무엇인지를 알면 스스로를 수정해 갈 줄 알게 되고, 궁극의 성공 여부를 평가할 수도 있다. 이를 분명하게 인식했을 때에야 우리는 코칭에 대한 다른 해석들로부터 우리가 이해하는 코칭의 정의를 정확하게 구분해서 이해할 수 있다. 코칭은 사업 파트너가 목적을 이루도록 돕는 것 이상을 의미한다. 그렇다고 해서 코치는 그가 원하지 않는 것을 하도록 만드는 훈련사는 아니다. 내가 주장하는 코칭이란 좀 더 넓은 관점들을 포괄하는데, 앞의 두 가지를 포함하면서 그 이상의 의미를 가지는 것이다.

코칭의 결과물

장기적인 훌륭한 수행 실적: 코칭을 받는 클라이언트는 코칭을 받는 영역에서 높은 수준의 기준에 도달한다. 여기서 기준은 객관적인 것이어서 다른 관련자가 관찰할 수 있다. 예컨대, 야구에서 홈런이나 바둑에서 단수처럼 객관적인 기준이 있다. 그러나 우리가 특

- 장기적인 훌륭한 수행 실적
- 스스로 교정할 수 있음
- 스스로 창조해 낼 수 있음

[그림 1-1] 코칭의 결과물

정 실적의 좋은 점이 무엇인지를 이해하려면 그 게임의 특징을 잘 알아야만 한다.

스스로 교정할 수 있음: 코치를 제대로 받은 클라이언트는 자기가 언제 수행을 잘하고, 언제 잘하지 못하는지를 스스로 안다. 그래서 이들은 코치로부터 독립적으로 필요한 적응을 해낼 수 있게 된다. 이 기준을 염두에 두고 있는 코치들은 자기가 클라이언트에게 꼭 필요한 사람이어야 한다는 강박관념으로부터 자유로울 수 있어서 클라이언트의 역량을 더 키워 주게 된다.

스스로 창조해 낼 수 있음: 우리는 언제 어디서나 발전할 수 있다. 제대로 코치를 받은 사람은 이 사실을 잘 인식하고 있으며, 따라서 자기 자신만의 성장 방법을 찾아낸다. 이들은 더 연습하고, 다른 사람들의 수행을 관찰하며, 자신의 역량을 강화시키는 새로운 실천 방법을 학습한다([그림 1-1] 참조).

사례 소개를 통해서 내가 주장하는 바를 실제적으로 보여 주고, 그 안에 내재된 아이디어를 더욱 명확하게 설명하고자 한다. 나는 캘리포니아에 소재한 한 대형 정유회사에 소속된 밥(Bob)이라는 사람을 코칭한 적이 있다. 밥은 내 친구 낸시(Nancy)로부터 의뢰된 클라이언트인데, 그녀는 그 회사의 인적자원 자문역으로 근무하고 있었다. 밥은 능력이 많았으며, 인정받는 회계 직원이다. 그는 전 세계 곳곳의 시추 현장으로 출장을 다니며 회계감사를 수행했다. 그러나 밥의 야망은 이보다 더 컸다. 그는 자기가 이루어 낸 성공이라는 덫에 갇혀 버린 느낌을 받았다. 그는 자신의 일을 잘 수행하고 있었기 때문에 회사라는 조직이 자기가 앞으로 더 나아가는 것을 허용하지 않는다는 느낌을 받았다. 이것이 그가 나에게 해 준 이야기 그대로이다.

밥에 대해서 더 잘 알아 감에 따라서 내 눈에는 그가 큰 그림을 놓치고 있음이 보이게 되었다. 이런 대형 회사에서는 요구하는 역량의 전체 그릇이 아주 크기 때문에 강력한 정치적 역량을 발휘한다면 얼마든지 앞으로 더 나아갈 수 있다. 밥이 애당초 갖고 있었던 전제는 자기가 일을 잘하면 인정을 받을 것이고, 그에 따라 승진도 하게 된다는 것이다. 따라서 그런 일이 발생하지 않는 경우에 회사, 즉 경영진의 짧은 식견과 이기적임을 비난하게 된 것이다. 이런 생각은 밥을 약한 존재로 만들었고, 그가 경영자의 생각을 변화시키도록 할 수 있는 것은 아무것도 없었다.

코치가 개입하는 것은 바로 이런 시점에서 이루어진다. 코치는 클라이언트와 상호 존중하는 관계를 만들어 내고, 클라이언트가 지금 처해 있는 상황 조건을 이해하도록 탐색을 한다. 이런 탐색은 클라이언트 자신의 해석에 중점을 둔다. 내가 이런 일을 하면서 알게 된 것은 밥이 자기 자신의 생각이 만들어 내는 악순환의 고리에 갇혀 버렸다는 것이다. 그가 상황을 새로운 방식으로 바라보게 되고, 새로운 역량을 발전시키고, 조직 내에서의 새로운 자기 정체감을 만들어 내기 전까지는 그런 악순환은 반복된다.

나는 이 책에서 밥에 관한 이야기를 지속할 것이다. 다만, 여기서는 코칭이 어떤 결과물을 만들어 내는지 그 효과에 대해서 밥의 사례를 통해 고찰해 볼 것이다. 밥은 앞으로도 장기간 우수 사원으로 일할 인재이기 때문에 그는 회사의 주요 쟁점을 효율적으로 다룰 줄 아는 인물로 인식되어야만 한다. 이런 주요 쟁점은 그의 현재 직급에서 작은 기술로 다루는 것이 아니라 회사 중역들이 마주하게 되는 비중 있는 것을 말한다. 그는 의사결정이 어떻게 이루어지는지, 권력이 어떻게 전수되는지 이해해야 한다. 그가 더 배워야 할 것은 사내에서 남들과 동맹 맺기, 관심 공유하기, 자기 자신에게 임원이 될 수도 있는 역량이 있음을 알리기 등이다.

'스스로 교정하기'가 가능하려면, 밥은 미팅 도중이나 면담 도중이라도 자기가 하고 있던 것을 변화시킬 줄 알아야 당초에 의도했던 것을 이루어 낼 수가 있다. 그는 자기의 습관이 무엇인지 배워야 하고, 그 습관들이 어떻게 끼어들어 와서 자신을 곤란에 빠뜨리는지 알아야 한다. 이것은 매우 섬세한 의사소통 상의 단서라서 곧잘 알아차리지 못하고 지나치게 되는 것들이다. 그런데 그는 이런 것들을 학습해 나가는 데 있어서 자신을 너무 몰아붙이지도 말아야 하고, 반대로 너무 느슨해도 안 된다.

'스스로 창조해 내기'가 가능하려면, 밥은 코칭 프로그램 중에 작성한 해야 할 일들의 목록 그 이상을 가지고 있어야 한다. 그는 모든 자원을 자기의 내부에, 타인과의 관계 안에, 그리고 더 넓은 커뮤니티 안에 위치시킬 수 있어야 한다. 그래야만 그는 지속적으로 발전할 수가 있다. 그는 능력을 발전시켜서 자신을 새롭게 바꾸고, 기존의 것들에 대해서 의문을 제기하며, 더 이상 도움이 안 되는 생각들은 사라지도록 두어야 한다. 그리고 이 모든 것은 개인의 안녕감, 가정 생활, 그리고 가치관들을 그대로 유지시키면서 해내야 하는 것이다.

아 사례를 통해서 우리가 인식해야 하는 것은 코치들은 단기적 관점과 장기적 관점을 둘다 가져야 한다는 것이다. 여기서 의미하는 '단기적'의 뜻은 코치는 클라이언트의 목표 달성을 도와주어야 한다는 것이며, '장기적'의 뜻은 클라이언트는 나중에 더 이상의 도전을 맞닥뜨리게 되어 있는데, 그럴 때 역량을 발휘할 수 있도록 여유 공간을 허용해야 한다는 것이다. 그렇게 함으로써 도전과 동시에 클라이언트들은 만족스러운 삶을 구가할 수가 있다.

코칭에 대한 두 가지 이론

코칭이 교실에서 단체로 이루어졌든, 개인 코칭으로 이루어졌든 상관없이 내가 실시한 수백 건의 코칭을 살펴보면 그렇게 말할 수 있다. 어떤 경우이든 예외 없이 코치를 받은 이들은 코칭의 결과로 그들 스스로를 대단하고, 가치롭고, 바람직한 존재라는 데 동의하게 된다. 그 어느 누구가, 장기간 동안 업무를 훌륭히 수행하고 스스로 수정하고, 스스로 창조하는 직원들이 직장을 그만두기를 바라겠는가? 코칭의 결과물에 대해서 동의하지 않는 사람을 나는 보지 못했다. 하지만 코치가 그러한 결과 쪽으로 클리이언트를 끌고 가려고 시도할 때 문제가 발생한다.

이런 문제의 핵심은 코치들이 인간에 대해서 어떤 가정을 가지는가에 있다. 우리가 다른 사람을 변화시키려고 할 때, 많은 코치는 이른바 '아메바 이론'([그림 1-2] 참조)을 적용한다.

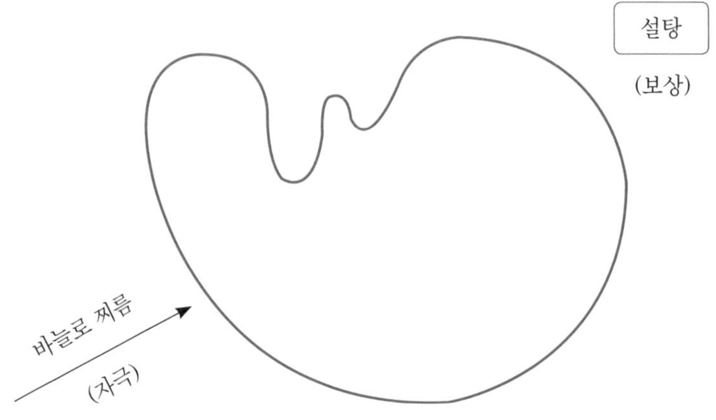

[그림 1-2] 인사관리의 아메바 이론

아메바는 단세포 생물체(원생동물)임을 기억할 것이다. 이 내용은 고등학교 생물시간에 배운다. 아메바의 행동은 변화시키기 어렵지 않다. 그것을 바늘로 찌르면 반대 방향으로 움직이며, 설탕을 제공하면 설탕이 있는 방향으로 움직이게 할 수 있다. 바늘로 찌르기와 설탕 제공은 아메바에게 매우 잘 적용된다. 아메바는 절대로 "오늘은 설탕을 무시할 테야!"라고 어느 날 갑자기 선언하지 않는다. 아메바는 언제나 주어진 자극에 반응을 한다. 이 강력한 학습 기제는 파블로프(Pavlov), 왓슨(Watson), 스키너(Skinner)에 의해서 이 세상에 알려졌다. 그런데 이 책에서 우리가 우려하는 바는 아메바 이론이 인사관리 이론으로 자리를 잡았다는 사실이다. 경영자들이나 코치들을 보면 직원들의 변화를 도모할 때 어떤 방법으로 설탕을 제공하거나 바늘로 찌를지 궁리를 한다는 것이 아주 보편적인 현상이다.

대다수의 심리학자들은 이 '아메바 이론'을 (행동주의라는 명칭이 더 적합하지만) 폐기하였다. 왜냐하면 인간은 아메바보다 훨씬 더 복잡하다는 놀라운 발견을 하였기 때문이다. 그런데 불행한 것은 경영자와 코치들 중에는 아직도 그런 발견을 아직 하지 못한 듯 보인다는 것이다. 실제 예를 들어, 포니스(Fournies)가 저술한 유명한 코칭 서적을 보면 행동주의 이론을 있는 그대로 원래의 거친 형태로 적용하는 것이 코칭을 하는 유일한 방법이라는 말이 나온다.

내가 여기서 주장하는 바는 아메바 이론으로는 코칭의 결과물을 결코 생산해 내지 못한다는 것인데, 다음에 왜 그런지를 서술한다.

1. 아메바 이론으로는 장기적인 효과가 산출될 수 없다. 자극이 끝나면 행동도 소멸된다.
2. 인간들은 아메바보다 똑똑하다. 인간은 행위를 해 보지 않고도 학습을 할 수가 있다. 예를 들어, 실제로는 공부를 많이 하지 않고도 대학에서 A학점을 받을 수 있으며, 회사에서 실제적으로 필요한 일을 해내지 못하면서도 남들에게 아주 잘 보이는 사원들이 아주 많지 않은가.
3. 아메바 이론은 인간의 스스로 수정하기 가능성을 말살한다. 왜냐하면 이는 단지 자극에 대해서 반응을 할 뿐인데, 그렇게 하면 원리, 가치, 바람직한 결과에 입각한 자기수정이 불가하기 때문이다.
4. 아메바 이론을 사용할수록 인간의 능력은 서서히 약화되는데, 이는 누군가 외부에서 자극을 제공해 주어야만 행동을 하는 방식으로 습관 형성이 되기 때문이다. 이것이 좋을 수 있는 경우는 우리가 오직 아무런 사고를 하지 않는 수동적인 기계를 원할 때뿐이다. 만약 그 반대로서 능동성, 개혁성, 위험감수, 창의성 등을 원한다면 아메바 이론은 끔찍한 일이다.

5. 아메바 이론에 입각한 코칭은 인간의 스스로 창조하기의 가능성을 앗아간다. 그렇게 하면 인간의 호기심과 야망이 파괴되며, 허가받지 않은 자기주도성과 관계성이 억압받을 것이기 때문이다. 모든 관심은 즉시적인 고통 중단이나 즉각적인 보상 획득으로 이어지는 행위에만 집중될 것이기 때문이다. 여기서는 즉각성이 숭배될 뿐, 장기적인 역량을 갖추어 가는 것은 배제될 것이다.

이런 이유 이외에도 이유는 수없이 많아서 독자 자신들도 다른 이유를 제기할 수 있을 것이다. 내가 아는 모든 이는 조종당하는 것을 싫어한다. 그것이 표면적인 조종이든, 은밀한 조종이든 관계없다. 아메바 이론에 입각한 코칭은 곧 조종하기이다. 또한, 아메바 이론은 조직에서 명령하달–중앙 통제식을 기반으로 하는 코칭이론이다. 이 이론으로는 내가 주장하는 코칭의 결과물을 얻을 수가 없다. 그러나 이 결과물은 매우 필요하고 바람직한 것들이기 때문에 우리는 아메바 이론을 버리고 다른 이론을 생각해야만 한다.

아메바 이론을 접한 많은 사람은 금세 그것의 제한점과 유해한 점들을 발견하게 된다. 그럼에도 불구하고, 압박감을 받을 경우에는 우리는 쉽게 그 이론을 찾는다. 그래서 코치들은 아메바 이론으로부터 멀리 떨어져 여유를 가지는 훈련과 연습을 해야 한다. 코칭의 바람직한 결과물을 발생시킬 가능성이 좀 더 높은 다른 제2의 이론을 찾아야 한다([그림 1–3] 참조).

이 대안적 이론은 인간을 존경해야 한다. 이 이론은 유연하여서 개인 간의 많은 차이를 포괄할 수 있어야 한다. 그리고 코치들로 하여금 클라이언트를 이해할 수 있게 허용하고, 클라이언트들이 스스로 교정하고, 스스로 창조할 수 있어서 장기적으로 훌륭한 수행을 해낼 수 있어야 한다. 동시에, 새로운 코칭 이론은 엄격한 과학성과 일상의 상식적 체험들을 통합하는 것이어야 한다. 이런 통합이 없으면, 코칭 이론은 코치와 클라이언트를 둘 다 강력하게 아우르는 데 필요한 힘이 부족할 수밖에 없다.

내가 제안하는 이론은 철학의 한 학파인 현상학에 기초하고 있다. 현상학의 중심에는 사람들의 실제 삶에서 나타나는 그대로의 모습이 자리하고 있다. 현상학은 형이상학과 다르다. 형이상학은 사건(사상, 事像)과 경험(체험)은 선험적으로 다른 것으로 간주하고 있다는 점에서 현상학과는 다르다. 이론을 제대로 설명하고 내가 말하고자 하는 것을 명확히 전달하기 위해서는 예를 제시하는 것이 좋을 것이다.

성과를 생산하는 것은 행동이기 때문에 코치들은 행동의 중요성을 알아야 한다. 성과 산출에 긍정적 영향을 미치지 못하는 코치는 해고되어야 마땅하다. 그러므로 관건은 행동의 중요성을 어떻게 설명하는가에 달려 있다. 내가 추천하는 방식을 소개한다면, 우리는 세상이 우리에게 드러나는 방식을 그대로 좇아서 행동의 중요성을 인식하는 것이다. 부연한다면, 행동을 유발시키는 것은 사건이나 자극이나, 의사소통이 아니라 현상에 대한 개인의 해석(interpretation)이다. 그것이 행위의 선행 조건이다.

펄스(Perls, 1973)의 저작물로부터 예를 빌어 오겠다. 세 사람이 각자 같은 파티에 오고 있다고 하자. 파티는 전형적인 것으로서 음악, 음식, 음료, 그리고 사람들의 오고가는 대화 소리로 가득 차 있다. 중요한 것은 이 예시를 통해서 다음을 이해하는 일이다. 파티에 참석한 이 세 사람의 행위가 서로 차이가 나는 것은 파티 환경이

다르기 때문이 아니다. 파티가 진행되면서 이 세 사람은 환경에 대하여 각자 다른 해석을 하며, 그 해석이 다른 행위를 유발하기 때문이다. 첫 번째 사람은 예술가로서 예전에 파티를 주최한 가족에게 그림 한 장을 판 적이 있다. 이 예술가는 어떤 행위를 할까? 그는 자기 그림이 어디에 걸려 있나 둘러볼 것이다. 그리고 자기 그림이 화장실 변기 위에 걸린 것을 보고는 그곳이 좋은 위치가 아니라는 생각을 할 것이다. 두 번째 사람은 알콜중독자이다. 그의 행위는 쉽게 예측할 수있다. 그는 술이 어디 있는지부터 찾을 것이다. 첫 번째 사람과 마찬가지로 음식, 사람들, 음악 파티 등 파티 환경의 모든 것은 배경(역자 주: 형태주의 이론에서 말하는 background, 전경, 즉 figure에 대비되는 개념)으로 사라진다. 세 번째 사람의 행위를 예측하려면 약간의 상상력과 기억력을 동원하기 바란다. 그는 이 파티에 참석한 누군가에게 마음을 빼앗겨서 사랑에 빠지고 있다. 당신은 혹시 당신이 완전히 사랑에 빠질 만한 상대를 발견했던 순간을 기억하시는지? 시간이 멈춘 것처럼 천천히 흐르고, 사랑하는 사람 이외의 다른 사람의 목소리는 들리지 않으며, 그 사람의 모습만 마치 스포트라이트를 받는 것처럼 빛나고 있다. 이 세 번째 사람에게는 사랑하는 그 사람 이외의 모든 것, 즉 음식, 음악, 다른 사람들은 모두 투명해진다.

이것이 나의 주요 포인트이다. 이 점이 명쾌하게 이해가 된다면

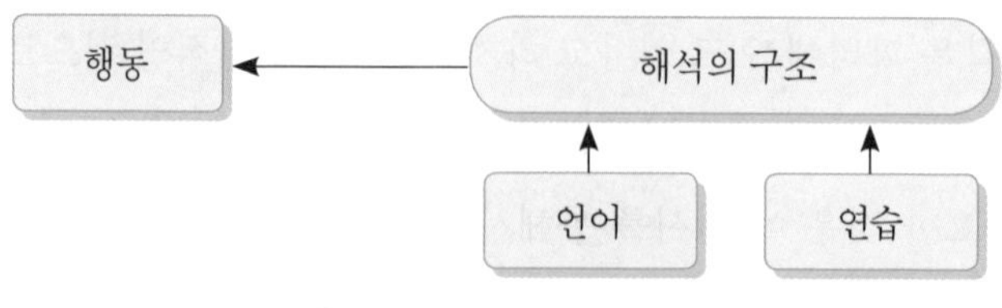

[그림 1-3] 코칭의 논리

코칭에 관한 다른 모든 것은 따라서 분명해진다. 모든 인간의 행위는 그가 내면에 가지고 있는 해석과 완전히 맥을 같이하는데, 해석은 시공간, 사건이나 사정이 달라져도 일관성이 있다. 코치가 해야 할 임무는 클라이언트의 해석 구조를 이해한 다음, 파트너십을 통해 이 해석 구조를 일부 변화시켜서 원하는 성과를 생산하도록 행위 변화를 꾀하는 것이다. 이럴 때, 코치들은 클라이언트에게 새로운 언어를 제공하는데, 이 새로운 언어의 기능은 클라이언트가 새로운 것을 보게 된다는 것이다. 예를 들어, 우리가 만약 샤르트뢰즈(chartreuse) 포도주의 이름을 모른다면 그것을 매장에서 찾아내지 못할 것이다. 만약에 자동차 운전에 관한 각종 단어를 알고 있지 못하다면, 브레이크 페달을 식별하지 못할 것이다. 우리가 만약 감정에 관한 언어를 가지지 못했다면, 우리가 지금 무엇을 느끼고 있는지 관찰할 수가 없을 것이다. 우리가 만약 무엇을 추구하고 있는지 알지 못하고 있다면, 우리는 지금 과연 효율적으로 소통하고 있는지 여부를 식별할 수가 없을 것이다.

언어는 클라이언트에게 새로운 것을 하게 해 주지만 언어는 충분조건이라기보다는 필요조건이다. 코칭에서 또 다른 핵심 요소는 연습(practice)인데, 이것이 있어야 언어가 클라이언트의 해석 구조에 영구적으로 녹아들어 갈 수가 있다. 운전을 배울 때 자동차 부품 용어와 교통 법규를 배우는 것으로 운전을 정말로 할 줄 알게 되지는 못한다. 자동차와 운전에 관한 언어들을 배운 다음에는 운전석에 앉아서 많은 시간에 걸친 실제 운전을 연습해야 한다. 유능한 운전자가 되려면 지속적으로 집중해서, 마음을 담아서 연습을 해야만 가능하다. 그런데 만약 운전에 관한 언어를 배우지 않은 채 운전 연습만 했다면, 자동차가 고장났을 때 우리는 어찌할 바를 모를 것이며, 자동차를 몰고 복잡한 도시의 교차로에 나갔을 때 다른 운전자들과의 조율을 어떻게 해야 할지 알 수 없을 것이다.

언어와 연습의 중요성을 코칭의 결과물과 연결시켜 보자. 언어는 클라이언트가 스스로 수정하고 스스로 창조하도록 인도해 준다. 그리고 연습은 클라이언트가 장기간 동안 훌륭한 수행자가 될 수 있도록 해 준다.

이 책을 읽으면서 당신은 다음과 같은 의문점을 느낄 수 있다. 어째서 인간의 역량을 향상시키려는 수많은 노력과 시도들이 실패하는 것일까? 그 이유는 코치들이 아메바 이론을 적용하면서 보상과 벌을 마치 법관처럼 사용했기 때문일 수 있다. 아니면 클라이언트에게 제공한 언어가 부적절하거나 틀린 것이어서 클라이언트가 새로운 관점을 습득하지 못했기 때문일 수도 있다. 혹은, 코치가 연습을 제대로 구성해 주지 못해서 클라이언트의 학습이 영속성을 가지지 못했기 때문일 수도 있다. 이제부터 이 책의 나머지 부분에서는 이런 것들을 어떻게 제대로 해낼 수 있는지 설명하고 방법을 보여 줄 것이다.

코칭의 실행 원리

코칭은 다음과 같은 다섯 가지 원리([그림 1-4] 참조)를 지킬 때 비로소 코칭이라고 불려질 수 있다. 이것은 타인의 행위를 향상시키는, 즉 역량에 관한 개입을 의미한다. 당신은 이 다섯 가지 원리를 사용해서 당신의 코칭을 설계할 수 있으며, 당신의 코칭이 효과가 없다고 보여질 때 그것을 수정하는 데 그 원리들을 사용할 수도 있다.

첫 번째 원리는 관계(relationship)의 원리인데, 이것은 가장 중요한 원리이다. 이 책의 다른 부분에서도 코칭 관계에 대해서 더 설명할 기회가 있을 것이지만, 여기서는 관계가 모든 코칭 노력의 기반이 된다는 것을 말하고 싶다. 관계는 그 안에 상호 간의 존중, 믿음, 그리고 표현의 자유가 포함된 바로 그런 것이다.

두 번째 원리는 코칭은 실용적(pragmatic)이어야 한다는 것이다. 실용주의는 철학 분야에서 미국이 주로 공헌한 것인데, 그것의 핵심 아이디어는 효과성이 있는 것이(what works) 곧 '진(眞, true)'이라는 생각이다. 실제적인 성과가 이론적 개념들을 대체해 준다. 코칭은 집착해야 할 기법이나 관념들을 모아놓은 집합체가 아니다. 코칭은 부단한 새로움, 혁신을 추구하는 것이며, 얻어진 결과를 바탕으로 자기수정을 하는 인도적인 노력이다. 다른 말로 하면, 만약에 코치가 "나는 제대로 코칭을 했다. 그런데 코칭이 효과가 없었다."라고 말한다면, 이는 완전 틀린 말이다. 내가 보기에 그런 진술을 일삼는 코치는 예전에 먹혀들었던 먼 옛날의 기법을 따랐을 뿐, 시대의 변화에 따라 새롭게 수정하지 않는 사람이다.

실용주의 코칭의 강점은 코치는 언제나 결론을 원래의 자리로 돌려보내야 한다는 데 있다. 코칭은 각 상황마다 새롭게 시작한다는 마음의 자세가 필요하다. 지난 코칭에서 배운 것이 이번 코칭에서 적용되지 않을 수 있음을 알고 있어야 한다.

코칭은 코치에게나 클라이언트에게 모두 일종의 배움의 경험이다. 이 세 번째 원리를 나는 '두 개의 트랙(two track)'이라고 부른다. 제1 트랙은 코치가 클라이언트에게 일해 주는 것을 뜻하며, 제2 트랙은 코치가 스스로에게 하는 일을 뜻한다. 제2 트랙은 끊임이 없는 과정이다. 만약 코치들이 기존 가정들에 대해서 의문을 제기하지 않고, 기술을 포기하지 않고, 코칭이 생산한 성과물로부터 부지런히 수정을 가하지 않는다면, 우리 모두는 코치로서 실패자가 될 것이다.

종종 있는 일인데, 코칭이 실패하는 이유는 클라이언트가 코칭해 줄 수 없는 사람이어서가 아니라, 코치가 두 눈이 멀고, 편견과 고집과 완고함으로 가득 차 있어서이다. 삶의 많은 상황을 보면 거대 조직을 경영하거나 자녀를 기르거나, 제자를 가르치는 일을 하게 될 수 있는데, 이런 상황에서 우리가 코칭을 제공할 대상자를 고르고 선택할 수 있는 사치스러운 상황은 거의 없다. 운동 팀의 코치

관계 (Relationship)

- 쌍방 모두 만족스러움
- 상호 존중
  상호 신뢰
  표현의 자유를 기반으로 함

실용주의
- 성과를 기반으로
- 피드백을 반영한
- 객관화된 수정

두 개의 트랙
- 클라이언트와 코치는 둘 다 배운다
- 클라이언트나 코치 어느 한쪽에서만 헌신과 역량 면에서 붕괴가 발생할 가능성이 존재한다

항상/이미
- 인간은 항상/이미 인생의 중간 지점에 있다
- 비어 있는 항아리는 없다
- 모든 개인은 자기만의 코 앞에 닥친 걱정거리가 있다
- 모든 개인은 자기만의 헌신 방식을 가지고 있다

테크닉이 먹히지 않을 수 있다
- '만약… 이라면'이라는 가정법 시나리오는 한계가 있다
- 인공적인 조작
- 인간의 존엄성을 훼손시키기
- 저항과 반감을 불러일으킴

[그림 1-4] 코칭의 다섯 원리

들은 선수를 자를 수도 있고, 외부에서 다른 선수를 데려올 수도 있다. 그런데 스포츠 팀이나 운동 선수 개인이 성공하도록 해 주는 코치의 활동과 (기업체 임직원의) 수월성을 돕는 코치의 활동을 기술하는 언어가 크게 다르지 않은 것은 불행한 일이다.

그럼에도 불구하고, 우리는 코칭이라는 단어 때문에 스포츠 분야에서 사용하는 의미들이 우리 마음에 떠오르게 되지만 계속해서 그 단어를 사용한다. 희망컨대, 이 책을 읽음에 따라서 독자들은 스포츠에서의 코칭과 내가 말하는 코칭의 차이점을 점점 더 명확하게 인식하게 되기를 바란다. 내가 말하는 코칭이란 타인에게서 수월성을 발생시키는 것을 말한다.

종종 스포츠 코치들이 사용했던 압박과 힘이라는 골동품적인 요소들을 조직, 학교, 가정에서의 코치들이 따라해야 할 것으로 간주한 적이 있다. 그런데 그 두 가지 코칭은 많이 다르다. 당신이 안전한 위치를 점하려면 이 장의 서두에서 언급한 이론과 여기서 설명중인 코칭의 다섯 가지 원리를 따르면 된다. 이 아이디어들은 학술적 연구는 물론, 조직, 학교, 가정 등에서 실제 적용을 통해서 오랜기간 발전을 거쳐서 얻어진 것들이다.

운동 코치들은 선수들로부터 무엇인가를 배울 수 있다는 입장을 거의 취하지 않는다. 운동 코칭이라는 상황을 보면 그런 입장이 이해가 된다. 그러나 내가 주장하는 바는 다른 경우의 코칭에서는 코치도 배움을 얻는다는 입장을 코칭 개념의 일부로 받아들여야 한다는 것이다. 부단히 질문하는 것과 관련이 있다. 여기서 배움이라는 것의 핵심은 어떻게 하면 성공적인 코칭에 이르게 되는지 우리 스스로 부단히 질문해야 한다는 것이다. 이 책의 후반부에서는 코치들이 배워야 할 기술과 덕목들을 어떻게 발전시킬 수 있는지를 제시할 것이다.

네 번째 원리는 코칭의 클라이언트는 인생 중반기에 있는 성인들이라는 점이다. 항상 그러하다. 성인들을 대상으로 하는 코칭은 클라이언트 해석 구조에 맞추어져야 한다. 그들은 인생을 많이 살았을 뿐만 아니라, 자기 자신의 관점, 헌신 경험, 미래 전망, 그리고 걱정들을 이미 가지고 있다. 학교를 막 다니기 시작한 다섯 살 짜리 아이가 선생님에게 "나는 알파벳 쓰는 법을 배울 필요가 없어요. 나는 이미 글씨 쓰는 나의 방법을 터득했어요."라고 말하며 선생님을 무시하는 적은 없다. 그러나 성인 코칭에서는 클라이언트들이 일을 처리하는 자신만의 방식을 이미 터득하고 있음을 코치는 인식하고 있어야 한다. 그리고 그들의 습관에는 이미 안정화와 움직임 방향이 형성되어 있기 때문에 코칭이 개인에게 맞추어져야 한다.

마지막 다섯째 원리는 기법 사용이 곧잘 실패한다는 것이다. 내가 기법이 먹혀들지 않는다고 말하는 이유는 두 가지 결과를 예측하기 때문이다. 첫째 이유는 우리가 코칭을 하는 기계적이고 관습적인 면을 지적하기 위함이고, 둘째 이유는 우리가 언제 기법을 사용하는지 이미 클라이언트가 재빨리 알아차리고 불쾌하게 여긴다는 점을 경고하기 위함이다. 예를 들어, 이런 일이 자주 일어난다. 임직원 교육을 최근에 다녀온 부장님이 자기가 거기에서 배운 기법들을 막 써먹기 시작하는 그런 상황 말이다. 이럴 때 대부분의 직원은 그분의 열정이 사그라들기를 기다리며, 그동안은 이 새로운 절차에 영향을 덜 받기 위해 자신 앞에 방패를 세워 둔다.

기법 사용에 대하여 가장 정확하고 공정한 표현을 한다면, "기법만을 사용한다면 효과가 없다"라고 말해야 할 것이다. 기법 사용에는 모든 코치가 적용해야 할 아주 기본적인 것이 있기 때문이다. 기법 사용이 어려운 것은 내가 이미 앞에서 말한 것들 이외에도, 언제, 어떤 기법을 사용할지 정확히 알기가 어렵다는 점이다. 그건 이미 효과가 증명된 기법을 사용할 때에도 마찬가지이다. 기법 사용이 코치로 하여금 클라이언트와의 관계에서 완전한 개방성, 용감함, 호기심 등을 회피할 수 있게 해 준다는 상상을 한다면 이는 매우 위험하다. 비록 강력한 것이어도, 코칭에서의 기법은 인간의 심장과 창의성을 대신해 주지는 못한다.

나의 코칭 이론은 코칭이란 기법이 아닌 원리에 입각한 본질적 입장을 고수해야 한다는 것이다. 이 장의 앞부분에서 서술한 코칭의 이런 본질적인 모습이 유지된다면 그것은 코칭이 될 수가 있다. 혹은 코칭과 대등한 것이라 볼 수 있다. 여기서 목록화한 다섯 가지 원리는 유효하다. 그리고 코칭이 기대하는 결과물은 장기적인 수월성, 스스로 수정하고 스스로 창조하는 역량이다. 이것만 지켜진다면, 그 이상의 것은 코치가 직접 코칭을 하면서 창조해 낼 부분이다. 이 책이 지향하는 바는 코칭의 한 시범적인 예를 보여주는 것이며, 이미 효과가 검증된 사례를 보여 주는 것이다. 이 책은 모든 코칭 상황에 대한 '해답'을 일일이 제공하는 것이 목적이 아니다. 나는 이 책을 읽은 코치들이 자기 스스로 자기만의 방식을 창안해 내기를 기대하며, 나 또한 그분들로부터 배움을 얻기를 고대한다.

추천 도서

제1장의 추천 도서는 다른 어느 장에서보다 많다. 그 이유는 다음에 소개하는 모든 자료에서 코칭의 기본을 다루고 있기 때문이다. 이것이 1장의 성격이기도 하다. 만약 당신이 아직 철학에 관해

서 읽은 바가 없다면, 리처드 타르나스(Richard Thomas)의 『서구 세계의 정신과 열정(*Passion of the Western Mind*)』이라는 책을 읽음으로써 그 분야의 친절한 입문에 이를 수 있을 것이다.

만약에 당신 자신은 그저 몇 권의 책만 읽고 싶다는 생각이라면, 다음에 제시되는 세 권의 책을 순서대로 읽기를 권한다. 이 책들은 모두 당신의 시간과 노력을 헛되지 않게 할 것이다.

1. 『세상을 살아가기(*Being-in-the-World*)』. Hubert Dreyfus
2. 『컴퓨터와 인간의 사고(*Understanding Computers and Cognition*)』. Fernando Flores & Terry Winograd
3. 『지식이라는 나무(*The Tree of Knowledge*)』. Humberto Maturana & Francisco Varela

그 외의 추천 도서

Barrett, William. *The Illusion of Technique*(기법에 대한 환상), Garden City, NY: Anchor Press/Doubleday, 1979.
책 제목의 주제에 초점을 맞춘 현대철학사의 한 단면이다. 코칭에 대한 아주 좋은 입문이 될 듯하다.

Becker, Ernest. *The Denial of Death*(죽음에 대한 부정), New York: Free Press, 1973.
책 제목만 보면 포스트모던적인 문화를 반영하는 듯하다. 문화인류학자인 필자는 심층심리학(특히 Rank의)의 통찰을 활용하여 우리 인류의 고통과 혼돈의 원인이 무엇인지, 그리고 그것들로부터 벗어나는 길이 무엇일지 제시하고 있다.

Boss, Medard. *Existential Foundations of Medicine and Psychology*(의학과 심리학에 대한 실존주의적 기초), New York: Jason Aronson Inc., 1983.

물질, 감성, 정신 그리고 존재론적 요소들을 담아 내는 하나의 모델을 제공한다. 그 요소들은 항상 동시에 발생하며, 우리의 건강에 도움을 주기도 하지만 해롭기도 하다.

—. *Psyhoanalysis and Daseinanalysis*(정신분석과 그 대안). New York: Da Capo Press, 1982.

저자는 프로이트로부터 분석을 받았으며, 융의 이웃에 살았고, 하이데거의 제자인 동시에 오랜 친구이다. 그는 정신분석에 대한 대안으로 '다자인 분석'이라는 것을 제안한다. 그는 다자인 분석의 힘을 몇 개의 사례와 함께 설명한다. 인간에 대한 이해를 새롭게 해 줄 것이다.

Dreyfus, Hubert L. *Being-in-the-World*(세상을 살아가기). Cambridege: MIT Press, 1991.

존재와 시간에 대하여 설명하고 있다. 저자는 수십 년간 하이데거를 공부하고 강의해 왔다. 책에는 도표, 요약, 유용한 사례들이 제공됨. 하이데거의 원저작물은 난해하거나, 불분명한 점들이 많아서 하이데거를 정확히 아는 독자는 드물다고 말할 수 있다.

—. & Paul Rabinow. *Michel Foucault: Beyond Structuralism and Hermeneutics*(구조주의와 해석학을 넘어서). Chicago: University of Chicago Press, 1982.

제목을 이해하기 어렵지만 읽을 가치가 있다. 읽어 보면 제목의 의미가 이해된다. 푸코가 왜 그리고 어떻게 현대 문화를 그토록 신랄하게 비판하였는지 이해하게 된다. 우리는 바로 이 문화를 기반으로 존재하는데 말이다.

Flores, Fernando, and Terry Winograd, *Understanding Computers and Cognition*(컴퓨터와 인간의 사고). Norwood, NJ: Ablex Publishing Corporation, 1986.

필자들은 20세기 사상가들(하이데거, 마투라나, 하버마스에 이르는)의 핵심적 아이디어들을 꿰뚫어서 자기들만의 창의적 사고로 통합함으로써 20세기 철학이 어떠해야 하고, 인간이 이떻게 행동해야 하는지를 논하였다. 이 책은 특히 일상 생활에서의 강력한 실천 원리를 찾고 있는 사람들에게 유용할 것이다. 이 점에서 두 필자는 추종을 불허한다.

Fromm, Erich. *To Have or To Be?*(소유할 것인가, 존재할 것인가?). New York: Harper & Row, 1976.

이 책의 제목을 대하면 우리가 탐욕에 기대어서 살 것인지, 아니면 인간다움을 추구할 것인지를 생각하게 한다. 이 역작의 필자는 깊이 있는 철학자이면서 동시에 열정을 가진 심리치료사이다.

Grossman, Reinhardt. *Phenomenology and Existentialism*(현상학과 실존주의). Boston: Routledge & Kegan Paul, 1984.

두 가지 철학사조에 대한 탄탄한 입문서이다. 코칭에 대한 이론과 실제를 알 수 있는 실용성을 겸비한다.

Heidegger, Martin. *Being and Time*(존재함과 시간). 번역서(역자: John Macquarrie & Edward Robinson), New York: Harper & Row, 1962.

철학을 추상적 개념과 실증주의로부터 탈피시키고, 우리의 삶의 방식을 보여 주고자 노력하는 도전적인 책이다. 이 하이데거의 작품은 실용성과 함께 코칭에 대한 철학적 기반을 제공해 준다.

Hillman, James. *Suicide and the Soul*(자살과 소울), TX: Spring Publications, Inc., 1964.

제목에 오도되지 말아야 한다. 저자는 현 시대의 우리가 겪는 핵심 쟁점들로 그대로 침투해 들어온다.

Ihde, Don. *Experimental Phenomenology*(실험적 현상학), Albany, NY: State University of New York Press, 1986.

입문서로서, 독자로 하여금 현상학을 경험하게 해 준다. 일련의 환상적 연습을 해 볼 수 있다.

Iyengar, B. K. S. *Light on Yoga*(요가), New York: Schocken Books, Inc., 1966.

요가 자세에 관한 백과사전이다. 영향력 있는 현대 요가 스승의 시범과 설명이 덧붙여져 있다. 요가에 관한 필자의 글은 그 자체로서 고전이다.

James, William. *Pragmatism*(실용주의), New York: Simon & Schuster, 1963.

실용주의 사상을 솔직하고 용감하게, 그리고 자신만의 스타일로써 제시하면서 윌리엄 제임스는 코칭에 완벽하게 적합한 철학의 기본 개념을 설명한다.

—. *The Will to Believe*(믿고자 한다는 것), New York: Dover Publications, 1956.

제임스의 책은 명쾌하고 접근 가능하게 써져서 다른 철학서들이 왜 그토록 읽기 어려운지 의문스럽기까지 하다. 철학을 전공하지 않는 사람들을 위해 쓴 책이며, 폭넓은 독자층에게 실용주의를 전해 준다.

Kierkegaard, Søren. *The Present Age*(현대 사회), New York: Harper & Row, 1962.

짧은 책이지만, 현대 문화의 얄팍함과 근거 부족을 정확하게 짚어 주고 있다.

Kockelmans, Joseph J. *On the Truth of Being*(존재의 진실), Bloomington, IN: Indiana University Press, 1984.

하이데거의 목적론적 개념을 탐구하면서 목적론이 진실이라는 이름으로 가져다주는 의미들을 부각시킨다. 논리실증주의를 신랄하게 비판한다.

Levine, Stephen. *Who Dies?*(누가 죽는가?), New York: Anchor Books/Doubleday, 1982.

필자는 죽음에 임박한 수많은 사람과 함께해 보았으며, 사랑하는 사람을 잃은 수많은 사람을 만나 보았다. 죽음을 받아들이고 순응해야 한다는 주장을 연민 어린 글로써 심도 있고 흔들림 없이 쓰고 있다.

Lowen, Alexander, M.D. *Betrayal of the Body*(육체의 배반), New York: Macmillan Publishing Company, 1969.

(다음의 두 저서와 함께) 필자는 자신의 주장에 대한 이론적 근거와 실질적 응용 방안을 일반 독자들에게 제공한다.

—. *Bioenergetics*(신체 에너지 이론), New York: Penguin Books, 1975.

—. *The Language of the Body*(신체의 언어). New York: Macmillan Publishing Company, 1971. (최초 출판은 『*Physical Dynamics of*

Character Structure(인격 구조에 대한 물리 역학)』이라는 제목으로 Grune and Statton, Inc.에서 1958년에 나왔다.)

Maturana, Humberto R., and Francisco J. Varela. *The Tree of Knowledge* (지식이라는 나무), Boston: Shambhala Publications, 1987.

인간의 의식의 기저에 대하여 생물과학적으로 탄탄한 지식을 제시한다. 생물학적 · 사회적 · 언어적 상호작용을 설득력 있게 보여 준다. 코칭을 생물학의 기본 위에서 발견하게 해 준다. 철학을 비롯한 여러 분야의 설익은 의심을 풀어 준다. 책을 읽어 나가면서 자신이 변화한다는 것을 목격한다.

Morgan, Gareth (편저). *Beyond Method*(방법론을 넘어서). Beverly, Hills, CA: Sage Publications, 1983.

공학적 기법이 효력이 없을 때, 그 대안은 무엇일까? 이 책은 여러 경영자와 학자들이 쓴 글들을 모은 것으로서, 복잡한 환경에서 성공적 해결책을 찾아가는 방법을 논하고 있다. 근거가 탄탄하고, 실용적이며, 인간적이다.

Needleman, Jacob. *The Heart of Philosophy*(철학의 중심부). New York: Alfred A. Knopf, Inc., 1982. (재판) SanFrancisco: Harper & Row, 1986.

대학교 철학개론 수업에 멍청하게 앉아 실망을 느꼈던 우리들에게 해독제를 제공한다. 우리의 정신을 깨어 있게 하고 진정으로 살아 있는 인간이게 하는 것은 바로 질문하기임을 보여 준다.

Palmer, Richard E. *Hermeneutics*(해석학), Evanston, IL: Northwestern University Press, 1969.

20세기 철학 사조 중 한 주요 사조에 입문했다. 인간 존재에 대해서는 역사적으로 해석해야 한다는 명제는 코칭 이론에 필수적이다.

Perls, Fritz. *The Gestalt Approach and Eye Witness to Therapy*(게슈탈트 접근과 치료의 증거), Berkeley, CA: Science & Behavior Books, 1973.

위대한 심리치료가의 마지막 역작으로서 자신의 생각을 명료하고 이해하기 쉽게 풀이했다. 실용적인 지혜들로 가득하다.

Rolf, Ida P. *Rolfing*(롤핑하기), Santa Monica, CA: Dennis-Landman Publisher, 1977.

필자는 신체를 바로 정렬하고 자유롭게 함으로써 이룰 수 있는 강력한 자기계발 절차를 설명한다. 많은 사진과 아름다운 해부학적 그림들이 제공되며, 자기계발의 원리들과 유익함에 대하여 설명해 준다.

Rorty, Richard. *Consequences of Pragmatism*(실용주의의 결과물), Minneapolis, MN: University of Minnesota Press, 1982.

코칭 프로그램을 기획, 실행, 수정하기 위한 철학적 기본을 제공한다. 저자의 스타일은 생명력이 넘치고, 생각을 하게 해 주며, 명쾌하다.

Ryle, Gilbert. *The Concept of Mind*(마음이란?). Chicago: University of Chicago Press, 1949.

마음이 별도로 존재한다는(그것이 드러나는 움직임으로서가 아니라) 오래된 오해를 풀어 주는 하나의 고전적 책이다. 관찰에 기반을 둔 측정자료와 논리적 주장들이 빛을 발하는 기념비적 역작이다.

Searle, John R. *Minds, Brains and Science*(마음, 뇌, 과학). Cambridge, MA: Harvard University Press, 1984.

철학의 해묵은 딜레마들을 풀어 주려고 시도된 담론들의 시리즈. 자료의 탄탄함과 논리적 일관성에 있어서 하나의 모범을 보여 준다.

Tarnas, Richard. *The Passion of the Western Mind*(서구 정신의 열정). New York: Random House, 1991.

소크라테스 이전부터 1990년대까지 이르는 서구의 사상에 관한 역사책으로서 매우 잘 써졌다. 주요한 역사적 사건들을 활용하여 시대 구분을 하였으며, 광범위한 참고문헌을 기반으로 하였다. 책의 후반부에는 냉정한 역사해설자의 역할에서 탈피하여 현대 사회의 사상적 · 도덕적 딜레마에 직면하라고 조언을 하고 있다.

Taylor, Charles. *Human Agency and Language: Philosophical Papers I* (인간과 언어: 철학논문 1). Cambridge: Cambridge University Press, 1985.

환원주의에 대항해서 주장을 명쾌하게 효과적으로 풀어 내고 있다. 인간 이해에 대한 효율적 대안들을 제시한다.

—. *Sources of the Self*(자아의 근원). Cambridge, MA: Harvard University Press, 1989.

서구 사회의 현대적 관점들이 어떤 정치적 · 철학적 담론들을 통해서 발전해 왔는지를 파헤친 역작이다.

Vail, L. M. *Heidegger and Ontological Difference*(하이데거의 존재론). University Park, PA: Pennsylvania State University Press, 1972.

하이데거의 가장 문제적인 아이디어를 철저하게 파헤친다. 필자의 주장들을 따라가다 보면 독자는 인간이 된다는 것이 무엇인지를 깊이 이해하게 될 것이다.

Wilber, Ken. *A Brief History of Everything*(모든 것의 간추린 역사). Boston, MA: Shambhala Publications, 1996.

농담스러운 제목이지만, 저자의 핵심 주장들을 짧은 글로 나타내고 있다. 생각하게 만든다. 세상을 보는 다양한 시각을 제공하고, 세계관의 변화를 경험할 수도 있다.

—. *Sex, Ecology, Spirituality*(성, 생태학, 정신 세계). Boston, MA: Shambhala Publications, 1995.

모든 기반을 아우르는 제목. 아주 길고 깊이 있는 책이며, 관대하기까지 하다. 인간의 발달 과정을 설명하는 정신적 · 생물학적 · 사회적 · 경제적 (그 이외에도 더 다양한) 측면들을 하나로 묶으려는 열정적 시도를 하였다. 세상에게 주는 큰 선물이나 다름 없다. 참고문헌에 놀랄 것이다.

Wilson, William Julius. *The Truly Disadvantaged*(진정으로 불리함). Chicago: University of Chicago Press, 1987.

미국의 저소득층의 뿌리를 정확하게 이해하도록 해 주는 책. 현대 미국 시민 사회에 대한 사전 지식이 필요하다.

Wittgenstein, Ludwig. *Philosophical Investigation*(철학적 탐구). Oxford: Basil Blackwell, 1953.

명료함과 응집성에 있어서 필적할 만한 책이 드물 듯. 정확하고 우아하기까지하다. 비트겐슈타인의 후기 작품으로서 많은 통찰을 망라한다. 언어에 대한 독창적이고 강력한 관점을 제공한다.

Yalom, Irvin D. *Existential Psychotherapy*(실존주의 심리치료). New York: Basic Books, Inc./HarperCollins, 1980.

하나의 고전적 입문서. 인간이 피할 수 없는 쟁점들(죽음, 외로움, 의미 상실), 그리고 그것들을 회피하려 할 때 경험하게 되는 극한의 고통에 대하여 매우 명료하고 설득력 있게 논술하고 있다.

02

코칭의 인간관

이 장은 다른 책에서는 거의 항상 무시되어 왔던, 코칭의 기본이 되는 주제를 다루고 있다. 나는 코칭하는 데 유용하고 우리 자신을 이해하는 데에도 유용한 방식으로, 철학적인 내용을 간략하게 제시하고자 한다. 나는 독자인 당신에게 심리학의 틀 없이 인간의 삶에 대한 심층적이고 기본적인 관점을 보여 주고자 한다. 심리학은 우리 대부분에게 친숙한 영역이며 몇 가지 방식으로 코칭에 적용된다. 하지만 심리학적인 방법은 클라이언트가 공개하고자 하는 것 이상으로 사적인 내용을 공개하도록 요구하며, 심리학적인 내용들은 흔히 평범하게 쓰이는 표현들이 아니다. 나의 대안은 21세기의 철학에 기반하며, 우리에게 새로운 내용들이다. 나는 이것이 당신과 당신의 코칭에 유용할 것이라 믿는다.

존재는 관계를 위한 가능성 안에서만 공존한다는 것을 기억하라.

– 메다드 보스(Medard Boss) –

인간이란 무엇인가

밥과 작업했던 코칭의 핵심은 이 장의 서두에 인용한 내용으로 요약될 수 있다. 밥은 진급하기 위해 새로운 관계를 발전시켜야 했다. 해결해야 할 첫 번째 관계는 물론 그 자신과의 관계였다. 그는 그가 그 자신과 맺는 관계와 직장에서 다른 사람들이 자신과 맺는 관계가 어느 정도로 일치하는지 알아야 했다. 일치하는 정도가 부족했기 때문에 밥은 점차 모든 사람보다 자신이 우월하고 그에게 영향을 미치는 의견 너머에 있다고 느끼거나, 아니면 자신이 부적절하고 가치 없는 사람이며 다른 사람들이 그에게 해 주는 긍정적인 말들은 그저 예의상 하는 말이라고 여겼다. 분명한 것은 이 중 어느 것도 우리가 밥을 코칭함에 있어서 의도한 것이 아니라는 것이다.

자신과의 관계와는 별개로 밥은 그와 함께 일하는 사람들과의 관계, 특히 그의 진급에 영향을 미치는 이야기를 하는 사람들과의 관계를 다뤄야만 했다. 이러한 관계에 주의를 기울임으로써 그저 좋은 느낌을 만들려는 의도는 없다. 오히려 나는 그가 관련된 사람들을 깊이 이해하고 신뢰의 관계를 형성해서 승진했으면 하는 바람이다.

사람들을 이해하기 위해 우리는 사람이란 무엇인지에 대해 몇몇 특성으로 이야기를 시작해야 할 것 같다. 이렇게 한다고 할 때, 우리는 무엇을 이해하기를 바라는가? 코칭은 언제나 인간에 대한 클라이언트의 개념을 풀어내고 재건하는 것을 포함한다. 이 장에서는 이러한 주제들을 다루는 것부터 시작하려 한다.

코치는 상황을 호전시키는 일을 하는 사람들과는 매우 다른 세계에 산다. 예를 들어, 볼보 자동차를 수리하는 정비사는 자신의 차고에 들어오는 차가 어떤 개별적인 특성을 지니고 있는지 신경 쓸 필요가 없다. 그것이 1993년식 850 모델이고, 주행거리가 37,000마일이라는 것 정도가 그가 알아야 할 모든 것이다. 물론, 인간과 작업을 하는 것은 매우 다른 일이다. 코칭에서 작업이 되기 위해서 보여야 할 것이 무엇인지에 대해 일치된 견해는 없다. 코치는 그들의 잠재적 클라이언트들을 어떤 존재로 봐야 할 것인가? 프로그래밍이 필요한 바이오 컴퓨터로 볼 것인가, 혹은 단순히 자극을 수정할 필요가 있는 자극–반응 기기로 봐야 할 것인가? 혹은 역사적 · 정치적 · 경제적 산출물로 봐야 할 것인가? 혹은 복잡한 가족 체계 속의 한 단위로 봐야 할 것인가, 혹은 그 자신의 고유한 감정적인 역사를 가진 생명체로 봐야 할 것인가? 코치가 자신이 코칭해야 할 사람이 어떤 존재인가라는 질문에 답할 수 없다면, 그들이 코칭을 하기 위해 어떻게 준비할 수 있을지 알 수 없다. 예로 든 볼보 회사의 정비사가 작업해야 할 것이 커다란 대합조개인지, 레드우드 나무인지, 또는 트리니트론 텔레비전인지 알지 못한다면 어떻게 일을 준비할 수 있겠는가? 이것이 바로 이 장에서 다루려는 주제, 즉 우리의 작업의 기초로서 인간을 이해하는 것이 중요한 이유이다.

이 장에서는 다른 책에서 다루지 않는 것들을 이야기할 것이다. 내가 이해한 바로 다른 책의 저자들은 우리가 이런 주제에 대해서 이미 공통의 이해를 하고 있거나 논의할 만한 가치가 없는 것으로 보는 것 같다. 나의 견해는 우리가 코칭할 초점, 중심, 주제가 인간이기 때문에 인간에 대해 뚜렷한 이론을 가지고 있어야 한다는 것이다. 우리는 코칭을 시작하기 전에 코칭의 중심, 초점이 되어야 할 인간의 핵심적인 구성요소 혹은 속성을 이해해야만 한다. 이것은 건물을 짓기 전에 사용할 강철의 인장 강도나 지붕재의 단열 특성을 이해해야 하는 것과 마찬가지다. 자신이 작업하는 재료에 관해 잘 모르는 건축가나 건축업자에게는 믿음이 가지 않을 것이다. 코칭 역시 이와 유사한 상황이 있는 것이다. 내가 여기서 제시하는 것은 학문적 · 철학적 전통에 굳건하게 뿌리를 두고 있고, 지난 수십 년간 적용을 통해 그 실질적 유용함이 밝혀진 것이다. 학문적 참고 자료들은 이 장 끝에서 찾아볼 수 있다. 이 장의 내용은 Boss의 책 『의학과 심리학의 실존적 기본(Existential Foundations of Medicine and Psychology)』(1983)에 나타난 아이디어와 맥을 같이한다.

코칭의 준거에 대해서는 이미 여러 번 이야기 한 적이 있으므로 여기서는 그것들을 간략하게 요약만 할 것이다. 정답은 사람들이 좀 더 유능해지고, 수행에 있어서 좀 더 탁월해질 수 있는 변화를 허락하는 것이어야만 한다는 것이다. 그렇지 않은 것들은 전혀 다루지 않는다. 예를 들어, 사람들이 전적으로 유전적인 영향으로 결정된다거나 아니면 발달 초기의 사회적인 영향으로 결정된다는 생각은 우리의 코칭 작업권에 들어 있지 않다.

참 혹은 진리

미국 실용주의 학자 제임스(James)와 듀이(Dewey)는 이것과 관련해서 이미 훌륭하게 작업을 해 놓았다. 로티가 그의 책 『실용주의의 결과(Consequences of Pragmatism)』(1982)에서 쓴 것 역시 마찬가지이다. 여기서 내가 제시하려는 내용도 로티의 것과 매우 유사한 것이다. 요지는, 서구의 경우에는 사람들이 3000년 이상 찾았지만 참 혹은 진리라고 보편타당하게 받아들여질 만한 것이 없었다는 것이다. 만약 당신이 과학이 발견해 온 것들을 생각하고 있다면, 나는 칼 포퍼(Karl Popper)의 책을 읽어 보기를 권한다. 누군가 발견한 것이 참이라고 할 수 있으려면 그것이 참인지를 무엇을 보고 알 수 있는지, 타당성의 준거는 무엇인지를 밝혀야만 할 것이다. 이것은 하이데거가 이 주제에 대해 이야기한 것을 매우 단순화하고 축약한 것이다.

또 다른 어려움은 역사적으로 제시되었던 답들이 상당히 자주 인간의 고통을 가중시켰다는 것이다. 예를 들어, 그리스도교와 이슬람교 사이의 십자군 전쟁, 교회와 이단 사이의 종교 재판, 자본주의와 공산주의 간의 냉전 같은 것들이 그랬다. 긍정적인 성과를 보장하거나 인간의 우려를 총체적으로 해결할 수 있는 어떠한 공식, 과정, 절차, 권위, 지도자도 없었던 것 같다. 우리는 계속해서 이것을 찾다가 찾을 수 없어 좌절하고, 또 누군가가 답을 발견한 것 같으면 시기하기도 했다.

무엇을 하면서 살지, 어떻게 살지 우리는 어떻게 결정할 수 있을까? 나는 우리가 다른 사람의 우려를 경감하고 괴로움을 완화함으로써 더불어 살아갈 방법을 증진하고 자유롭게 행위를 결정하게 하는 힘에 기반하여 그 가치를 결정하기를 권장하고 싶다. 여기서 인간의 관심사나 고통이란 인간을 포함하여 지구 행성에서 살아가는 모든 유기체 시스템을 말한다. 우리가 어떤 것의 가치를 결정하는 기준에 대해 합의에 이른다 하더라도 어떤 실행을 할 것인가를 결정하는 과정에서 각각에 대해 열려 있고 존중하는 방식으로 많은 대화를 할 필요가 있다. 이러한 모든 것을 배경으로 할 경우, 코칭에 있어서 '인간이란 무엇인가'라는 질문에 대한 답의 표준을 더 잘 이해하게 될 것이다.

코치로서 우리는 참의 문제를 다룰 필요는 없지만, 우리는 코칭 프로젝트를 충족시키는 말하기 방식으로 그것을 다룰 수가 있다. 이어지는 내용은 이 모든 것을 고려하면서 인간에 대해 말하는 하나의 방식이다. 코칭에서는 인간이란 무엇인가에 대해서는 그리 많은 이야기를 하지 않는다. 그러나 우리가 현재 어떤 모습이길래 코칭이 일어나고 있는지에 대해서는 이야기할 수 있다. 여기서 제시하는 생각은 순서가 중요하지는 않다. 인간은 총체적인 존재이고, 전체가 변하지 않고서는 부분이 변할 수 없다. 하지만 모든 것을 동시에 이야기하는 것도 가능하지 않다. 따라서 독자들은 전체를 염두에 두면서 이 책을 읽기 바란다. 이 장을 시작하는 인용 문구는 다음에서 제시하는 생각들을 가장 짧게 요약한 것이라 할 수 있다.

관계에 대한 가능성으로서의 인간

이 절에서는 우리가 사람을 생각하는 통상적인 방식, 즉 욕망을 가진 고정된 속성들의 집합체로 보는 것 그리고/또는 목적을 위한 수단으로 보는 것과는 다른 대안을 제시하려고 한다. 이것은 또한 인간과 관계하는 것에 대해 코치가 어떻게 바라볼 수 있는지에 대한 나의 제안이기도 하다. 코칭을 다룬 책들에서 범하고 있는 실수가 바로 여기서 비롯된 것이다. 저자들은 한 사람이 어떤 존재인지에 대해 그들이 어떻게 이해하는지 설명하지 않으며, 생물학적인 측면 또한 완전히 무시한다. 이것이 코칭에 어떤 결과를 초래할까? 여기서 몇 가지를 소개하면 다음과 같다. 좀 더 기본적으로 식별할 수록 우리가 취할 수 있는 행위는 더욱더 급진적이고 창조적이며 변혁적일 수 있다. 예를 들어, 우리가 어떤 그림을 볼 때 눈, 색, 빛이 어떻게 함께 작용하는지를 이해한다면, 우리가 단지 어떤 방에 어울리는 액자를 어떻게 선택하는지를 이해하는 것과 비교했을 때 매우 다른 행위를 취할 수 있다. 우리는 더 나아가서 "그림이란 무엇인가?" "예술은 무엇인가?"라는 질문을 해 볼 수 있다. 우리는 뒤샹(Duchamp), 노이만(Neumann), 피카소(Picasso)나 폴락(Pollack) 같은 저명한 화가들의 작품들을 보면서 이런 질문들을 던진다. 이런 질문들을 던질 때에는 "이 그림에서 성 제롬의 몸에 어떻게 내 후원자의 얼굴을 그려 넣을 수 있을까?"*와 같은 질문을 던질 때와는 매우 다른 행위와 계획을 하게 된다. 유럽 미술관에 전시된 수많은 작품에서 내가 이야기한 그림의 예를 끝없이 볼 수 있다. 당신은 코칭을 하면서 단지 당신에게 제시된 것에 액자만 걸 것인가, 즉 당신의 클라이언트가 많은 사람을 불편하지 않게 하도록 할 것인가? 아니면 당신은 기초적인 원리로부터 질문을 던지고 행동하고 계획할 것인가?

'인간이란 무엇인가?'라는 질문에 접근하는 또 다른 방식으로 그 질문이 존재론적 쟁점인지 인식론적 쟁점인지 판단하는 방법이 있다. 다시 말해서, 인간은 의자나 별이나 개구리 같은 다른 존재들과 비슷한가, 다른가? 다른 동물과 비슷하며, 단지 화학적 구성, 무게, 키 같은 속성의 집합에 의해서 다른 존재와 구별되는가, 아니면 속성의 목록으로는 이해할 수 없는 고유한 방식으로 존재하는가? 이러한 속성의 목록으로 인간이 경험하고 창조하는 모든 것을 설명

* 과거에 유럽의 많은 화가는 후원자를 두고 있었다.

할 수 있는가? 하이데거와 다른 많은 사람의 생각과 마찬가지로 나는 인간이 다른 현상들과는 다른 고유한 방식으로 존재한다는 관점을 채택한다. 이 절에서는 우리 인간의 경험을 더 잘 설명하고 코칭 작업에도 더 많은 가능성을 열어 주는 존재론적 관점을 제시한다. 존재론적 관점(예를 들어, 인간은 ×속성을 가진 점을 제외하면 의자와 같다.)에서 제기될 수 있는 질문들을 고려해 보자. 당신은 당신이 가지고 있는 속성 목록에 대해 확신이 있는가? 그것은 어디로부터 온 것인가? 당신 자신과 다른 것을 이러한 방식으로 고려할 때 그 결과에 어떠한 영향을 줄 것인가? 누가 이 목록으로부터 더해지거나 빠지는가? 그럴 경우에는 윤리적으로, 정치적으로 어떠한 영향이 발생하는가?

이 모든 것에 대한 답을 제공해 주는 실증적인 연구가 어디에 있는지 묻는다면, 그 답은 '없다'이다. 아마도 더 심오한 질문을 한다면 이런 것일 것이다. "왜 당신은 실증적인 연구를 주장하는가? 베이컨, 데카르트, 뉴턴의 공식에 기본을 두면, 당신 앞에 있는 개인에 대하여 말할 어떤 유용한 것이 있는가?" 그리고 "인간은 과학의 법칙을 따르는 존재이고, 대상으로서 공부하면 더 알게 되는 존재인가?" 만약에 우리가 사람을 객관적인 대상과 동일한 법칙을 따르는 존재라고 본다면 우리가 볼 수 있는 것은 무엇인가? 우리가 알게 된 것들이 코칭을 더 나아가게 하는가, 억제하는가? 실증적 증거들에 의해서 우리는 관계 형성을 더 잘하게 되고, 우리의 클라이언트들에 대해 더 잘 알게 되는가? 미국의 심리학자들이 노력은 하고 있지만 나의 답은 "아니다"이다. 상당히 많은 사람을 체계적으로 연구함으로써 일반적인 경향성, 성숙의 단계, 고통의 일반적인 증상을 알 수 있는지 묻는다면, 그 질문에 대해서는 나는 그럴 수 있다고 말할 것이다. 당신은 무엇을 발견했는가?

인간은 우연히 조우하는 모든 것을 가지고 관계에 들어서게 된다. 이것은 선택의 여지가 없다. 우리가 세상에서 만나는 것들은 어떤 것이든 우리에게는 '어떤 것'으로 보인다. 우리는 즉각적으로 이 '어떤 것'과 관계를 맺는다. 우리가 그것을 무시하는 방식으로 관계를 맺는다 하더라도, 우리는 그 현상과 관계를 맺는 것이다. 언어를 설명하는 다음 절에서는 이것에 대해 다른 방식으로 이야기할 것이다. 내가 여기서 말하고자 하는 것은 우리가 관계 맺는 역량은 우리를 구성하는 한 부분이라는 것이다. 분명 우리 중 일부는 다른 사람들에 비해 더 개방적이고, 어떤 사람들은 신체적, 정서적으로 손상을 입어서 관계하는 역량이 거의 소멸된 경우도 있다. 그러나 우리는 이런 사람들도 인간이라고 간주하며, 많은 경우 우리는 마치 그들의 관계 역량이 줄어들지 않은 것처럼 그들과 계속해서 대화를 나눈다. 일단 어떤 사람의 개방하는 역량이 완전히 손상되었다면, 우리는 이 사람을 '식물'(활기가 없는 사람)이라고 부른다. 다른 사람들과 함께하는 이러한 방식은 인간이 무엇인지에 대한 우리의 이해를 보여 주는 방식이다. 아마도 우리는 다른 사람하고 있을 때 가장 많이 개방할 것이다. 사실 혼자 있을 때에는 개방한다는 것이 가능하지 않을 것이다. 다시 말하면, 우리가 인간이 된다는 것은 인간 공동체 안에서 길러짐으로써 가능한 것이다. 늑대나 원숭이에 의해 길러진 아기들에 대한 많은 이야기가 이 점을 증명해 준다.

우리 각각은 인간 공동체 속에서 길러지고, 2세경에 이미 언어 공동체의 일원이 된다. 우리는 이미 다른 모든 것으로부터 어떤 것을 분리하여 구분할 수 있는 능력을 가지고 있다. 우리는 말하기 전에 이미 이것을 할 수 있다. 일단 언어와 함께 관계를 맺는 것이 시작되면, 이것은 늘 우리와 함께 존재한다. 심지어 우리가 가진 생각도 언어가 우리에게 제공해 주는 가능성의 일부이다. 언어 공동체의 일원으로서 우리는 다른 사람들과 관계하는 법과 무엇이 중요한지, 어떻게 행동할지를 배운다.

언어와 시간

일단 우리가 언어 공동체 안에 있게 되면 우리는 또한 시간 안에 놓이게 된다. 미래에 무엇인가 성과를 가져오기 위해 현재 어떠한 행위를 취함으로써 과거에 시작했던 것을 충족하게 되는 그런 식이다. 어떤 의미에서 이것은 인간에게 독특한 것이다. 우리는 동시에 이 세 시제에 대해 모두 열려 있다. 아마도 독자에 따라 세 가지의 열린 시제 중 다른 것에 강조점을 두는 다른 문화권 내에 있을 수 있다. 어떤 경우에 그 강조점은 전통에 있고, 또 다른 경우에는 미래의 가치 있는 부분인 진전을 강조할 것이다. 우리 각각은 우리의 고유한 방식으로 어떤 것에 더 열려 있다. 그러나 우리가 과거, 현재, 미래의 가능성에 대해 언어로 말하게 되면, 우리는 이 세 가지의 열린 틈 안에 어떤 방식으로든 존재하게 되는 것이 불가피하다.

이 점은 매우 명백해 보인다. 코칭을 할 때 이 점은 매우 중요하다. 코치는 아주 처음에는 코칭을 할 수 없기 때문이다. 코치는 늘 중간에 시작한다. 어떤 코칭 프로그램이든 간에 원하는 성과는 어떤 의미에서는 임의적이다. 왜냐하면 일단 어떤 것이 시작되면 그 일은 늘 어떤 형태로 존재하기 때문이다. 인간으로서 우리는 늘 어떤 것을 만나게 되면 그것과 관계를 맺게 된다.

또한 언어는 우리로 하여금 제때에 시작하도록 이끄는데, 한번은 어떤 시작을 강조하고 다른 시점에서는 다른 것을 강조하지만 여전히 다른 사람들을 포함하고 있다. 우리가 존재하는 세상에 다른 사람들이 없는 경우가 결코 없기 때문에 타인을 포함한다는 말은 우스운 말이다. 관계는 우리가 세상을 바라보는 방식을 형성하고 우리가 취하는 행위에 영향을 미친다. 이 관계의 영향은 가족으로부터 멀리 떨어져 있는 사람, 멀리 여행 중인 사람에게도 마찬가지이다. 물리적으로 거리가 있든 가까이 있든 간에 타인들과 관계하는 인간의 역량은 클라이언트들을 이해함에 있어서 코치들이 기억해야 할 중요한 점이다.

기분

어떠한 순간이든 우리는 그저 개방하는 것이 아니라 특정한 방식으로 개방한다. 우리는 열려 있는 방식을 기분(mood)이라고 한다. 기분은 사람들이 느끼는 정서와 같은 것으로서, 나는 기분이 정서를 포함하면서 정서를 넘어서는 것이라고 이해한다. 기분은 우리가 무엇에 개방적인지, 미래에 대한 우리의 관점, 우리 자신과 타인 사이에 놓은 거리, 사건, 우리 삶의 환경 등을 묘사한다. 우리는 사람이 사랑에 빠졌을 때 이것을 가장 잘 볼 수가 있다. 사랑은 사람을 가장 취하게 만드는 기분이기 때문이다. 사랑에 빠진 사람은 다른 일을 하는 와중에도, 사랑하는 사람과 멀리 떨어져 있을 때에도, 군중 속에 있을 때에도 사랑하는 사람과 가까이에 있으려 한다. 분개의 기분은 사랑과는 반대이다. 그 감정은 물리적으로 가까이 있다 하더라도 모든 것으로부터 거리를 유지하게 하기 때문이다.

아마도 코칭 프로그램에서 가장 중요한 것은 그 코칭 프로그램이 클라이언트의 기분에 어느 정도 영향을 주는가 하는 것일 것이다. 코칭이 시작되면 코치는 물론 클라이언트가 코칭에 개방하도록 클라이언트에게 말을 할 방법을 찾아야 한다. 이것을 달성하기 위해 코치는 클라이언트의 기분을 고려해야 한다. 즉, 클라이언트가 개방하는 것이 무엇인지, 닫는 것은 무엇인지, 가까이 두는 것은 무엇인지, 거리를 두는 것은 무엇인지 등을 알아차려야 한다. 클라이언트가 처한 상황을 아는 것만으로는 이에 대한 답을 얻을 수 없다. 우리는 클라이언트를 공부하고 클라이언트와 대화함으로써 이 답을 찾을 수 있다.

인간의 몸

우리는 아직 인간의 가장 분명한 요소에 대해 이야기하지 않았는데, 그것은 모든 인간이 가지고 있는 신체이다. 내가 앞에서 논의한 모든 것은 특정 개인이 건강하게 기능하는 신체를 가지고 있어서 조우하는 현상들과 최대한 상호작용할 수 있다는 것을 전제로 하고 있다. 이것이 일어나기 위해서는 신경 체계가 손상되지 않아야 한다. 헬렌 켈러(Helen Keller), 스티븐 호킹(Stephen Hawking), 크리스티 브라운(Christy Brown)이 우리에게 보여 준 것처럼 신경 체계가 손상되지 않는다면 거의 모든 인간의 활동은 어떤 식으로든 가능하다.

그러나 우리의 신체는 단순히 화학물질이 모여 정교한 체계를 구성하고 있는 것이 아니다. 우리의 신체는 우리가 세계 속에 존재하는 방식이다. 신체는 매 순간 우리에게 우리가 얼마나 열려 있거나 닫혀 있는지 우리가 진정으로 마음을 쓰는 것이 무엇인지를 말해 준다. 때로 우리는 이 신호를 무시하거나 부정하려고 한다. 우리에게 매우 중요한 사람을 만나는 경우에 우리 자신은 차분한 척하려고 하더라도 우리의 심장은 뛰고, 반대의 경우, 즉 중요한 사람을 놓쳤거나 중요한 어떤 것을 만들 수 있는 기회를 놓쳤다면 설명할 길은 없지만 우리의 몸은 피곤하고 무거울 것이다.

우리의 신체는 어떤 의미로는 피부의 끝에서 끝나지 않는다. 앞에서 말했듯이, 우리와 물리적으로 가까이에 있다고 해서 반드시 우리와 가까운 것은 아니다. 따라서 우리의 신체는 우리가 마음 쓰는 곳이라면 어디든 뻗어 간다고 할 수 있다. 만약 당신이 집을 그리워하고 있는 아이, 사랑하는 사람과 헤어진 사람과 함께 있었다면, 이것이 신체에 어떤 영향을 미치는지 목격했을 것이다. 만약 의사가 사람의 신체가 뼈, 근육, 화학물질의 모음에 불과하다고 생각하고 환자를 대한다면, 그 의사는 환자들을 치료하는 데 어려움을 겪게 될 것이다. 만약 당신이 신체 혹은 신체 일부가 당신의 삶과는 별개인 것처럼 말하는 의사를 만난 적이 있다면, 내 이야기가 무슨 말인지 잘 이해할 것이다. 이렇게 신체를 이해한다면 진정한 치유는 일어날 수 없다.

많은 치료 모델은 변혁의 장소로서 인간의 신체에 초점을 두어왔다. 여기에 대표적인 목록이 있다. 하타 요가는 이들 중 가장 오래된 것이다(Iyengar, 1966). 수세기 동안 자세와 호흡 연습은 요가를 하는 이들에게 강함, 균형, 평정(serenity)을 가져왔다. 요가는 종종 코칭 프로그램에 유용한 보조수단(adjunct)이 되는데, 특히 신체와 정서에 경험적으로 친숙하지 않은 클라이언트에게 유용하다. 윌리엄 라이히(William Reich)는 신체를 상징적 표상과 신경 패턴을 담고 있는 두 가지 기능 모두로 보았다. 알렉산더 로웬(Alexander

Lowen)은 자신의 저술과 지도를 통해 라이히의 작업을 더 넓게, 비전문적인 사람들에게로까지 확산하였다(추천 도서 참조). 아이다 롤프(Ida Rolf)는 신체를 통해 변화를 유도하는 지도자들을 위한 학교를 설립했는데, 이들은 클라이언트의 신체가 무게에 따라 조정되고 만성적으로 참는 패턴을 제거함으로써 신체적으로, 감정적으로 더 편안해질 수 있도록 도와주는 역할을 하였다. 이러한 방법과 접근에 능숙한 코치는 클라이언트들에게 적합한 요가지도자를 소개하는 것을 포함하여 코칭 프로그램을 더 잘 설계할 수 있을 것이다. 참고문헌으로 제시한 자료들은 코치들에게 도움이 될 것이다.

죽음

죽음에 대한 논의는 앞으로도 계속해야 할 것이다. 여기서는 한 가지 정도의 주제만을 다루려고 한다. 그것은 죽음과 우리와의 관계이다. 우리는 생애 첫 5년 내에 죽음에 대해 알게 되는데 일단 알게 되면, 우리는 그 후로 항상 죽음과 관계를 갖게 된다. 죽음은 우리가 현재 맺고 있는 관계의 형태가 어떤 식으로든 종결되는 것이다. 비록 우리 대부분이 영원히 살 것처럼 살아가지만 우리 중 누구도 죽음을 피할 길이 없다. 사실, 우리 중 많은 사람이 죽음과 동떨어진 삶을 살고 있다. 망자에게 화장을 하고 새 옷을 입혀서 마치 살아 있는 것처럼 대하고, 죽어가는 사람을 병원에 보내는 등 죽은 사람들을 다루는 우리의 풍습도 우리의 피할 수 없는 끝을 부정하고, 회피하고, 거리를 두는 것들이다.

죽음을 정직하게 직면한다는 것은 우리가 우울해지거나 체념한다는 것이 아니다. 오히려 그것은 진정한 만남 가운데 삶의 우선순위를 정하는 기회를 잡는다는 것을 의미한다. 그것은 삶의 끝에서 우리의 삶을 바라보는 것으로서, 중요한 것이 무엇인지 무엇을 버리고 거리를 둬야 할지를 결정할 수 있게 된다. 삶의 마지막 순간에는 너무 늦을 수 있기 때문에 가능하면 더 이른 시기에 이런 방식으로 삶을 바라보는 것이 더 좋다. 이렇게 충만한 삶을 살지 못하여 삶의 끝에서 회한, 죄책감, 후회를 경험하는 것보다 더 고통스러운 것은 없을 것이다. "나중에는 하게 되겠지." 혹은 "잠깐 동안만 할 거야."라는 등의 다양한 회피 전략은 우리 삶 속에 존재하는 관계를 충족시키지 못하게 한다.

서두에서 이야기한 것처럼, 이상의 모든 측면을 하나의 전체로서 다룰 때에만 이 장의 시작 부분에서 제기한 질문에 대한 나의 반응이 설득력을 지닐 수 있다. 내가 앞에서 이야기한 모든 것은 '인간이란 무엇인가?'와 관련된 기초적인 측면들이다. 모든 것이 다 중요하다. 이러한 논의를 염두에 두어야만 우리는 단기적 해결책이나 교묘한 기법을 넘어 사람들을 성공적으로 코칭하고 작업할 수 있다.

이 책을 읽으면서 당신은 "인간이란 무엇인가"라는 질문이 결국 "나는 누구인가"라는 질문에 답하는 것과 동일하다는 점을 알아차렸을 수도 있다. "당신은 어떤 방식으로 여기서 이야기되고 있는 것에 열려 있는가?" 이러한 질문을 통해 우리는 코치로서 깨어 있을 수 있고, '코칭이란 무엇인가?'라는 부분에서 언급한 코칭의 장애물들을 피해갈 수 있다.

이 장에서 다룬 내용을 밥이 처한 상황에 적용해 보면, 예비로 몇 가지 사항을 지적할 수 있다. 무엇보다도 밥은 자신의 상황에 실용적인 접근을 포함시켜야 했다. 이는 다른 사람의 의견을 무시하고 자신을 폄하하게 만드는 완벽주의적인 성향을 버려야 함을 시사한다. 둘째, 그는 관계를 맺는 원리가 결국 직장에서 자신이 무엇을 할 수 있는지를 결정한다는 점을 인식하고 그것에 따라 살아야 했다. 셋째, 밥 자신이 죽음을 피할 수 없는 존재라는 점을 인식하고, 이런 생각을 자신의 일로 가져와서 각각의 쟁점이 그에 걸맞을 정도로 중요하게 여길 수 있을 것이다.

물론 이런 측면들을 목록으로 작성해 보는 것과 그것들을 가지고 매 순간, 날마다, 그리고 해를 거듭하면서 살아가는 것은 매우 다른 일이다. 바로 그 지점에서 코칭이 필요한 것이고, 코칭이 해야 할 것이 바로 그것이다. 이 책의 다음 절에서는 밥이 관계에 대해 대화하면서 얻었던 통찰의 일부를 가지고 작업하기 위해 밥이 구분해 냈던 내용에 관해 다룰 것이다. 이 책에서 제시하는 주제들은 실제 밥과 한 작업에 비해 더 엄정한 것이다. 이를 통해 당신 또한 개인의 처지에 상황에 적용해 볼 수 있을 것이다.

언어, 관찰, 그리고 평가

언어

20세기의 철학적인 사고들을 고려했을 때—그 중에서 하이데거(Heidegger), 비트겐슈타인(Wittgenstein), 하버마스(Habermas), 가다머(Gadamer), 설(Searle)은—광범위하게 언어에 대한 글을 썼지만, 독자들 사이에서는 의견의 일치가 이루어지지 않았다. 내가 이런 말을 하는 것이 주제 넘는 일이라 생각할 수도 있겠다. 그렇다 해도 언어는 코칭에 있어서 필수적인 부분이고, 사실은 클라이언트에게 새로운 언어를 제공해 주는 것은 코칭에서 극히 중요한 일이다. 따라서 내가 '언어'라는 것을 이야기할 때 무엇을 의미하는지 그 배경을 충분히 제시하고자 한다. 그래야 여러분이 코칭하는 것이 더 쉬워지고 다음에 제시하는 내용들을 더 잘 이해할 수 있을 것이다.

많은 사람이 언어는 일을 하기 위해 사용하는 도구라고 생각한다. 내 생각에 이것은 언어를 지나치게 좁은 의미로 이해하는 것이다. 언어는 우리 이전부터 있던 것으로서, 무엇이 가능하고, 무엇을 하는 것이 가치가 있고, 우리가 무엇을 했는지를 어떻게 관찰할 수 있는지를 제공하는 것이 아닌가? 따라서 하이데거가 말했듯이, 언어가 우리에게 가능한 행위, 경험, 관계, 의미의 지평을 제공해 주는 측면에서 나는 언어가 우리를 사용하는 것이라고 말하겠다. 영어 말고도 다른 언어를 사용할 수 있는 사람들은 각 언어마다 그 언어에 맞는 독특한 방식으로 이러한 가능성을 제공해 준다는 점을 알고 있다. 이런 점을 생각해 보면, 코칭에서 언어의 중요성을 알 수 있다. 언어가 앞에서 말한 지평을 제공한다면, 코치가 클라이언트에게 제공할 수 있는 가장 큰 새로운 가능성은 언어 안에 있는 것이다.

사람들은 보통 언어에 대해 생각할 때, 공적이고 말로 하는 소통만을 고려한다. 분명 이건 전체 이야기의 반밖에 안 된다. 화자로서도 우리는 말하면서 항상 듣고 있기 때문에 듣지 않으면서 말하는 건 불가능하다. 내가 말한 요점들에 대해 반대 의견이 있을 수 있다. 그러나 자신과 언어와의 관계에 대해 잠시 멈추고 곰곰이 생각해 본다면, 내가 한 말을 이해할 것이다.

이 책은 언어 철학에 관한 책이 아니기 때문에 초점을 좁혀서 언어와 코칭에 관한 몇몇 특정한 요점에 대해서만 다루고 싶다. 언어는 우리의 일상적인 세상에 대한 오리엔테이션이다. 엄마가 갓난 아기와 상호작용하는 방법을 보라. 아기 주변에 있는 사물과 사람들의 이름을 말해 주고 끝없이 반복한다. 그렇게 아이들의 신경 시스템은 성숙해 간다. 아이는 엄마의 언어로 구성된 세상으로 끌려 나온다. 이런 일은 외국에 가거나 익숙하지 않은 직종의 일을 시작할 때 어른들에게도 반복된다. 그 장소에서 사용하는 특정 언어를 배우면 우리는 그 나라 혹은 그 직종에서 효과적으로 일을 할 수 있게 된다. 게다가, 언어는 우리가 다른 사람들과 함께 있을 때 어떤 행위를 해야 할지 조율해 주는 역할도 한다. 우리가 요청을 할 수도 약속을 할 수도 없다면, 누군가와 특정 시간에 어떤 장소에서 점심을 같이 할 수 있겠는가? 이런 일들이 비일비재하기 때문에 많은 경우에 우리는 행위를 조율하는 능력과 말하고 듣는 능력이 본질적으로 서로 관련이 있다는 점을 망각하곤 한다.

앞서 말했던 저자들은 언어의 사전적 의미에 대해서 동의하지 않고, 그 중 다수는 어떤 단어도 정의할 수 없다고 주장한다. 그렇다면 우리가 말하는 '언어'는 무엇인가? 하이데거(Heidegger, 1971)는 그가 할 수 있는 최선은 언어에게로 가는 길이라고 생각되는 경로를 가리키는 것이라고 말했다. 설(Searle, 1969)은 이 미스테리를 풀기 위해 열심히 연구하였다. 그의 노력은 하이데거가 제시한 명제를 해결할 만큼 충분히 깊은가? 많은 철학자는 아니라고 이야기한다(Kockelmans, 1972). 또 다른 학자들은 하이데거의 관점이 무용하고 부적절하다고 비판한다.

그렇다면 철학자가 아닌 비전문가들은 이러한 모든 것을 어떻게 이해하고 또 왜 관심을 기울여야만 할까? 내 생각에는 비트겐슈타인(1953)이 언어는 게임의 한 형태로 존재한다는 말, 즉 그 언어로 말하는 화자들이 창조한 세상의 맥락 안에서만 존재하고 말한 것이 맞다고 생각한다. 이것은 나에게는 자명하다. 프랑스어를 쓰는 사람들은 내가 프랑스어로 소통할 수 있기 전에는 결코 들어가 볼 수 없는 세상을 구축하고 그 세상에서 산다. 과학, 컴퓨터, 수학의 세계 역시 특정 언어를 말하는 이들이 구축하고 살아가는 세상이다. 만약 당신이 내가 여기서 말하는 바를 받아들인다면, 세상을 이해하고 설계하는 방식으로서의 언어를 배움에 있어서 많은 것이 뒤따라올 수 있다. 코칭의 측면에서 언어를 배우는 학생으로서 할 만한 질문들이 있다. "클라이언트의 말에서 클라이언트가 드러내거나 숨기는 것은 무엇인가?" "클라이언트가 살고 있는 언어 세계에서 어떤 가능성과 경험이 부재하는가? 그리고 그것에 대해서 내가 할 수 있는 건 무엇인가?" 코치는 클라이언트에게 오로지 말할 뿐이다. 코치가 말없이 하는 행위조차도 클라이언트와 코치가 공유하는 언어 세계 때문에 식별이 가능하다. 경험이 많은 열정적인 학생에게 허공에다 복잡한 손가락 패턴을 보여 주는 피아노 선생님을 상상해 보자. 그 학생에게는 패턴과 진행이 보이고, 어쩌면 피아노 소리까지 들릴 수도 있다. 왜냐하면 음악적인 언어를 구사할 수 있기 때문이다. 음악적인 언어를 사용하지 못하는 사람은 똑같은 손가락 움직임을 보더라도 그 손가락 움직임이 타자기 위에서 글자를 치는 것으로 보이거나 또는 매니큐어를 칠하고 손톱을 말리는 동작으로 보일 수도 있다.

앞의 이야기를 고려하면, 언어 내에서 그리고 언어 때문에 관찰한다는 결론을 받아들일 수밖에 없을 듯하다. 새로운 언어를 접하고 배우고 연습할 기회를 갖게 되면, 이후에 우리가 새로운 관찰, 새로운 행위, 그리고 새로운 세계를 경험하는 것은 불가피한 일이다. 이것이 코칭에서 언어가 갖는 중요성을 설명해 준다.

언어의 다른 두 가지 측면이 코칭을 위해 필수적이다. 첫 번째는 언어로 인해 우리가 세상을 설계할 수 있다는 점이다. 그렇다. 우리 각자가 특정한 역사적 시점에서 특정한 문화와 가정에서 태어났다는 것은 사실이다. 동시에 우리가 태어났던 환경에 상이한 의미를 부여할 수 있을 뿐 아니라, 이후에 언어를 능숙하게 다루는 능력에 따라 서로 다른 활동, 관계 및 성과를 발생시킬 수 있다.

둘째로, 언어는 개인적인 영역과 정치적 영역 모두에서 무기력한 감각을 다룰 수 있는 열쇠이다. 예를 들어, 분개하고 있는 사람을 코치하는 가장 좋은 방법은 효과적으로 요청하는 법을 가르치는 것이다. 그것의 당연한 귀결은 언어 안에서 역사적인 환경이 우리에게 부여하는 정체성과는 다른 공적 정체성을 형성할 수 있다는 것이다. 가장 극명한 예는 유명 작가들에게서 찾을 수 있다. 월트 휘트먼(Walt Whitman), 에밀리 디킨슨(Emily Dickinson), 제임스 조이스(James Joyce)와 같은 사람들은 당시 상황에서는 사회로부터 명예로운 자리를 제공받지 못했지만, 다른 동료들과 비교했을 때 더 설득력 있게 말함으로써 자신의 분야에서 후대에까지 영향력을 미칠 수 있었다.

관찰

언어는 관찰을 위한 토대를 형성한다. 실제로, 언어를 벗어나서 관찰하는 것은 불가능하다. 코칭의 목적이 행동 변화에 있다면, 코치의 임무는 바람직한 변화를 가져오는 방식으로 행동에 영향을 미치는 것이 무엇인지 발견하는 것이다. [그림 1-3]은 행동이 클라이언트의 **해석 구조**에 뒤따라오는 것임을 보여 준다. 이는 우리가 특정 순간에 세상을 바라보는 방식이 우리가 취하는 행위를 결정한다는 것을 의미한다. 이것은 명백한 사실이어서 많은 경우에 우리에게 보이지 않는다. 우리는 식당이라고 생각하는 건물로 걸어 들어간다. 그리고 익숙한 방식으로 식당에서 하는 것이라고 생각되는 일련의 행위를 하게 된다. 우리는 의자에 앉을지 말지 생각하고, 누군가가 음식을 갖다 주기를 기다리는 등의 행위를 한다. 우리는 이 상황에서 철물점, 발레 연습실, 체육관, 테니스 코트에서나 할 만한 행위를 하지는 않을 것이다.

내가 말하고 싶은 것은 우리로 하여금 어떤 행위를 하게 하는 것은 물리적인 환경뿐 아니라 그러한 환경에 우리가 부여하는 의미라는 것이다. 식당의 경우에서도 만약에 우리가 식당의 고용인이거나 식당에 무언가를 팔러 온 사람이라면 다른 행위를 할 것이다. 앞에서 이야기한 해석의 구조는 관찰자가 처해 있는 환경뿐 아니라 그 환경을 구성하고 있는 위원회, 프로젝트, 관계들을 포함한다.

앞서 이야기한 것을 요약하자면, 코치는 새로운 견해와 연습을 제시함으로써 이것이 클라이언트의 해석 구조의 일부분이 되게 함으로써 클라이언트의 해석 구조를 변화시킬 수 있다. 예를 들어, 맹장염 증상을 공부하는 의대 인턴, 교차로에서 운전하는 것을 배우는 초보 운전자의 경우처럼 클라이언트는 코칭을 받고 나서 그 전에는 관찰할 수 없었던 것을 관찰할 수 있기 때문에 새로운 행위를 하게 되는 것이다. 이러한 관찰이 일단 클라이언트의 해석 구조의 한 부분이 되고 나면, 클라이언트는 코치로부터 독립하여 코치 없이도 유사한 상황에서 적절하게 반응할 수 있게 된다.

이것을 다른 방식으로 이야기하자면, 코치는 클라이언트가 클라이언트 자신의 해석 구조에 접근할 수 있게 해야 한다. 또는 최소한 클라이언트가 코칭 프로그램을 성공적으로 완수할 수 있도록 이끄는 관찰을 하도록 해석의 구조를 찾아내는 것이다. 이를 위해서 코치는 클라이언트가 관찰하는 방식을 관찰할 수 있어야 하며, 이것을 상세히 설명함으로써 클라이언트 또한 관찰할 수 있어야 한다. 이것이 코치와 뛰어난 실행자를 유일하게 구분하는 것이다. 이것은 또한 좋은 코치가 관찰될 행위를 반드시 수행할 수 있어야 할 필요가 없는 이유이기도 하다.

내가 말하고자 하는 요점은 분명해졌지만 내가 덧붙여 말하고 싶은 것은 관찰이란 언제나 **누군가**에 대한 것이라는 점이다. 즉, '거기에 실제로 무엇이 있는가'를 보고하는 것이 아니라는 것이다. 매일 우리는 사람들에게 "무슨 일이야?"라는 간단한 질문을 던지면서 이것을 발견한다. 우리는 사람들로부터 같은 사건에 대해 다른 이야기를 듣는데, 심지어 다른 시간대에 동일한 사건에 대해 같은 사람으로부터 다른 이야기를 듣게 되기도 한다.

어떤 관찰이 다른 관찰보다 더 나은 것이 되기 위해서는 적어도 코칭의 관점에서는 코치로서 내세울 수 있는 특별한 방식, 즉 클라이언트가 자유롭게 행동하는 방식으로 관찰을 해야 한다. 클라이언트가 실행에 옮길 수 없었다고 설명하게 만드는 그러한 관찰을 하게 하는 코칭은 많은 경우 실패하게 된다. 예를 들어, 코치가 쇼팽 작품의 복잡한 사항을 설명함에 있어서 연습생에게 지나치게 겁을 주게 되면, 절대로 그 작품을 연주하려고 시도하지 않거나, 연습하지 않아서 미래에 그 작품을 연주할 수 없게 된다. 코치가 그 작품을 얼마나 많이 알고 있는지에 대해 깊은 감명을 줄 수는 있다. 그러나 비록 코치의 관찰이 정확하고 진실되고 종합적이라 하더라도, 이러한 접근은 거의 대부분 실패하게 된다.

진단

관찰은 언제나 누군가에 따라 다르지만 코칭에서의 관찰은 항상 정확한 구분과 기준이 있는 전통 안에서 행해진다. 이 지점에서 관찰은 진단으로서 논의되기 시작해야 한다. 코칭은 개별 클라이언트에게 맞춤형으로 제공되어야 하기 때문에 코칭에서 진단은 공식적인 코칭 과정에 선행되어야 한다. 초심자는 기본적인 사항, 예를 들어 어떻게 곡을 연주하고 어떻게 자유투를 던져야 하는지를 배워야 하지만, 코칭의 탁월함은 항상 표준적인 절차와 연습을 개별 클라이언트에게 적용하는 데 있다.

진단의 가장 도전적이고 주요한 부분은 코치가 클라이언트의 해석 구조를 이해하고자 시도하는 것이다. 때때로 이것은 너무 큰 프로젝트로 보여서 사람들은 그것을 실행할 수 없다고 무시해 버리거나 또는 코칭을 시작하지 않을 이유로 사용하기도 한다. 이것은 코칭에서 진단을 잘못된 방식으로 이해하는 것인데, 이렇게 해서는 코칭을 실행할 수 없게 된다. 이것은 쇼팽 작품의 지나치게 복잡한 부분을 설명하는 피아노 교사의 경우와 마찬가지이다. 코치로서 첫 번째 코칭 회기에서 한 사람의 전체 세계를 재창조하려고 시도하는 대신, 클라이언트의 어떤 해석 구조가 코칭에 적절할지 결정하고, 그것에 초점을 두는 것이 더 나은 접근일 것이다. 우리 스스로 숙련된 사람들로부터 코칭을 받고 적절한 모델을 사용하는 것이 초기 코칭에서 필수적이다. 코치로서 숙련되어 감에 따라 클라이언트를 더 다양한 차원에서 이해하는 것이 가능해지고, 더 정교하고 복합적인 맞춤형 코칭 프로그램들이 가능해진다. 6장에서 진단에 대한 내용과 진단 모델을 제시하였다.

진단의 또 다른 측면은 클라이언트의 유능성 수준 혹은 어떤 경우에는 클라이언트에게 어떤 자질이 존재하는지를 진단하는 것과 관련된다. 모든 진단이 그렇듯이, 이것은 클라이언트에 대한 관찰에 기반을 두는데, 통상적인 절차에 따라 클라이언트를 관찰하거나 아니면 클라이언트의 유능성 수준을 드러낼 수 있도록 특별하게 설계한 연습을 통해 클라이언트를 관찰한다. 이것의 좋은 예는 테니스나 골프 코치와의 첫 만남에서 코치가 새로운 클라이언트와 함께 골프 혹은 테니스를 한 게임 같이해 보자고 제안하는 것이다.

아마도 진단의 가장 어려운 부분은 진단의 타당성 확보일 것이다. 우리는 그 진단이 다른 편견이나 투사에 의한 것이 아니며 그것보다 더 정확한 것임을 어떻게 알 수 있는가? 진단이 타당함을 입증하는 방법은 궁극적으로 코칭 프로그램의 성공 그 자체에 있겠지만, 그 전에 몇 가지 테스트를 통해 할 수 있다(그중 일부는 이미 제시한 바 있다).

- 진단에서 전통적인 특징들을 다루고 있는가?
- 유능한 관찰자가 할 만한 관찰을 바탕으로 진단되고 있는가? 코치는 관찰의 근거를 제시할 수 있는가?
- 코치는 현재의 진단에 기반을 두고 클라이언트의 향후 행위를 정확히 예측할 수 있는가? 혹은 코치는 진단에 기반을 두고 다른 관찰되지 않은 영역에 대해서도 클라이언트가 취할

행위를 말할 수 있는가?

- 진단은 클라이언트가 전에는 볼 수 없었던 방식으로 클라이언트의 삶을 보여 주는가?
- 진단은 클라이언트와 코치 모두에게 코치가 관찰한 여러 가지를 종합하도록, 그래서 클라이언트가 하는 대부분의 행위를 이해할 수 있게 하는가?
- 진단은 클라이언트가 자유롭게 행위하게 하는가? 즉, 단순히 어떤 것을 기술하는 것 이상의 역할을 하는가?

지금쯤 당신은 왜 언어, 관찰, 진단을 동시에 다루고 있는지를 이해했을 것이다. 이것들은 서로 분리될 수 없다. 어떤 것도 나머지 것 없이 일어날 수 없기 때문이다. 우리는 관찰할 때마다, 심지어 특정한 말을 사용할 때마다 늘 어느 수준의 진단을 담고 있다. 코치는 언어의 사용에 있어서 매우 엄격해야 한다. 클라이언트에게 이야기하고 경청하는 방식에 있어서 정확하고 일관되며 근거를 가지고 있어야 한다. 이것은 코칭에 있어서 핵심적인 역량이고, 이것을 통해 코칭이 발생한다.

밥과의 코칭 프로그램은 두 개의 중요한 부분으로 구성되었다. 첫 번째 부분은 우리가 일대일로 한 대화이고, 두 번째 부분은 밥 스스로 한 작업이었다. 후자는 코칭이 끝난 후에도 계속될 부분이기 때문에 더욱 중요했다. 스스로 작업을 해야 하고, 코칭의 성과를 실현해야 하기 때문에 밥은 더 정확하게 관찰하고, 근거 있는 평가자가 되어야 했다. 이것은 밥이 새로운 관찰과 진단을 할 수 있도록 새로운 언어를 배워야 함을 의미했다. 현실적으로, 이것은 매 회기가 끝날 때마다 밥에게 자기관찰 과제를 부여하는 것을 의미했다.

자기관찰 과제는 클라이언트가 일정 기간 동안 수행하는 관찰이라고 볼 수 있다. 과제의 요점은 클라이언트가 새로운 행위를 더 자유롭게 하게 되고, 의사결정을 위해 더 근거 있는 진단을 제공하고, 반복되는 행동패턴에 개입함에 있어서 약간의 힘을 부여하는 데 있다. 자기관찰의 많은 예를 이 책의 말미에 제시하였다.

▌추천 도서

목록에 제시된 책들은 도전적이다. 따라서 읽으려면 인내심이 필요할 것이다. 이것들 중 몇몇을 읽고 나면 언어가 코칭과 관련이 있다는 점을 더 깊이 있게 이해하게 될 것이다.

Gadamer, Hans-Georg. Philosophical Hermeneutics. David E. Linge 편역, Berkeley, CA: University of California Press, 1976.

하이데거의 제자가 하이데거가 제시한 여러 주제를 더 확장하여 설명하고 명료화했다. 우리가 서로와 세계에 대한 이해 방식을 명료하게 보여 준다.

Gergen, Kenneth J. Realities and Relationships. Cambridge, MA: Harvard University Press, 1994.

사회적 구성주의에 대해 강력하고 종합적으로 논의한 입문과 전문 도서의 경로가 되는 도서. 철학적 토대를 제시하면서 반대 의견들에 대한 답을 이야기하는 놀라운 책. 강력하게 추천함.

Heidegger, Martin. On the Way to Language. Peter D. Hertz 번역. San Francisco: Harper & Row, 1971.

하이데거의 언어의 본질에 대한 시적이고 형이상학적인 에세이. 매우 엄격하다. 독자에게 정의나 제한이 없는 언어에 대한 가능성을 열어 줌. 경이롭고 신비한 책. 많은 사람이 읽을 가치가 있음.

Johnson, Mark, and George Lakoff. Metaphors We Live By. Chicago: University of Chicago Press, 1980.

은유를 바꾸고 영원히 세계관을 바꾸라. 예를 들어, 시간이 진짜로 돈이 아니라면 무엇일까?

Kockelmans, Joseph J. On Heidegger and Language. Evanston, IL: Northwestern University Press, 1972.

현대 사상의 여러 측면에 대한 하이데거의 작업의 영향을 탐구하는 에세이를 모은 책. 하이데거가 직접 저술한 책보다 쉽게 접근할 수 있음.

Lakoff, George. Women, Fire, and Dangerous Things. Chicago: University of Chicago Press, 1987.

언어가 우리에게 우리일 수 있고, 느끼고, 할 수 있도록 하는 방식에 관한 책.

—. Moral Politics. Chicago: University of Chicago Press, 2002.

미국의 윤리, 정치, 가치관, 종교 및 육아에 대해 엄격한 글쓰기와 언어학적 · 인지적 기반을 통해 보여 줌. 역설을 해설하고, 수수께끼를 풀어 줌. 미국 문화를 보는 관점을 완전히 바꿔 놓음. 중요한 책.

Rosenberg, Ph. D., Marshall B. Nonviolent Communication. Encinitas, CA: PuddleDancer Press, 2003.

진정성, 용기 및 연민을 기적과 같이 혼합하여 진정성 또는 통합성을 손상시키지 않으면서 모든 사람을 존중하는 대화를 수행할 수 있는 잘 개발된 방법을 보여 줌. 모든 장을 읽기 바람.

Scott, Susan. Fierce Conversations. New York: The Berkeley Publishing Group, 2002.

핵심 있는 대화를 하기 위한 고무적이고, 실용적인 구조를 보여 줌. 매력적인 이야기와 예시로 가득한 책.

Searle, John R. Speech Acts. Cambridge: Cambridge University Press, 1969.

언어에서 가능한 기본적인 움직임들을 상당한 밀도의 철학적 스타일로 보여 주는 책.

Sieler, Alan. Coaching to the Human Soul. Blackburn, Victoria, Australia: Newfield Australia, 2003.

설 및 마투라나(aturana)의 제자인 페르난도 플로레스(Fernando Flores)가 종교적 또는 영적 코칭이 아닌 발화 행동 이론(speech act theoy)을 세계에 소개한 첫 번째 도서. 언어 철학의 뿌리에 대한 참조 자료를 보여 줌. 유용한 참고서.

Stone, Douglas, Bruce Patton and Sheila Heen. Difficult Conversations. New York: Penguin Books, 2000.

대화를 힘들게 만드는 장애들에 대해 철저히 설명하는 책. 상호 간 만족스러운 결론으로 이끄는 대화를 하도록 우리를 준비시키는 검증된 방법들을 보여 줌.

03

코칭의 흐름

코칭을 어디부터 시작해야 하는가? 이 장에서는 수년에 걸쳐 효과가 입증된 코칭의 흐름을 제시한다. 이 장을 읽으며 코칭을 했거나 받았던 경험을 떠올려 보라. 코칭의 흐름이 당신의 경험과 어떻게 연결되는가? 그것이 코칭이 실패했거나 성공한 이유를 보여 주는가?

이 장에서는 내가 코칭의 흐름([그림 3-1] 참조)이라고 부르는 과정 전체를 개략적으로 살펴볼 것이다. 여기서 설명하는 코칭의 흐름은 선형적(linear)이지만 실제 우리의 경험이나 대화나 삶은 그렇지 않다. 따라서 실제 코칭은 대개 책에서 배우는 것처럼 직접적이거나 단순하게 흘러가지 않는다. 코칭의 각 단계는 부표와 같아서 숙련된 관측사가 항해 중에 부표를 보고 자신의 위치를 파악하는 것처럼, 코치는 코칭의 흐름을 염두에 두고 일의 진행 상황을 파악할 수 있다. 이 장의 목표는 코칭의 흐름을 단계별로 살펴보고, 코치에게 사고와 계획의 틀을 제공하는 것이다.

실제 이 흐름을 따라 코칭을 하다 보면 각 단계가 점점 더 잘 이해되고 어느 순간에 이르면 더 이상 참조할 필요가 없어질 것이다. 대신 코칭의 각 단계를 체화해 자신만의 방식으로 자연스럽게 이행하게 될 것이다.

그때까지는 이 책에 있는 검증된 구조를 참조하기 바란다. 코칭의 흐름은 단계별로 명확히 구분된다. 그러나 때때로 단계 간 경계가 융합되어 한 단계가 끝나는 순간이 언제이고 다음 단계가 시작되는 순간이 언제인지 결정하기 어려울 때가 있다. 그러나 학습을 위해서는 각 단계를 독립된 별개의 단계로 두고 언급하는 것이 유용하다. 이 책의 나머지 부분에서는 각 단계별로 한 장씩 할애해 다룰 것이다. 이 장에서는 전반적인 코칭의 흐름과 함께 각 단계가 서로 어떻게 연결되어 있는지를 살펴보고자 한다. 코칭의 흐름을 잘 익혀 두면 코치로서 행위를 설계하거나 코칭 결과가 좋지 않을 때 문제를 진단하는 도구로 이용할 수 있다. 특히, 문제를 진단할 때에는 현재 자신이 처한 단계부터 시작해서 거슬러 올라가면서 각 단계별 조건을 성공적으로 이행했는지를 평가하길 바란다. 문제의 원인을 정확하게 발견할 때까지 이런 식으로 코칭을 점검하라. 문제가 발생한 것으로 짐작되는 단계에서 빠진 부분이나 잘못된 부분을 수정하면 된다.

일부 독자는 이런 접근 방식이 너무 딱딱하고 교과서적이라고 느낄 수 있다. 이러한 방식으로 인해 직관적 반응이 둔화되거나 코칭 과정에서의 상호작용과 결과보다 코칭의 구조적 흐름이 더 중요시되는 주객전도 현상이 일어날 수 있다는 걱정 또한 이해한다. 그러나 실제로 적용해 보면 이 모든 걱정이 기우임을 알 수 있을 것이다. 코칭은 재즈 연주와 같다. 재즈 연주자는 다른 연주자들의 연주를 들으며 합주에 스며드는데, 온 힘을 다하는 동시에 곡의 시작과 끝, 곡의 기본적인 구조를 이해해야 한다. 재즈 연주자는 즉흥 연주를 할 때조차 기본 구조에서 절대 벗어나지 않는다. 코치도 마찬가지이다. 코칭의 기본 구조를 완벽하게 숙지하고 있을 때에만 그때그때 상황에 맞추어 창조적으로 대응하면서도 원하는 결과를 이끌어 낼 수 있다는 자신감을 유지할 수 있다. 이것이 코칭을 재즈 연주에 비유하는 이유이다.

앞서 인용했던 밥(Bob)의 사례를 통해 코칭의 흐름을 단계별로 설명하려고 한다. 먼저 각 단계를 구성하는 이론적 근거를 살펴본 뒤에 밥의 이야기에 적용해 보자.

[그림 3-1] 코칭의 흐름

1단계: 관계

이 책에서는 '관계'라는 단어가 반복해서 등장한다. 여기서도 동일한 의미로 사용했다. 관계는 코칭의 출발점이자 기본이다. 내가 계속해서 관계를 언급하는 이유는 다른 어떤 단계보다도 이 단계가 무시되거나 불필요하다고 여겨지곤 하기 때문이다. 관계가 코칭의 기본이라는 것을 고려하면, 관계를 당연시 여길 때 가장 큰 문제가 발생할 수 있다. 관계의 근본은 상호 신뢰와 존중 및 표현의 자유이다. 코칭 관계를 다루는 장에서 이 세 가지를 더 자세히 살펴볼 것이다.

때때로 사람들은 관계가 자연스럽게 형성되며, 우연히 발생하기 때문에 인위적으로 이를 통제하거나 책임지려는 행동은 간섭일 뿐이라고 생각한다. 코칭에 필요한 관계 유형은 '화학적 끌림'에 기반을 둔 관계 유형과는 다르며, 솔직함, 소통, 감사, 공정성, 공통된 약속의 문제에 가깝다. 개인적으로 친하게 지내고 싶지 않거나 함께 저녁을 먹고 싶지 않은 사람을 코칭해야 할 때가 종종 있다. 살다 보면 당연히 마음에 드는 사람이 있을 수 있고 상대적으로 마음에 들지 않는 사람이 있을 수 있다. 그러나 누군가를 성공적으로 코칭할 때 코칭 상대가 개인적으로 마음에 들고 안 들고는 전혀 중요하지 않다.

밥(Bob)의 사례로 돌아가 보자. 밥을 코칭할 때 내가 맡은 첫 과제는 밥과 나의 관계를 명확하게 정립하는 것이었다. 밥은 내가 회사에서 파견되어 자신을 바꾸려고 왔는지, 아니면 자신을 도와주려고 왔는지를 알고 싶어 했다. 내가 어떻게 대답하느냐에 따라서 밥이 얼마나 마음을 열고 내 코칭에 임할지가 달려 있었다. 그런 처지에서 나는 보통 코칭 대상인 개인 클라이언트의 능력을 향상시키도록 도우면 궁극적으로 회사에도 이익이므로 개인 클라이언트를 도우러 온 사람이라는 입장을 취한다. 밥은 내가 어느 쪽 입장인지를 심문할 수 있는 가상의 시나리오를 제시하며 최선을 다해 내 진정성을 확인했다. "내가 만약 회사를 그만두면 어떻게 하시겠어요? 혹은 내 상사가 나에 대해 부당한 평가를 내린다는 사실을 알게 된다거나 아니면 당신에게 코칭이 어떻게 되어 가고 있는지 알려 달라고 한다면요?" 나는 밥에게 상사에게는 코칭 프로그램에 대한 통상적인 내용만 보고하고 구체적인 코칭 내용은 보고하지 않는다고 대답했다. 또한 위에서 압력이 들어오더라도 내 클라이언트는 당신이고, 코칭 결과가 어떠하든 나는 당신의 성공을 위해 일하는 사람이라는 점을 강조하며 안심시켰다. 나는 또 밥과 같은 사정에 처해 있던 다른 클라이언트를 코칭했던 경험을 이야기해 주며 그때도 내 입장은 지금과 똑같았다고 말해 주었다. 이로써 우리는 코칭 프로그램을 시작하기에 충분한 관계를 정립할 수 있었다.

어떤 코치와 클라이언트는 서로를 이미 잘 알아서 코칭을 위한 관계가 잘 정립되어 있는 경우도 있다. 반대로 코칭을 시작하기 위해서 관계 개선부터 해야 하는 경우도 있다. 이 두 가지 상황은 코칭 관계에 대한 장에서 자세히 다루고자 한다.

2단계: 기회

여느 인간 활동과 마찬가지로 코칭도 공식적인 프로그램이 실제로 개시되기 전에 시작된다. 코칭은 클라이언트나 코치가 코칭의 기회를 접했을 때 시작된다. 일상에서 능숙하게 대처할 수 있는 되풀이되는 상황이나 관계, 대화에는 코칭의 기회가 별로 없다. 만약, 누군가가 아침에 시리얼을 그릇에 어떻게 부을지, 차 문을 어떻게 열지, 회사 가는 길에 엘리베이터 앞에 어떻게 서 있을지 코칭해 주겠다고 나선다면 대부분 황당해 하거나 몰래 카메라(monty python movie)가 아닌지 의심할 것이다.

코칭에는 기회가 필요하다. 무언가가 고장 난다거나, 어떤 제안을 받게 되거나, 새로운 기술이 필요한 처지가 되어서 투명한 천과 같은 우리의 일상이 방해를 받을 때 기회가 생긴다. 이러한 기회 중 하나가 우리의 전념하는 삶 영역에서 일어날 때, 코칭의 기회가 생겨난다. 보통 이러한 기회를 인식하고 코칭을 제안하는 쪽은 코치인 경우가 많다. 다른 경우에 잠재적 클라이언트가 도움이 필요한 상황이라는 것은 알지만 정확하게 어떤 도움이 필요한지는 인식하지 못한 채 코칭을 찾는 경우도 있다.

이러한 방향성 있는 발언을 넘어서서 코칭을 위한 오프닝이 언제 일어났는지 식별하는 것은 코치의 몫이다. 때때로 연례 업무 평가나 프로젝트 진행 경과 평가, 예산 편성 시기 등 정기적인 일정 속에서 이러한 기회가 발생하기도 한다. 이러한 정기적인 일정을 가장 잘 꿰고 있는 사람은 당신일 것이다. 어떤 때에는 반복적인 일정이 아니라 특별한 상황에서 코칭의 기회가 보이기도 한다. 어려운 문제가 발생하거나, 클라이언트가 불만을 접수하거나, 장비가 고장 나거나, 회사 내에서 위기가 발생하거나, 새로운 판매 및 마케팅 기회가 찾아오거나, 승진하거나 새로운 자리에서의 자격요건이 필요한 때에도 코칭의 기회를 포착할 수 있다.

밥(Bob)의 사례는 앞에서 제시한 예와는 다소 다르다. 왜냐하면 밥의 일상생활을 내가 현장에서 관찰하지 않았기 때문이다. 이미 현장에 있는 경영자나 관리자를 코치로 임명하면, 코칭의 기회를 끊임없이 관찰할 수 있는 위치에 있으므로 코칭의 영향력을 극대화할 수 있다.

밥의 사례에서 내가 맡은 일은 코칭의 실질적 기회를 찾아내는 것이었다. 밥은 진심으로 코칭을 받기를 원했을까? 아니면 단지 상사의 명령 때문에 코칭을 받기로 했을까? 밥은 얼마나 열린 마음으로 스스로의 행위, 동기, 기술수준, 약점 등을 들여다볼 준비가 되어 있나? 밥이 코칭을 받을 마음이 없다면 결국 코칭은 아무런 소득 없이 끝날 것이다. 밥과 이야기해 본 결과, 밥의 승진 가능성에 있어서 경영진의 진정한 지지를 충족시키는 그의 야망의 동시현상을 보았다고 생각한다.

3단계: 평가

코칭을 시작하기 전에 코치는 일상생활에서 필요한 것 이상으로 클라이언트를 훨씬 더 많이 이해해야 한다. 당신에게 의사인 친구가 있다고 가정해 보자. 당신이 감기에 걸렸을 때 병원 밖에서 만났다면 그는 몇 마디 조언을 해 주고 말겠지만, 만약 당신이 그 친구의 진료실에 방문해 확실한 검사를 받는다면 상세한 병명을 알려

줄 것이다. 마찬가지로, 이미 친분이 있는 사람을 코치할 때에도 코칭을 시작하기 전에 코칭 대상을 평가할 시간이 반드시 필요하다.

평소에는 별로 중요해 보이지 않는 것들도 코칭이 시작되면 매우 중요해진다. 예를 들어, 클라이언트가 함께하면 즐겁거나 지혜로운 충고를 해 주는 고마운 대상이더라도 이것은 코칭과는 무관하다. 따라서 코치 스스로가 불편하게 느껴지더라도 평가는 생략해서는 안 되는 필수적인 과정이다.

평가는 세 가지 요소로 이루어진다. 첫째, 클라이언트의 능력치를 평가해야 한다. 둘째, 코치는 클라이언트의 해석 구조(structure of interpretation)를 평가해야 한다. 마지막으로, 코치는 클라이언트의 삶을 구성하는 관계, 프로젝트, 실행 등을 시간을 들여 파악해야 한다.

평가가 이 세 가지 측면에서 이루어져야 하는 이유는 굳이 설명하지 않아도 명백하다. 각 요소에 대해서는 평가에 대한 장에서 좀 더 자세히 논의할 것이다. 여기서는 평가의 세 요소의 적절성에 대해 간단하게 설명하려고 한다. 어떤 부분을 코칭할지 알기 위해서 코치는 반드시 코칭하고자 하는 영역에서 클라이언트가 얼마나 유능한지를 파악해야 한다. 알다시피 신입사원을 코칭하는 일과 전문가를 코칭하는 일은 다를 수밖에 없다. 코칭을 진행하는 최선의 방법을 이해하기 위해 코치는 클라이언트의 해석 구조를 평가해야 한다. 즉, 코치는 클라이언트가 일반적으로 자신을 둘러싼 세계를 어떻게 이해하는지를 알아야 한다. 뒤에서 몇몇 보기를 제시할 텐데 이를 보면 일면 거창해 보이는 이 평가 과정을 어떻게 수행해야 할지 감이 잡힐 것이다. 마지막으로, 코치는 클라이언트가 현재 처해 있는 상황을 파악해야 한다. 그래야만 코칭이 어떤 형태로 이루어지든 클라이언트가 나머지 일상생활에 최대한 방해를 받지 않으며 코칭을 완수할 수 있다.

내 경험상 외부 코치로 초빙 받았을 때 평가를 실시하는 가장 좋은 방법은 두 가지이다. 첫째, 클라이언트 및 그의 동료들과 대화하는 것이다. 둘째, 클라이언트의 실제 행위를 관찰하는 것이다. 하루 이상 클라이언트를 따라다니면서 이야기하고 관찰하다 보면 그를 둘러싼 세계와 다양한 상황에서 대응방식이 이해되기 시작하고, 이 모든 일이 일어나는 환경에 대한 통찰력이 생긴다. 뒤에 나오는 평가에 대한 장에서 내가 밥에 대해 알아낸 사실들을 자세히 기술할 것이다.

4단계: 계약*

계약이란 코칭 관계에서 코칭을 통해 얻고자 하는 성과와 그 성과를 얻기 위한 클라이언트와 코치의 의지를 분명히 하는 과정이다. 흔히 확실한 계약 과정 없이 두루뭉술하게 지나가는 경우가 많은데, 그러면 많은 실수와 오해가 생기게 된다. 계약에 대한 장에서 어떤 실수들이 생길 수 있는지 자세히 알아볼 것이다. 일반적으로 계약 과정에서 범할 수 있는 실수는 클라이언트가 코칭을 받을 의욕이 충분하다고 미루어 짐작하는 것, 코치가 코칭 의지를 분명히 보여 주지 않고 넘어가는 것, 코칭을 통해 얻고자 하는 성과와 예상 가능한 장애물이 무엇인지 짚고 넘어가지 않는 것 등이 있다.

계약은 단순히 "코칭을 통해서 얻고자 하는 바가 무엇인가?"라고

* 등록과 계약 중 계약으로 번역하였다. ENROLLMENT 자체는 등록으로 번역되는 것이 더 적합하지만 내용상 계약에 해당된다고 역자들은 판단하였다.

묻는 것 이상이다. 계약은 세부적인 상황, 앞으로 일어날 수 있는 변수, 클라이언트와 코치의 한계와 강점 등을 대화를 통해 능동적으로 알아내는 단계이다. 계약 단계에서 중요한 것은 열린 마음과 정직함, 그리고 꼼꼼함이다.

당신은 밥(Bob)의 사례를 통해 코칭이 진정한 기회를 인식하는 단계에서 계약 단계로 어떻게 자연스럽게 흘러가는지 이해할 수 있을 것이다. 밥은 승진하고자 하는 야심이 있었고, 회사도 긍정적인 입장이었지만 여전히 남아 있는 질문은 밥이 코칭을 따라올 의지가 있는가였다. 나는 밥에게 그가 앞으로 직면하게 될 과제들을 최선을 다해 설명했다. 회사 내 정치에 익숙해지고 몰두하며 능수능란해져야 하고, 조직의 의사 결정 과정이 그의 논리적 · 분석적 · 회계사적 사고로는 선뜻 이해가 되지 않더라도 익숙해져야 한다고 말해 주었다. 또한 이제부터 의견을 피력할 때 저항을 불러일으키기보다 능숙하게 지지를 이끌어 낼 줄 알아야 한다고 말해 주었다. 그리고 이 모든 것은 밥의 행복과 존엄을 지키고, 그가 최근까지 자신의 경력에서 이룬 성취를 유지하면서 진행될 것이라는 점을 분명히 했다.

이 같은 계약 단계에서의 대화는 이전에 발생했던 관계 대화와는 반대된다. 이때 나의 역할은 밥에게 '만약 이렇게 된다면'이라는 시나리오를 제시하고 밥이 이 코칭 프로그램에 얼마나 진심과 전력을 다해 임하는지를 알아내는 것이다. 우리는 우리가 상호 간의 약속과 전문지식을 다해 각 시나리오 상황을 해결해 나갈 수 있다는 자신을 가질 때까지 이야기를 나눴다. 이렇게 말하면 합의에 이르는 대화 과정이 매우 매끄러웠거나 서로가 원하는 코칭 성과가 명확했던 것처럼 생각할 수 있지만 그렇지 않다. 우리가 나아가야 하는 곳이 어디이고, 그곳에 도달하기까지 서로 어떻게 협력해야 하는지에 대해 확신하기까지 대화는 끊임없이 되풀이되었다.

5단계: 코칭

코치의 직무 중 하나가 코칭 프로젝트의 범위를 정하는 것이다. 한 번의 대화로 코칭의 범위를 결정할 수 있을까? 아니면 여러 번의 대화를 거쳐야 할까? 할 일을 배정하고 주요 단계 및 의사소통 구조를 확립하는 등 포괄적인 프로그램이 필요한가? 코치는 이전 단계들을 실행하기도 전에 이미 이것에 대해 구체적인 계획을 그렸을지도 모른다. 하지만 클라이언트와 그의 처지를 더 자세히 알고 난 뒤에는 처음에 내렸던 결론이 바뀔 수 있는 가능성을 항상 열어 두어야 한다. 코칭으로 얻고자 하는 성과가 무엇이고, 성과를 달성하는 방법에 대해서는 이미 대략적으로 설명했다. 뒤에 나오는 코칭 자체에 대한 장에서 더 자세히 다룰 것이다. 여기서는 코치의 임무는 클라이언트로 하여금 능력이 향상되는 방법을 알게 하는 것이라는 점을 강조하고 싶다. 앞선 모든 단계를 잘 끝마치고도 코치는 교사나 치료사나 경영자 같이 더 익숙한 역할로 되돌아가려는 관성이 있다. 특히 압박감을 느낄 때 예전 역할로 돌아간다. 사실, 구조를 세우는 이유 가운데 하나가 바로 코치가 더 편안하지만 당장 코칭 주제와는 직접적인 관련이 없는 역할로 회귀하지 않고 코치 역할에 충실히 머물러 있도록 돕기 위해서다.

밥(Bob)을 코칭할 때 나는 총 6개월이 필요하다고 판단했다. 6개월 동안 우리는 총 여섯 번을 만나 하루의 반을 함께 보냈고, 매주 통화를 했다. 우리가 만나지 않을 때에는 밥에게 자기관찰 연습과 새로운 실천 사항을 과제로 내주었다. 이는 나 없이도 독립적으로 승진에 필요한 기술을 연마할 수 있도록 하기 위해서였다.

추천 도서

다른 책에서는 코칭의 흐름을 다루지 않기 때문에 추천하는 도서가 적다. 여기 제시된 교재들은 시스템과 상호의존을 이해하는 데 도움이 될 것이다.

Bethanis, EdD, Susan J. Leadership Chronicles of a Corporate Sage. Chicago: Dearborn Trade Publishing, 2004.

저자는 매우 바쁘고, 국제기구에서 일하며, 중요한 결과에 대해서 책임이 있는 기업 대표와 함께 일하는 효과적인 방법을 제시한다. 이 책과는 다른 코칭 방법을 지지하나 매우 실용적이고 인간적이라는 면에서 그 뿌리는 유사하다.

Macy, Joanna. World as Lover, World as Self. Berkeley, CA: Parallax Press, 1991.

이 아름답고 경이로운 책은 연습과 스토리, 예시를 통해 모든 삶과 현상에 대한 상호연계성을 탐구한다. 모든 체제를 이해할 수 있는 훌륭한 배경을 제공한다.

Senge, Peter M. The Fifth Discipline. New York: Doubleday, 1990.

이 책은 학습 조직을 창출하는 것에 대해 다룬다. 이 책의 다섯 번째 규율은 코칭의 중심이 되는 조직적 사고와 관련이 있기 때문에 여기에 포함시킨다. 이 책은 잘 표현되었고 체계적이며, 저자의 다년간의 경험에서 비롯된 실제 삶의 예시들을 담고 있다. 대단히 흥미로우며 연구할 만한 가치가 있는 책이다.

04

코칭 관계

당신은 당신의 클라이언트와 끌리는 감정을 가지지 않아도 된다. 당신이 그의 친한 친구나 저녁 식사의 일행이 될 필요는 없지만, 성공적인 코칭을 위해서는 반드시 그와 함께 일할 수 있는 관계를 가져야 한다. 사람들은 가끔 임원, 부모, 상사와 같은 자신의 역할 뒤에 숨고, 그 역할의 지위나 힘으로 관계를 대신하려 한다. 하지만 그것으로 관계를 대신할 수는 없다. 역할은 상황을 제공할 수는 있지만, 오직 관계만이 기반을 제공할 수 있다.

소통한다는 것은 다른 이의 세계로 들어가는 것이다. 조심스럽게 나 자신을 살피며 상대방을 강탈함 없이 들어가는 것이다. 다른 이를 강탈함이란 그를 무효화 시키는 것, 그가 받은 혜택을 보답하려는 것을 막는 것, 그의 사려 깊은 의견을 거부하는 것이다. 이것은 그가 내 집에 들어오는 것은 허용하지 않으면서 그의 내면을 침범하는 것이며, 자신은 어떠한 수용도 필요치 않은 완벽한 존재라고 믿는 오만이다. 상호 작용 없는 일방적인 선물은 소통이 아닌 침해이다.

– 샤카(M. F. Sciacca) –

일찍이 메다드 보스(Medard Boss)가 언급했듯이, 우리는 항상 의식하고 있든지 아니든지 간에 우리가 맞닥뜨리는 모든 사람이나 일과 이미 관계를 맺고 있다. 이런 점에서 코칭 관계는 꺼내 다루기가 새삼스러운 주제이다. 결과적으로 우리는 항상 잠재적 클라이언트와 관계를 가진다. 그럼에도 그 관계의 본질은 무엇인가에 대한 의문은 남아 있다. 이것은 때로는 떠들썩하기도 한 일련의 코칭의 과정을 지탱할 만큼 튼튼한가? 그리고 코칭이 순조롭게 성공할 수 있게 하는 필수 요소를 가지고 있는가?

나는 이 장에서 주로 배경적 측면으로 다뤄지는 사안을 앞으로 끌어 오려 한다. 나는 전에 코칭에 대해서 '~하는 것'이라기보다는 '~인 것'이라는 견해를 드러낸 바가 있지만, 이 구별은 그리 도움이 되지는 않는다. 나는 이 장에서 이 구별을 하는 데 있어서 더 많은 본질을 제공하고, 그리하여 당신이 하는 것에 대해 관찰하고 바로잡고 발전할 수 있는 방법을 마련케 할 것이다. 이런 움직임이 만들어질 때, 새로운 전경(foreground)의 틀을 짜고 의미와 기준점을 제시하기 위해 새로운 배경(background)이 바로 자리 잡아야 한다.

우리가 주로 다룰 관계에 대한 배경 전제는 클라이언트와 코치 사이에 공유된 전념이다. 두 사람 모두 형식적으로는 애매할지 몰라도, 같은 목표에 전념해야 한다. 그렇지 않다면 코칭을 하기 위해 충분한 관계를 탐구하거나, 창조하거나, 혹은 지탱할 추진력은 없다. 이 글을 읽으면서 당신은 아마도 과거에 실패한 이유를 깨달을 수도 있다. 당신과 클라이언트가 서로 같은 목표에 전념하지 않아서였는지, 아니면 그저 당신의 헌신과 열정으로 클라이언트와 함께 할 수 있다고 막연히 기대했던 것은 아니었는지 말이다.

내 견해로는 가끔, 특히 불확실한 순간에 코치의 헌신과 열정이 코칭에 활기를 불어넣어 줄 수는 있지만 진정으로 이것을 가능하게 하는 것은 비록 드러나지는 않더라도 이미 현존하고 있는 클라이언트의 전념이다.

물론 어떤 이들은 다음과 같이 물을 것이다. “만약 공유된 목표에 대한 전념이 존재하지 않으면 어떻게 해야 하는가? 이것이 없다면 코칭을 할 수 없는가?” 여기에 대한 나의 대답은 코칭은 이루어질 수 없다이다. 그렇다고 코치가 아무 행동을 할 수 없을 정도로 무기력하다는 것은 아니다. 여기서 생각해 보아야 할 점은 클라이언트가 전념하고자 하는 것이 무엇인지에 대한 탐구, 그리고 여기로부터 진정으로 서로가 공유하는 목표로의 전념의 연결 고리가 생길 수 있다는 것이다. 어쨌든 공유된 전념은 코칭 관계를 위한 배경이다.

관계를 구성하는 요소는 상호 간의 신뢰, 존중 그리고 표현의 자유이다. 먼저 일반적인 견해를 논의한 후에 차례로 이것들을 알아가 보자. 이 모든 요소는 서로 상관관계를 가지고 있다. 예를 들어, 만약 우리가 존중하지 않는 사람을 신뢰한다든지, 신뢰하지 않는 사람에게 우리 자신을 자유롭게 표현한다는 것은 무슨 의미인가? 게다가 한 요소에 대한 매진은 다른 요소들을 강화시킬 것이다. 나는 각 요소를 하나하나 설명할 것이다. 그러면 당신은 코칭 관계에서의 역동이 무엇인지에 대한 이해를 가지게 될 것이다. ‘상호적’이라는 수식어는 서로 양방향으로 작용한다는 성질, 그래서 클라이언트와 코치가 서로를 신뢰하고 존중하며 자유롭게 표현한다는 것이다.

상호 신뢰

당신이 누군가를 신뢰한다는 것은 무엇을 의미하는가? 신뢰는 어떻게 생기는가? 그리고 깨진 신뢰는 어떻게 회복되는가? 우리가 누구를 신뢰할지 안 할지에 대한 판단 기준이 있는가? 아니면 단지 직감적이고 무의식적인 선택인가? 이 질문에 대한 당신의 대답은 다른 무엇보다도 중요하다. 왜냐하면 당신의 코칭에 있어서 가장 영향을 미치는 것은 당신 자신의 경험이기 때문에 이 책을 계속 읽기 전에 시간이 걸리더라도 생각해 보기를 권한다.

우리 모두는 개인사의 경험을 가지고 코칭의 세계로 들어간다. 우리 중 일부는 신뢰할 만한 많은 사람을 만난 경험이 있다. 그들이 말한 것에 따라 행동을 취했고, 그들의 진실성에 의존했으며, 그들이 신뢰를 유지할 것을 확신했다. 물론 이와는 반대의 경험을 가진 사람도 있다. 우리는 신뢰할 수 없는 사람들을 만난 경험도 있다. 실망감을 느꼈고, 배신도 당했고, 지지받지 못했고, 속임을 당한 경우도 있다. 각각 양쪽의 어느 경험이든지 우리를 코치를 하는 데 있어 유리하거나 아니면 어려움이 가득한 조건에 이르게 한다.

우리 자신의 개인적 배경을 바꿀 수 없기 때문에 가장 중요한 과제는 우리가 어디에서 진정으로 신뢰할 수 있게 되는지를 이해하는 것이다. 신뢰가 가득한 경험들은 우리가 새로운 사람들을 믿게 하는 데 도움이 된다. 하지만 동시에 배신의 경험들은 우리로 하여금 과거를 털어 버리고 싶어 안달나게 하고, 새로이 신뢰할 사람을 찾게 만들기도 한다. 이 등식의 다른 쪽은 대칭적으로 동등하다. 신뢰의 경험이 많은 사람은 가끔 곧 일어날 배신의 미묘한 신호를 감지하지 못할 수도 있다. 신뢰에 대한 배경이 어떤 특정 상황에서는 우리에게 전혀 도움이 안 될 수도 있다. 또한 반대의 배경을 가지고 코칭을 시작하는 경우도 있다. 이러한 사람은 그저 과거를 재현하는 것이 아니라 현재의 관계를 맺는 데 있어서 더욱 더 경계를 가지는 것이 명백하다. 초기에 언급했듯이, 이 예들이 더욱 분명하게 보여 주는 것처럼 가장 중요한 단계는 코치 스스로가 자신의 배경, 개인사를 인지하고 그것으로 어떻게 클라이언트와의 현재의 관계를 형성하느냐는 것이다.

어떤 배경을 가져오든, 신뢰는 우리가 남들에게 줄 수 있는 선물이다. 나는 신뢰는 반드시 얻어야 된다는 말은 들어 봤지만, 그것을 얻는 데 있어서의 기준 목록에 대해서는 들어 본 적이 없다. 물론 누군가를 신뢰하고자 판단하기 전에는 시간과 여러 상황을 두고 그를 신중히 관찰하는 것이 맞다. 하지만 결국에 누군가를 신뢰한다는 것은 상황이 그렇게 만드는 것이 아니라 내가 그렇게 결정하는 것이다.

신뢰는 우리가 누군가를 신뢰할 수 있을지 없을지 따져 보고 상대의 장점과 단점, 미덕과 악행을 꼼꼼하게 기록하고, 미래의 가능치를 알아 봐야 하는 회계의 영역이 아니다. 오히려 그 반대이다. 우리는 내가 이미 상대방을 신뢰하고 있거나, 아니면 신뢰하지 못한다는 것을 깨닫게 된다. 하지만 그 이유는 잘 모른다. 우리는 신뢰를 버려야 할 만큼 상대방이 심각하게 배신을 저지를 때까지 계속 믿거나, '상대방이 만회할 때까지' 기다려 주기도 한다. 코칭 본연의 성질은 이것보다는 더 예측 가능하다. 나는 신뢰를 구축함에 있어서 계산적인 방법과 신뢰하는 과정 안에서 우리를 발견하게 하는 신비함 사이의 절충안을 제안한다.

이 절충안의 첫 번째 단계는 우리가 그 사람에 대해 무엇을 신뢰하고 있는지 알아내는 것이다. 인생이나 활동의 어떤 영역에서 이 사람을 신뢰하는가? 코칭을 함에 있어서 우리가 누군가를 인생의 모든 영역과 시간을 초월해 믿어야 하는 경우는 드물다. 일단 우리가 관련된 영역이 무엇인지 결정하면, 개인 행동의 두 가지 측면을 평가할 수 있다.

첫째는 이 사람이 말함에 있어 진실한가라는 질문이다. 그는 만들어진 약속을 지키기 위한 행위를 하는가? 그는 다른 사람들에게도 같은 사건에 대해 같은 진술을 하는가? 아니면 듣는 이들에게 맞추어 이야기를 재구성하는가? 요컨대, 어떤 사람의 말과 행위가 일치하고 다른 이들에게 이야기할 때에도 일관성을 유지할 때, 그를 진실한 사람이라고 평가할 수 있다.

신뢰성을 평가하는 두 번째 요소는 수행 능력의 문제이다. 그가 본인이 말한 바를 실천할 수 있는 능력이 있는가? 그가 주어진 문제에 대해 성공적으로 대처할 수 있는지 시간을 두고 살펴보았는가? 그러므로 우리가 목이 아프다고 호소했을 때, 아무리 일곱 살 아이가 진실하게 편도선 수술을 해 주겠다고 약속을 한다고 해도 그 아이에게 수술을 맡기지는 않을 것이다. 이런 의미에서 우리가 신뢰하거나 아님을 결정할 때, 성실성과 능숙함이라는 요소들이 함께 작용한다.

여기에서 이야기하는 바가 마치 신뢰를 결정함에 있어 계산적인 방법을 단지 세련되게 포장한 것처럼 들릴지 모르겠다. 나 또한 이것을 이해한다. 하지만 신뢰는 사람에 대한 보편적 판단이 될 필요가 없음을 확실히 구별짓고자 한다. 이것은 남을 보편적으로 믿거나 혹은 못 믿거나 하는 것이 아니다. 이것은 우리가 앞에 주어진 기준에 따른 그에 대한 개인적인 판단에 의거해 어떤 특정 영역에 있어서 그를 신뢰할 것인가 아니면 신뢰하지 않을 것인가의 문제이다. 다른 말로 하자면, 기계적이고 딱딱한 계산이 아니다. 관찰과 평가자로서 결정력을 가지고 있다는 것이다.

상호 존중

신뢰와 마찬가지로 존중도 얻어져야 한다고 말하지만, 존중을 얻기 위해 어떤 행위가 필요한지에 대해서는 알려진 바가 없다. 많은 사람이 생각하는 것처럼, 존중이란 어떤 것을 동의하거나 좋아하는 것과 그리 다르지 않다는 것도 사실이기는 하다. 예를 들어, 사람들이 "나는 그녀의 의견을 존중해."라고 말할 때, 그들이 진정으로 뜻하는 것이 그것에 동의한다는 것인가, 아니면 좋아한다는 것인가? 사람들이 "나는 그를 존중해"라는 것은 진정으로 무슨 의미인가?

존중에 있어서의 본질은 타인을 있는 그대로, 그들이 보여 주려는 그 모습을 그대로 받아들이는 것이다. 존중은 상대를 받아들임에 있어서 온화한 수용에서부터 완전한 존경에 이르는 범위 내에 존재한다. 수용의 범위 한쪽에서 우리는 어떤 이의 가치와 행동이 참을 수 있는 범위 내에 있는지 결정한다. 우리가 그의 동기를 완전히 파악할 수는 없어도 갈등을 최소화하며 수용할 수 있는 방법을 찾는다. 완전 존경의 반대편 극단에서는 우리는 그의 가치와 행동을 완전히 지지하고, 나와 다른 이들의 본보기로 세운다.

누군가 자기는 아무도 존중하지 않는다고 말한다면, 그는 인생의 모든 측면에 있어서 존경할 사람이 한 명도 없다는 뜻이 아닌가 여겨진다. 특히 유명 인사들의 사생활이 대중 매체에 의해 낱낱이 파헤쳐지는 요즘 같은 시대에 아주 적은 수의 사람만이 이 높은 존경의 기준을 고수하고 있다. 코칭을 하는 데 있어서 당신이 이런 높은 기준의 존경심을 가지는 것은 필수 조건이 아니다. 우리에게 필요한 것은 지도하게 될 영역과 그와 개인적으로 같이 가지게 되는 일상적인 관계에 있어서 클라이언트를 존중하는 것이다. 그것은 사실일 수 있는데, 예를 들어 클라이언트의 정치적 관점이나 그가 돈이나 시간을 어떻게 쓰는지에 대해서 우리는 존중하지 않는다. 이런 주제들이 포함되지 않은 삶의 다른 부분에 있어서 우리는 클라이언트를 지도할 수 있다.

신뢰와 마찬가지로, 존중이란 수용 가능한 행동이라는 각자의 은행계좌에서 입금액을 확인해 볼 수 있는 예금 내역서가 아니다. 우리가 누군가를 존중할지 아닐지에 대한 결정을 내릴 때, 우리는 그들의 과거 행위를 비춰보고 적어도 그것이 참을 만한 것인지를 결정한다. 참을 수 없다면 우리는 그들을 존중하지 않고, 그들은 우리 코칭의 대상 후보가 될 수 없다. 그런 경우에는 잠재적 클라이언트를 조사하는 상황에 있어서 그가 과거에 성장해 온 환경에 대해 알아보고자 대화를 나눠 보는 것이 좋겠다. 이런 조사는 가끔 과거에 대해 다른 각도로 바라볼 수 있게 함으로써 그에 대해 인내할 수 있는 방법을 찾게 하기도 한다.

신뢰에 대한 토론과 마찬가지로, 존중에 있어 코치가 취할 태도는 실제로 일어났던 것에 대한 공정한 심사의 자세이다. 이를 위해 코치는 반드시 실제로 벌어진 일과 거기에 대한 생각과 느낌을 구분할 수 있어야 한다. 말하자면 발생된 것에 대한 그의 반응과 실제로 발생된 것 자체를 구별할 수 있어야 한다. 이 구분을 할 수 없다면 우리는 계속 '좋아하거나' '마음이 맞는' 사람들만 코칭하게 될 것이다. 그리고 긍정적으로 반응하지 않은 사람들을 코칭하지 않는 수많은 이유와 변명, 정당화의 구실을 찾을 것이다.

우리 문화에는 첫 인상에 대해 이상한 개념이 있다. 이는 코치의 역할을 수행하는 데 있어 장애를 줄 수 있다. 예를 들어, 나는 가끔 '같이 어울리기에 편하지 않다'는 이유로 잠재력 있는 여성 임원 후보를 승진에서 제외시키는 경우를 본다. 자세히 들여다보면, '그 말은 나는 그녀를 좋아하지 않는다' 아니 진정 사실은 '그녀는 임원이 되기에는 부족하다'라는 의미의 완곡한 표현일 뿐이다.

여성이 남성들과 차이를 알아채지 못할 정도로 똑같이 되기는 아주 어렵다. 이런 기제 속에서 유리 천장이 수십 년간 존재해 왔고, 이 문제에 대한 해결책으로 어떤 코치들은 여성들에게 어떻게 하면 '남성처럼' 되어 출세할 수 있는지를 보여 주려 했다. 하지만 이것은 새로운 관점을 가진 이들이 지도자의 자리로 들어가는 것을 막지 않았는가? 그래서 조직 내에서 지도자들이 똑같은 편견과 무지로 인해 항상 같은 실수를 저지른다고 규탄되지 않았는가? 우리가 동의하지 않는 사람들의 의견을 듣지 않는다면 어떻게 무언가를 배울 수 있겠는가?

같은 방법으로 코치들은 클라이언트들이 '나와 같지 않다'고 판단되면 그들과 불필요한 거리를 둘 수도 있다. 이것에 대한 해결책으로 기존의 사고 방식을 기꺼이 버리고자 하는 의지와 호기심을 가지고 클라이언트와 관계 맺기를 제안한다. 그렇지 않으면 우리는 계속 우리와 비슷한 사람만 코칭할 것이고, 또한 그들을 점점 우리와 같게 만들 것이다. 이것은 우리가 뒷장에서 새로운 코치가 빠지기 쉬운 유혹에 대해 다룰 때 더 알아볼 것이다.

결과적으로 누군가를 존중한다는 것은 우리가 만드는 판단, 선택의 문제이다. 신중한 선택을 하기 위해 우리는 관찰된 증거를 따져 보고, 개인적 편견을 차단하기 위해 최선을 다해야 한다. 그러려면 선택에 따르는 결과를 살펴봐야 한다. 말하자면, 누군가를 존중하지 않기로 결심하고 맺을 관계와 존중하기로 결심하고 맺을 관계가 어떨지에 대해 스스로에게 물어 봐야 한다. 어떤 선택을 해야 이 잠재적 클라이언트와 공유된 목표를 향해 더 전념할 수 있겠는가?

항상 누군가를 존중하는 것이 최선의 방법이라고 논쟁하려는 것이 아니다. 우리가 취하는 선택에는 결과가 따른다는 것이다. 결과를 생각해 보는 것은 또한 선택 결정 과정의 한 부분이 되어야 한다. 만약 우리가 시간을 들여 이 모든 과정을 거친 후, 누군가를 존중하지 않기로 결정했다면 그것은 잘못된 것이 아니다. 실제로 미래에 그가 다르게 행동한다거나 우리의 관점이 바뀐다면 얼마든지 이 결정이 조정될 수 있다는 가능성을 두는 한 우리는 양심의 가책 없이 결정을 내릴 수 있다.

우리의 참을성이 유연해진다면 상대를 존중할 수 있는 용량을 늘리는 데 있어서 전환점이 될 수 있다. 누군가를 존중하는 것에 대한 제한은 그들이 하는 일에 우리의 가치를 부과하는 것처럼 그들이 하는 일에 그다지 많은 부분이 없다는 것을 알게 되었을 것이다. 이것은 아마도 우리가 문화나 역사의 시기를 공부하는 것보다 더 애매할 수 있다. 그런 공부를 할 때 우리는 가끔 배운 사실에 대해 혐오감을 가질 때가 있다. 우리의 반응에 대한 더 깊은 반영은 비록 우리의 즉각적이고 자동적인 반응이 혐오스럽거나 싫어하는 것이라 할지라도 우리가 사람들이 살았던 환경을 받아들이는 것이 가능하다는 것을 종종 우리에게 알려 줄 것이다.

상호 표현의 자유

이 문구를 들으면 대다수가 사람은 말하고 싶은 것을 방법, 시간, 대상에 상관없이 원하는 대로 표현할 자유가 있다고 생각한다. 아마도 이러한 이해는 미국 정신의 근본이기도 하다. 아무튼 모든 이는 그들 각자의 견해를 가질 권리가 있다. 기자들이 길에서 행인들에게 복잡한 경제와 세계 쟁점에 대한 의견을 물어 보는데, 이것은 모든 사람이 목소리를 낼 수 있음을 상정한다. 경영진이나 임원들은 항상 모든 이의 어떠한 의견도 받아들일 자세가 되어 있다고 말한다. 하지만 동시에 같은 조직 내에 있는 다른 이들은 어떤 사안에 대해서는 경영진에게 이야기를 꺼낼 수도 없고, 또 만약 하게 된다면 그들의 신경을 건드리지 않을 방법을 찾아야 한다고 말한다. 우리가 이 모순을 어떻게 해결할 수 있을까?

많은 경영 상담가와 철학자들이 보고하는 것처럼, 조직 내에서의 소통은 개인의 차원을 초월하는 많은 영향력에 의해 형성된다. 부분은 서로 다르지만 아지리스(Argyris, 1990)와 하버마스(Habermas, 1983) 모두 토론할 수 없는 것이 무엇인가에 대해 언급하였다. 사업 상담의 일을 하는 아지리스는 논의할 수 없는 주제가 어떤 것인지 알아내는 유명한 운동을 고안했다. 예를 들어 누군가를 황당하게 했다가 다시 체면을 살리게 해 주는 말 같은 것이다. 그는 참가자들에게 백지 중간에 줄을 하나 긋게 했다. 참가자들은 오른쪽에 본인들이 소리 내어 말한 것을 적고, 왼쪽에는 혼잣말로 한 것을 적었다. 시간이 지난 후 아지리스는 참가자들에게 왼쪽에 쓴 것을 공개하게 하고, 그 진술의 어떤 점이 토론이 가능하지 않게 했는지 논의하게 했다. 최종적으로 다른 이들에게도 같은 질문을 했다. 그 시점에서 평가와 행위의 진정한 근본이 밝혀질 수 있었다. 대개, 이때 집단 효과의 큰 진전이 발생한다. 하버마스는 개방적 소통에 대하여 놀랄 만큼 엄격한 방식으로 제약을 가했다. 그의 저서는 전문 철학자들에게조차 벅찬 도전이 되었다. 앞에서 언급한 저서를 통해 그의 게르만적인 특징을 엿볼 수 있다. 그는 제안하기를 진정한 표현의 자유는 대화하는 데 있어서 공포나 부정적 영향 없이 누구나 어떠한 발언의 진실, 의도, 타당성에 대해 도전할 수 있을 때에만 존재하는 것이다. 이것은 상당히 높은 기준이다. 우리 중에 얼마나 되는 이가 앞의 사항에 모두 적용되는 대화를 하고, 관계를 가지는 데 있어 쌍방 모두가 자발적으로 질문을 받고, 질문할 수 있는가? 또한 과연 저런 대화와 관계를 가지기를 시도하겠는가? 코칭은 이런 모든 것의 출발점이자 실행의 장소이기도 하다.

소통을 형성하는 힘들은 주어진 문화나 조직 내의 구성원들에게는 잘 보이지 않는다. 구성원들은 그들이 어떤 주제에 대해서는 언급하지 않고, 어떤 생각은 아예 이야기를 꺼내지도 않으며, 상대가 나에게 말하려는 것을 막고 있다는 것을 의식하지 못한다. 만약 어떤 외부자가 이 어려운 사안에 대해 이야기를 꺼내려 하면 이것을 막으려는 정당성에 대한 수많은 변명이 쏟아진다. 다른 경우도 있다. 사람들이 주장하기를 아무리 많은 항의가 있더라도 사람들은 말하고자 하는 바를 말할 수 있어야 한다는 것이다. 이런 결론에서 가능한 추정은 항의야말로 가장 어려운 형태의 소통이고, 만약 이것이 가능하다면 남아 있는 필요한 모든 대화가 가능하다는 것이다. 그러나 이 가정이 틀렸음을 알게 되는 데에는 오랜 관찰이 필요없다. 관계의 많은 경우에 있어서 항의하는 것이야말로 가장 쉽고 익숙하게 바로 나오는 말투이다. 왜냐하면 항의하는 사람은 책임을 지지 않아도 되기 때문이다.

코칭 관계에 있어서 표현의 자유를 확실히 해 줄 수 있는 방법은 무엇일까? 앞에서 말한 역동이 발생한다는 것을 전제하고서, 첫째, 코치는 표현의 자유는 코칭 관계의 개별 사례에서 각각 만들어짐을 인식해야 한다. 이것은 그냥 주어지는 것이 아니다. 이 과정의 시작은 코치가 클라이언트를 자유로운 대화에 초대하는 동시에 그 스스로가 클라이언트가 말하려는 바를 논쟁이나 방어 없이 접수하고, 명료화 질문을 하거나 클라이언트를 안정시키는 말을 하는 것이다. 표현의 자유는 코치가 스스로의 관점을 드러내면서 구축작업이 이어진다. 그리고 의사소통에서의 정직성과 완전성의 정도는 이러한 특성을 구체화하고 모델링한 정도에 따라 결정될 것임을 알고 있다. 단, 이것은 코치의 어려움을 클라이언트에게 토로하라는 것이 아니다. 그렇게 하면 코치와 클라이언트의 관계가 뒤바뀔 수도 있다. 내가 의미하는 바는 코치가 숨기거나 주저하는 바가 없고, 코칭 주제와 관련 있는 어떠한 것도 이야기할 자세가 되어 있다는 것을 명시하라는 것이다.

둘째, 자유롭게 말할 수 있는 관계를 만드는 것 외에도 코치는 진정한 표현의 자유의 존립을 위해서 클라이언트가 말하고자 하는 바를 경청해야 한다. 이러한 의미에서 경청은 단지 귀와 청각 신경의 관계가 아니라 대화에서 코치의 의도, 생각, 관심에 대한 철저한 몰입을 말한다. 경청에 관해서는 많은 서적과 교육 프로그램이 있기 때문에 여기서는 경청 기술을 향상시키는 프로그램을 제공하지 않으려고 한다.

표현의 자유란 대화하는 각 구성원이 상대방이 말하는 것을 듣고 고려하는 것이라고 정의하면 족하다. 회의에 참석해 보면 사람들은 순서를 지켜서 발언을 하지만, 앞선 사람의 발언 내용을 심사숙고하면서 말하는 사람은 거의 없다. 이것은 마치 앞선 발언은 단순히 다음 발언의 방아쇠 역할을 하는 것처럼 보인다(여기서 생각이란 대화 주제에 대한 깊은 고려 혹은 대화의 폭을 확대하려는 어떤 시도 같은 것을 의미한다). 앞선 발언에 대한 어떤 생각도 유발시키지 못한 채 남의 의견을 듣지 않고 하는 말들은 빠르게 표현의 자유를 약화시키고 파괴한다. 왜냐하면 사람들은 자기가 무슨 말을 하든지 중요하지 않다고 생각할 것이기 때문이다. 아무도 진정으로 경청하지 않으며, 아무도 상대방의 발언에 대해 생각해 보지 않는다. 이런 처지에서 말한다는 것은 남과 진정으로 연결하고 대화하는 것이 아니라, 그저 내부의 압력을 밖으로 방출시키는 것이다. 코치는 클라이언트가 말하는 것을 진정으로 고려하며 경청함으로써 이런 사태를 바로잡아야 한다. 클라이언트가 말하고 있는 것을 경청하고 있는 것처럼 보이게 하라는 것이 아니다. 진정으로 그들이 하는 말을 심사숙고하라는 것이다. 만약 당신이 상대가 말한 것을 듣지 않는다면, 그들 또한 외관상으로는 소통을 하는 것처럼 보인다 해도 당신의 말을 듣지 않을 것이다. 코칭을 제대로 하기 위해서는 관계는 반드시 진정성을 가져야 하며 겉으로만 그렇게 보여서는 안 된다. 진정성의 핵심은 여기에 서술된 바와 같은 소통에 있다.

셋째, 표현의 자유가 성립하려면 절대적 기밀 유지라는 요소가 있어야 한다. 그렇다. 이것은 조직 내에서는 어려울 수도 있다. 당신도 알다시피, 특정 대화의 내용이 다른 이들의 귀에 흘러가는 것은 그리 어렵지 않다. 클라이언트가 본인이 나눈 대화가 다른 이들에게 알려진 것을 발견한다면, 이것은 코칭 관계에 커다란 피해를 끼칠 것이다. 마치 그가 아무 일도 없었던 것처럼 코칭에 계속 참여한다 해도, 이미 둘 사이의 동반자적 관계는 충분한 코칭 효과를 가져오기에 부족하게 된다. 이것을 해결하기 위해서 당신은 클라이언트에게 누구와 어떤 내용을 공유할 것인가를 확실히 알려야 한다. 아무리 그가 절대 알아내지 못할 것이라 생각되거나, 알리지 않는 것이 편리하다 해도 이 약속은 지켜야 한다. 만약 지키지 못한다면 이것은 단지 진행 중인 코칭에 손상을 줄 뿐 아니라, 미래의 다른 클라이언트와의 작업에도 부정적인 영향을 끼쳐 코치로서 당신의 공적 정체성도 흔들릴 수 있게 된다.

세 가지 요소, 즉 수용성, 경청 그리고 기밀 유지를 능숙하게 잘 조합한다면, 당신은 코칭 관계에 있어서 표현의 자유를 확고히 할 수 있을 것이다.

코칭 관계에 관한 이 장을 읽으면서 당신은 아마도 이 모든 것이 당신의 미래의 클라이언트와 관련 있음을 발견했을 것이다. 그렇다면 이것은 희소식이다. 왜냐하면 이제 당신은 코칭의 다음 단계로 넘어갈 수 있기 때문이다. 만일 그렇지 않다면, 계속 나아가기 전에 무엇이 빠지고 충분치 않은지를 따져 봐야 한다. 관계는 코칭의 기초이다. 확고한 관계가 형성되면 나중에 겪을 수 있는 많은 실수를 헤쳐 나갈 수 있다. 반대로 불안정하고 흔들리는 관계는 실수의 조짐만 있어도 당신의 코칭 노력을 물거품으로 만들 것이다.

어떤 독자들은 코치하고 싶은 누군가와 이미 기존의 관계를 가지고 있을 수 있다. 만약 그렇다면 다음의 코칭 관계에 대한 서술을 읽으면서 무엇이 부족하고 좌절시키는지 깨달을 수 있을 것이다. 여기서 어떻게 할지에 대한 실용적인 조언을 나열해 보겠다.

1. 신뢰를 강화하는 것으로 시작하라. 당신은 클라이언트가 당신에게 가지는 신뢰감을 강화하기 위한 방안으로서 먼저 당신의 계획을 말해 주고, 그것을 정확히 수행하고 그리고 당신이 하고자 했던 계획들을 이행했다는 사실을 다시 상기시켜 주어야 한다. 예를 들어 당신은 다음과 같이 말할 것이다. "나는 이 정책을 부서의 모든 이에게 시행할 것이다. 신참이든 고참이든, 수행이 높든 낮든지 간에 누구도 예외는 없다." 그런 다음에 말한 것을 실행에 옮긴다. 당신이 말한 것을 실행으로 옮겼다는 사실이 모든 이에게 명백히 인식될 만큼 시기가 흐른 후 클라이언트에게 그런 사실이 방금 전 발생했음을 알려주도록 하라. 이와 반대되는 사건이 없이 한동안 시간이 경과하면 클라이언트는 당신을 더욱 더 신뢰할 것이다.

   만약 당신이 클라이언트에 대한 신뢰가 없는 데에도 그를 코치하고자 한다면, 신뢰할 수 있는 조그만 영역을 찾아야 한다. 예를 들어 바로 그 부분에서 클라이언트의 신뢰도에 관한 타당한 근거를 찾아내야 한다.

2. 클라이언트가 우리에게 가지는 존경을 강화시키기 위해 우리는 그들을 의사결정 과정에 초대하고, 의사결정을 내리는 데 얼마나 많은 관심과 개방성과 분석이 들어가야 하는지 보여주어야 한다. 우리는 그들에게 질문의 다른 틀을 보아야 한다는 것, 어느 결정이든 완벽하지 않아서 누군가는 실망할 수도 있다는 것을 알려 주어야 한다. 우리가 이렇게 함으로써 클라이언트는 우리의 끈기에 대해 감사함을 느끼게 될 것이며, 최선의 코칭을 하려는 우리의 의도가 탄탄한 근거가 있음을 알게 될 것이다. 클라이언트에 대한 우리의 존경심은 그에 대한

우리의 신뢰감이 형성되는 것과 같은 방식으로 구축된다. 우리가 그들에게 존경심을 느낀 순간이 언제였는지, 그때의 대화 주제가 무엇이었는지 발견하는 게 중요하다. 그러고는 우리의 발견을 확증해 주는 조건을 찾아낼 수 있도록 정신을 차려야 한다.

3. 우리는 표현의 자유를 두 가지 방법으로 강화시킬 수 있다. 첫째는 상대방이 말한 것으로 인해서 우리의 마음이나 관점, 행위가 바뀌었음을 보여 주는 것이다. 둘째는 우리의 환경에서는 하기 쉽지 않은 말을 하는 것이다. 이런 말을 해도 사람들을 화나지 않게 하기 위해서는 고도의 기술이 필요하다. 하지만 우리가 밖으로 표현하지 않는다면, 기존의 현실에 편승하는 것이다. 코치로서 우리가 무엇을 클라이언트에게 바라고 있는지에 대한 모범이 되어야 한다. 말할 용기가 필요할 때 어떻게 해야 하는지의 모범 말이다. 클라이언트의 입장도 우리와 같다.

   클라이언트에게 표현의 자유를 장려하려면 우리의 주관적 판단을 보류하고, 클라이언트가 말하는 것에서 진실과 흥미를 찾으며, 그들로부터 배우려는 의지를 보임으로써 가능하다.

이 모든 것으로부터 내가 취하는 가정은 우리는 클라이언트의 능력과 실행을 강화하려는 최선의 의도를 가지고 일한다는 것이다. 클라이언트 또한 악의가 아니라 최선의 의도를 가지고 작업에 임한다는 것이다. 나는 여기서 순수함을 강조하는 것이 아니다. 우리 주변에는 얼마든지 고치고 강화할 수 있는데도 불구하고 너무 쉽게 포기하는 인간 관계들이 많다는 것을 제안하는 것이다([그림

4-1] 참조).

밥(Bob)과는 아주 쉽게 관계가 이루어졌다. 낸시의 강력한 추천을 받아서인지 그는 내가 코칭하고자 하는 바를 신뢰하고 존중했다. 그와의 라포는 쉽게 형성되었고, 넓은 범위의 여러 주제에 대한 대화도 아주 편안했다.

이 말은 아직 그 관계에서 해야 할 일이 남아 있었다는 것이다. 밥은 '수행 모드(performance mode)'의 습관이 있었다. 그는 내가 듣고 싶어 하는 바가 무언가를 상상에 의거해 나에게 말해 주곤 했다. 누구나 그렇듯이 그 또한 사람들을 기쁘게 해 주면 그것으로부터 이익을 얻는다는 것을 가족과 교육 역사를 통해서 배웠다. 진정한 영향을 주는 코칭을 하기 위해서 밥과 나는 이런 습관적인 모드를 뛰어넘어 다르게 소통할 수 있는 방법을 찾아야 했다.

밥과 내가 어떻게 솔직한 대화의 단계로 넘어갔는지는 좀 있다가 설명할 것이다. 나는 먼저 코칭에 대해 다른 중요한 점을 강조하고 싶다. 우리 중에는 그것을 인정하고 싶지 않은 사람도 있지만 우리 코치들도 우쭐해지는 것에 영향을 받는다. 많은 이가 여전히 타인의 인정을 받음으로써 자신의 존재를 검증받는다. 우리가 듣고 싶어 하는 것을 파악한 클라이언트를 만나 그 말을 듣는다면, 결국은 우리의 인정받고자 하는 욕망이 진정한 코칭으로의 접근을 가

- 상호 존중
- 상호 신뢰
- 상호 표현의 자유

[그림 4-1] 코칭 관계의 요소

로막을 것이다. 코치로서 우리는 최선을 다해 클라이언트를 지지하고 공감할 영역을 찾아야 하는데, 그것을 클라이언트가 해 준 말 밖에서 찾아내야 한다. 그렇지 않으면 클라이언트를 대할 때 우리는 마치 물을 갈구하는 탈수된 스펀지와 같은 것이다.

나는 밥의 소통 방식을 일찍 간파했다. 그리고 그가 무엇을 관찰했으며, 경험해 왔는지를 알아내기 위해 다음의 질문을 던졌다.

- 당신이 말한 것 이외에 무엇을 관찰했는가?
- 지금까지 우리의 작업에 있어 당신이 표현하지 않은 염려는 무엇인가?
- 타인의 반응을 신경 쓰지 않아도 되는 당신의 일기장에도 나에게 말한 것과 같은 내용을 쓰겠는가?
- 기억하라. 밥! 이건 널 위한 코칭이다. 그러므로 이미 말한 것들을 넘어서 더 탐구하고 싶은 것이 있는가?

이런 질문들을 통해 밥은 점점 그의 경험을 공개하게 되었다. 중요한 것은 내가 그와 대화를 하는 데 있어 방심하지 말아야 하고, 그가 경험의 두 가지 다른 측면, 즉 긍정적 측면과 부정적 측면 모두를 얘기할 때까지 대화를 지속해야 한다. 시간이 흐르며 나는 밥이 밝히기 가장 어려워하는 것이 무언가를 알게 되었고, 또한 이런 부분에 대해 조심스럽게 물어볼 수 있었다. 두세 회기의 이런 작업 후에, 밥은 내가 이런 질문을 할 것임을 알아차리고 스스로 어려운 부분에 대한 이야기를 꺼냈다. 그가 한 어떤 말에 대해서도 내가 비판하지 않았기에 시간이 지나면서 처음에는 표현하기 껄끄러웠던 이 모든 것이 불편하지 않게 되었다. 이 시점에서 우리는 코칭 관계에 있어 표현의 자유 단계에 다다르는 것에 성공했다.

추천 도서

서점에서 '관계(relationship)'를 검색어로 사용한다면, 다음의 책들을 발견하지 못할 것이다. 그럼에도 불구하고, 이 책들은 코칭을 하는 데 있어 충분한 가치가 있는 관계에 대한 독특한 이해를 보여주고 있다.

Fiumara, Gemma Corradi. *The other side of lannguage.* Charles Lambert 번역. New Youk: Routlede, 1990.

이 책은 경청에 관한 것이다. 경청 주제의 중요성에 대한 상세한 존재론적 탐구이다. 언어학자들은 그동안 이 주제를 게을리했다. 자기계발서는 절대 아니다.

McCarthy, Thomas. *The Critical Theory of Jurgen Habermas.* Cambrideg: MIT Press, 1978.

다른 토픽들과 더불어 작가는 우리가 소통하는 방법을 형성하는 사회적 영향이 무엇인지, 우리의 관계에 있어 어떤 일이 일어날 수 있는지에 대해 기술하고 있다.

Unger, Roberto Mangabeira. *Passion.* New York: Macmillan, Inc., 1984.

의미는 맥락에서 나온다는 것을 논증한 긴 수필이다.

Winnicott, D. W. Holding and Interpretation. London: Hogarth Press, 1986; reprint, New York: Grove Press, 1986.

저명한 치료사이자 이론가로부터의 고전적인 교과서이다. 치료의 과정을 가까이 따라감으로써 저자는 존엄성과 존중이 관련이 있음을 보여 준다.

05

코칭 기회 포착

코칭에서 타이밍은 매우 중요하다. 언제 시작할지를 아는 것이 코칭에서의 성과를 결정하게 될 것이다. 그러나 대부분의 사람이 코칭을 요청하고 다니지는 않기 때문에 언제가 적절한 순간인지를 결정하는 것은 코치의 일이다. 물론 우리는 기회가 무엇인지를 알고, 기회를 찾아봄으로써 기회를 발견할 수 있다. 여기에 그 두 가지 활동을 시작할 수 있는 기회가 있다. 이번 장의 근본 원리는 하이데거(Heidegger)에게서 찾을 수 있다. 『존재와 시간(Being and Time)』(1962)이라는 그의 저서에서 하이데거는 일상에서 사용하는 물건이나 습관이 깨지지 않는 이상 우리는 그것들을 의식하지 않는다고 말했다. 예를 들어, 우리는 교통 정체가 생기기 전까지는 교통의 흐름에 주목하지 않으며, 구두굽이 흔들리지 않는 이상 구두에 신경을 쓰지 않는다. 마찬가지로, 대부분의 사람은 그들의 일상에 방해가 생기지 않는 이상 코칭을 바라고 받아들일 준비가 되어 있지 않다. 좌절에 관한 플로레스(Flores)와 위노그라드(Winograd) (1986)의 명쾌한 설명을 참조해 보자.

코칭의 기회는 잠재적인 클라이언트가 보다 쉽게 코칭에 접근할 수 있을 때 찾아온다. 의심할 여지 없이 코칭을 받아들일 준비가 되어 있는 사람들이 분명히 있기는 하지만, 그들은 사람들의 조언이나 생각을 늘 받아들이는 사람들이다. 그러한 사람들 중 한 부류는 항상 죄의식을 가지고 살며, 다른 사람들이 원하는 대로 이리저리 움직이면서 자신의 기분을 안정시키려고 한다. 또 다른 부류는 일을 하는데 특정한 어떤 방식에 집착하지 않으며, 타인의 생각에 따라가 기꺼이 자신의 생각을 바꾸는 부류들이다. 그리고 그밖에 우리와 같은 사람들이 있다.

습관

많은 조직에서 '지속적인 향상'과 '국제 경쟁'이라는 유행어를 흔히 사용하는 걸 보면 코칭은 필요해 보인다. 그러나 코칭을 받아들일 준비가 되어 있는 사람들은 많지 않다. 우리가 코칭을 받아들일 준비가 되어 있지 않은 이유에 대해 이해하기 위해 지금 우리가 하고 있는 일을 왜 하고 있는지, 어째서 그러한 방식으로 하게 됐는지를 설명한다고 생각해 보자.

우리가 지금 하고 있는 일을 왜 하고 있는지 탐구하는 것은 동기부여 이론에 관한 시작을 의미하는 것은 아니다. 오히려 이는 인간 모두가 갖고 있는 인간 행동의 일관성을 설명해 주는 조건들을 탐구하는 것을 의미한다. 코치는 우리가 보통 습관이라고 부르는 반응의 일관성에 개입해야 한다. 그러나 코칭이란 클라이언트의 습관을 바꾸는 문제가 아니라, 클라이언트가 관찰하고 적절한 행위를 선택하는 능력을 기르는 데 주된 목적이 있다. 성인을 코칭하는 일이 어려운 이유는 습관적인 행동 방식 때문이다. 비록 엄청난 노력으로 하나의 행동을 억제하고, 다른 행동을 시작할 수도 있을지라도 계속해서 습관을 바꾸기 위해 시도하고 삶에 새로이 접근하려 한다면 일은 더 어려워진다. 그러한 클라이언트를 자기수정적, 자발적이라고 말한다.

본질적으로 코치들은 신경 체계(nervous system)를 코치한다. 이 말이 어떤 독자들에게는 이상하게 들릴 수도 있겠지만, 어떤 이들에게는 명료한 얘기다. 나는 행위와 응답, 반응이 일어나는 동안에 실시간으로 신경 체계를 재교육할 것을 제안한다. 우리는 새로운 행위나 과정 혹은 의례를 의식의 배후(background of our consciousness)로 옮기면서 이야기를 만들어 낸다. 그러한 움직임은 우리가 의식적으로 새로운 관행을 받아들이고, 지속적으로 실천할 때 일어난다. 1장에서 명시된 원리들에 맞추어 이러한 재교육이 일어나게 하는 모든 것이 바로 코칭이다.

우리가 하는 모든 일은 우리가 그렇게 하도록 배운 것이다. 물론 우리가 방법을 배우지 않았던 것들도 있다. 하지만 그러한 것들은 대부분 생리적이고 반사적인 일들로 어차피 코칭의 주제가 아니다. 우리는 원하는 결과를 얻기 위해 의례 다른 사람들의 이야기를 듣거나, 설명서를 읽거나, 수업을 듣는 일들과 같은 배움의 과정을 통해서 자신에게 편한 방법을 발견한다. 듣고 읽은 것들을 실천하기 위해 최선을 다한 후 어느 정도의 실험 과정을 거쳐 자신의 성질과 기호와 능력에 따라 가장 좋은 것을 가려낸다. 이러한 실험 후 우리는 그 방법이 익숙해질 때까지 반복해 훈련한다. 연습 기간을 통해 우리는 정신적, 육체적으로 익숙해지는 것이다.

아침에 옷을 입는 방법으로 간단한 예를 들어 보자. 당신이 옷을 입는 순서를 거꾸로 해 보자. 보통 바지를 먼저 입는다면, 윗옷을 먼저 입도록 하고, 원래 왼쪽부터 팔을 집어넣는다면, 오른쪽부터 넣어 보자. 그렇게 하는 동안 당신의 반응을 살펴보도록 하자. 아마도 이상하고 불편하다고 느낄 것이고, 결국 이전에 했던 방법이 더 낫다는 결론을 내리게 될 것이다.

육체적으로 익숙해진다는 것은 우리의 신경 체계와 근육 체계가 반복적인 행위나 반응에 익숙해지고 행동의 복제를 가능하게 하는 신경 연결 통로와 특정 근육이 만들어졌음을 의미한다. 그리고 정신적으로 익숙해진다는 것은 우리가 어떤 행동을 취할 때 그 행동에 우선적인 주의를 기울이지 않고도 할 수 있도록, 혹은 적어도 처음보다는 주의가 덜 필요한 만큼 학습했음을 의미한다.

우리의 신경 체계는 일상적인 패턴에서 벗어난 예외적인 상황을 쉽게 인식하도록 훈련되어 있기 때문에 우리는 자동적으로 그러한 상황에 대처할 수 있다. 식당에 갔을 때 즉석 요리 전문 요리사가 어떻게 수많은 종류의 음식을 동시에 준비할 수 있는지를 눈여겨 보자. 그것은 그 요리사가 변칙적인 일을 즉각 알아차리고 수정하는 법을 배웠기 때문이다. 뿐만 아니라, 요리사가 훌륭한 기술로 그러한 일들을 늘상 해내었기 때문에 우리는 그러한 수정이 이루어졌다는 것을 알지 못한다. 우리들 역시 도심에서 차를 운전하면서 보행자와 도로 위의 움푹 파인 구멍과 위험을 피하며, 동시에 그 날 해야 할 일들을 생각하거나 전화통화를 하는 등 앞의 요리사와 같은 숙련된 대응을 해낼 수 있다.

분명, 습관화 경향은 확실히 생존에 기여하며 긴 진화의 산물이기도 하다. 결과적으로, 투쟁 도피 반응(fight-or-fight response) 및 번식 욕구 같은 유사한 생물학적 생존 기제에 탄력이 붙었다. 그렇기 때문에 코칭에서 습관화를 다루지 않을 가능성은 아주 낮다. 그것은 그냥 단순히 사람들에게 어떻게 하면 달라질 수 있는지 말로 하는 것이 왜 효과가 거의 없는 것인지, 왜 우리가 혼자 결심하는 일을 성공할 확률이 낮은 것인지 부분적인 설명이 된다.

정리하자면, 일반적으로 사람들이 코칭을 받아들일 준비가 되지 않은 이유는 어떤 일을 성취하는 데 있어서 육체적, 정신적으로 익숙한 방법과 그 절차적 요소들을 이미 가지고 있기 때문이다.

여러분은 밥(Bob)에 대한 나의 묘사를 통해 그가 매우 강한 의지를 가진 사람으로서, 순전히 의지를 통해 많은 일을 성취하였음을 알았을 것이다. 밥은 일을 하면서 야간 학교를 다녔으며, MBA 학위를 따고, CPA 자격증을 취득하였다. 그러나 그의 의지의 단호함이 그의 직장 생활을 방해하는 요소가 되어 버렸다. 이제 그는 좀 더 협조적이 되어야 하고, 좀 더 유연한 사고를 가져야 할 뿐 아니라, 모험적이 되어야 하고, 열린 마음을 가질 수 있도록 배워야 했다. 그가 지배적인 방법으로 사용해 왔던 강한 의지로 몰두하는 습관을 바꿔야만 했다. 그것이 낸시(Nancy)가 밥에게 코칭이 필요하다고 본 이유였다. 이제 그에게는 안전한 상황에서 그에게 가장 큰 장애물이 되어 버린 성공을 이루는 오랜 습관을 서서히 내려놓고, 새로운 기술을 개발할 수 있는 기회가 필요했다. 아마도 당신은 이 간단한 서술을 통해 습관을 버리는 일이 왜 어려운지 알 수 있을 것이다. 우리는 자신이 가진 낡은 습관을 이용해서 새로운 습관으로 만들어 가야 한다. 그것은 마치 빨간색 페인트를 사용해 빨간색 페인트를 씻어 버리려는 노력과 같다.

사회 정체성

습관의 힘 외에도 코칭에 장애가 되는 것은 그 사람의 사회 정체성이다. 사회 정체성은 몇 가지 측면이 있다. 첫째, 주변 사람들에게 어떤 사람으로 알려져 있는가? 다시 말해, 다른 사람들과 상호작용하는 방법을 결정하는 특정한 평판을 말한다. 내가 선호하는 것과 나의 업적이 알려지고, 나의 평소 기분을 잘 알고, 나의 업무 스타일과 의사소통 방식을 예상한다. 사람들은 나의 사회 정체성 성향을 고려하여 내가 반응을 보일 확률이 더 큰 방식으로 나와의 교류를 시작한다. 만약 내가 예상된 행동을 하지 않는다면 사회적 환경은 놀라움을 표하면서 변화에 대해 질문하고, 그러한 차이점에 대해 아마도 부정적인 판단을 하면서 나를 다시 밀어 넣으려 할 것이다.

코칭에서 관계의 중요성에 대해 1장과 4장에서 강조했던 것을 기억할 것이다. 사회 정체성은 다른 사람들과의 관계로서, 그것은 행위의 반복과 예상을 저버리지 않는 불변성에 얽매여 단단해진다. 밥(Bob)을 위한 코칭 프로그램의 요점은 그가 사회 정체성을 세울 수 있도록 돕는 것이다. 그렇게 함으로써 그는 진급을 할 수도 있고, 중요한 직책을 맡아 조직을 이끌 수 있는 기회를 가질 수도 있을 것이다.

사회 정체성에는 공(公)적인 요소뿐만 아니라, 자기 자신에 대한 이야기를 지어내는 사적인 요소도 존재한다. 우리에게는 이야기가 있다. 다시 말해, 인생의 흐름에 따라 사람들을 만나고, 결정을 내리고, 행동으로 옮기면서 우리가 일어나기를 바랐던 일과 지금 일어나는 일을 비교해 우리의 이야기에 매일 덧붙여 간다. 간략히 말해서, 우리는 우리의 이야기라는 울타리 안에서 인생의 의미를 찾는다.

우리는 그러한 이야기를 계속해서 반복해 말하고 굳게 믿고 있기 때문에 실제로 무슨 일이 일어난 것인지와 우리 이야기에 어떻게 맞춰지는지를 구별하지 못하는 경우가 많다. 많은 사람이 그 사건 자체보다도 이야기에 더 큰 현실성을 부여한다. 어떤 의미에서 우리는 우리 자신이 만든 이야기 속의 등장인물이 되고, 다른 사람들 역시 자연히 이야기 속의 인물들이 된다. 이렇게 자신을 포함해 다른 사람들을 등장인물로 만들어 버리는 자동적인 절차를 나는 사회 정체성이라고 부른다. 우리는 그 역할에 머물면서 그 인물에게 기대하는 바를 최선을 다해 실천한다.

물론 조직과 문화가 사람들에게 부여하는 역할, 그리고 사람들이 그들의 사적인 이야기 속에서 취하는 역할 사이에는 공생의 관계가 존재한다. 그 두 가지 역할은 서로 다른 하나를 보강해 주며, 대부분의 경우에 다른 하나의 역할이 없이는 존재할 수가 없다. 간략히 서술하면, 사회 정체성의 구조는 사람들로 하여금 주어진 상황과 그 안에서의 그들의 역할을 고려할 때 그들이 지금 하고 있는 일이 옳으며, 할 수 있는 최선의 행동이라고 믿게 만든다.

코치가 질문을 할 때 상대가 자신의 역할에 따라 방어적인 관행을 취하는 것을 자주 볼 수 있을 것이다. 그러한 관행은 공공 정체성을 확고히 유지하기 위한 것으로서, 지금까지 성공이 입증되었다. 우리가 상대에게 코칭을 권할 때, 우리는 그의 이야기에 맞춰 여러 사연과 정당성, 변명 등을 통해 지켜진 그 사람의 자아정의(self-characterization)와 세간의 평판에 잘못된 점은 없는지 의문을 갖는 것을 종종 잊곤 한다.

자아정의와 정당성은 대개의 경우에 논의할 수 없는 사항이다. 그렇다고 코치가 그러한 질문을 해서는 안 된다는 의미는 아니다. 우리가 다루고 있는 권력을 염두에 두고 의식하면서 해야 한다는 뜻이다.

대부분의 경우에 습관화와 사회 정체성의 힘은 삶에 대한 상식적인 대처 중 검증되지 않은 요소로서 전면에 드러나지 않는다. 그것들은 충돌이 거의 없는 방식으로 우리가 일상 업무를 처리할 수 있도록 해 준다. 또한 우리는 자신의 이야기를 반박하는 사건, 혹은 우리의 의도를 방해하는 어떤 사건이 일어나지 않는 한 그것에 의문을 갖지 않는다. 코칭이 개입될 수 있는 가장 확실하고 강력한 기회는 그러한 종류의 반박이나 방해가 발생했을 때 찾아온다. 많은 경우에, 특히 안정적인 환경에서 충분히 성취하고 있는 사람들에게는 그러한 반박이나 방해가 코칭이 가능한 유일한 기회이다.

기회

코치가 적절한 기회에 잘 조율된 노력을 시작을 하지 못했기 때문에 코칭이 실패로 돌아가기도 한다. 코칭을 시작하는 데에는 너무나 많은 제약과 도전이 있다. 코칭에 효과적인 때가 언제인지 살펴보자. 코칭을 할 수 있는 가장 큰 기회는 아마도 클라이언트가 책무를 수행하는 데 방해받을 때일 것이다. 자신에게 굉장히 중요한 어떤 일을 해내지 못할 때, 어느 누가 도움을 받고 싶은 마음이 생기지 않겠는가? 예를 들어, 눈 내리는 12월의 미시건, 영하 25도를 맴도는 밤에 타이어가 펑크 났다고 생각해 보자. 그것만으로도 충분히 나쁜 상황인데, 낭패스럽게도 당신이 트렁크를 열고 타이어 교체에 필요한 도구들을 꺼냈지만 그 사용법을 알지 못한다는 사실을 깨달았다면 어떨까? 그럴 때 누군가가 나타나 그 도구의 사용법을 당신에게 가르쳐 준다면 굉장히 기쁘지 않을까? 이러한 예를 통해 당신은 타이밍의 중요성을 알 수 있을 것이다. 만약 타이어 교체 방법을 가르쳐 준 코치가 그때보다 반 시간 전에 와서 타이어 교체 방법을 가르쳐 주기 위해 당신의 차를 세우려 했다면, 당신은 아마도 그를 무시한 채 밤을 뚫고 차를 달렸을 것이다. 유사하게 그 코치가 만약 너무 늦게 도착했다면, 아마도 당신은 이미 차를 버렸거나 상황에 굴복했을 수도 있다.

이러한 사건 외에도 클라이언트들이 코칭을 받아들이기에 충분히 준비가 될 수 있게 만드는 반복적인 상황이 있다. 대부분의 상황은 이미 당신이 알고 있는 뻔한 일들로서, 업적 평가, 새로운 직책에 따른 기술 습득의 필요성, 품질 향상과 비용 절감을 위한 사업적 요구, 클라이언트의 코칭 요청 등이 있다. 요점은 기회가 단순히 코치에게 있는 것이 아니라, 클라이언트에게 있다는 것이다.

코치는 중요하다고 믿는 무엇인가로 인해 클라이언트의 수행이나 능숙함을 향상시킬 수 있는 시기가 지금이라고 느낄 수도 있다. 또 다른 경우에 클라이언트가 좋아하지 않는 일이나 불편한 일을 하고 있는 것을 보고 코칭을 시작하는 경우도 있다. 비록 어떤 경우이든 그러한 기준에서 조치가 취해져야 할 필요가 있을 수도 있으나, 그렇게 해서 코칭이 결과를 내지는 못할 것이다. 누군가의 행동에 대한 그러한 개입을 코칭이라고 불러왔지만, 사실 내 관점에서 그것은 모든 개입 기법을 동원한 강제적인 행동 교정일 뿐이다. 동반 관계가 없다면 진정한 코칭이 이루어질 수 없다. 이에 대해서는 계약에 관한 장에서 상세히 다루도록 하겠다. 아무리 좋은 의도와 전문 지식수준을 가졌더라도 외부인에 의해 강요가 이루어졌다면 장기적으로는 훌륭한 성과를 거둘수 없다. 유감스럽게도 포니스(Fournies, 1978)가 그러한 행동 방침을 제안했다.

예민한 클라이언트라면 사실 그러한 상황에서 어떤 일이 벌어지고 있는지 즉시 파악하고, 자신의 독립성을 유지하기 위해 정교한 회피와 저항 방법을 사용할 것이다. 아마도 우리 모두가 그러한 가식(charades)을 목격하거나 참여했던 적이 있을 것이다. 이러한 가식은 두 살배기 애들이나 반항적인 청소년과의 만남을 연상시키는 본격적인 힘겨루기로 격이 떨어지기도 한다. 요점은 코칭이 성공하기 위해서는 시작 전에 코칭의 기회가 있어야 한다는 것이다.

잠재적 클라이언트가 어떤 일을 성취하려는 의도를 저지당했다든지, 그 클라이언트의 사회 정체성이 도전을 받는 경우가 있다. 그러한 기회를 발견하기 위해서는 그것을 적극적으로 찾아보아야 한다. 누군가가 당신에게 자신의 좌절감이나 실망을 표현하거나 중요한 일을 처리하기 위하여 도움을 필요로 하는 때에 주의를 기울이도록 하라.

보통 그러한 순간이 코칭의 적절한 시기이며, 코칭에 임하고자 하는 상대를 찾게 되는 때이다. 코칭 시작의 기회가 될 수 있는 다른 경우들에 대해서는 이미 설명한 바 있다. 그 사람의 마음이 얼마나 열려 있는지는 당신 자신이 판단해야만 할 것이다. 왜냐하면 결국 잠재적 클라이언트의 마음이 열리는 것은 사건으로 인해서가 아니라, 그 사건을 잠재적 클라이언트가 어떻게 해석하고, 그 사건을 본인의 이야기와 습관적인 반응에 어떻게 끼워 맞추는지에 달려 있기 때문이다.

당신이 이미 잠재적 클라이언트와 견고한 관계를 형성하고 있다면, 당신의 코칭 제안이 거절을 당했다 할지라도 큰 위험을 무릅쓰는 일은 아닐 것이다. 당신의 코칭이 환영받을 수 있을지 확실하지 않다고 해도, 나는 당신이 그 기회를 잡고 코칭을 제안해 볼 것을 권한다. 동시에 그 사람의 거절을 기꺼이 수용하겠다는 의지를 갖고, 그가 편하게 당신에게 거절 의사를 말할 수 있도록 해 줘야 한다. 편하게 만들어 준다는 것은 당신이 그 얘기를 듣고 놀라거나 실망한 행동을 보이지 않는 것이며, 이후 그 사람과의 대화에서 논쟁하거나, 설득하거나, 강요하지 않는다는 것을 의미한다. 그것은 또한 당신이 그 사람의 거절을 완전히 이해하고 받아들인다는 것을 분명하게 밝히는 것을 의미한다.

당신의 제안을 누군가가 거절했다고 해서 당신이 무력해지는 것은 아니다. 왜 그 사람이 거절했는지에 대해서는 자세히 논의할 수 있지만, 그 사람의 결정을 계속해서 존중하도록 주의해야 한다. 당신이 원하는 대로 그 사람을 조정하려는 전략으로서가 아니라, 질문하는 어조를 유지함으로써 그 사람의 결정을 존중할 수 있다. 그렇게 하기 위해서는 주의를 게을리하지 않고 정직해야만 한다. 여기서 주의를 기울인다는 것은 잠재적 클라이언트가 당신의 말에 어떻게 반응하는지를 주목하는 것이다. 그 사람이 과거에 좋지 않은 경험을 한 것인지, 가망성이 없다고 느끼는 것인지, 아무도 자신을 도울 수 없다고 느끼는 것인지. 혹시 그 사람이 당신의 제의를 진지한 것으로 여기지 않는 것인지 주의해서 살펴야 한다. 실제 코칭의 기회가 이제 더 이상 없다고 결론 내리기 전에 이러한 모든 가능성을 탐색하도록 한다.

또한 어떤 사람이 코칭을 받기를 거절하였더라도, 여전히 당신이 그 사람의 결과에 대한 책임이 있을 수 있다. 그때에는 어떻게 해야 할까? 나는 그 시점에서 전통적인 관리 절차를 사용할 것을 권한다. 예를 들어, 기업 조직에는 명백한 성과 목표가 제시되어 있으며 이러한 성과를 달성하지 못했을 경우의 결과에 대해서도 분명한 기준이 있지 않은가. 훈련이나 조언에 관해서 당신이 할 수 있는 도움을 제공하고, 그 사람이 성취하고자 애쓰는 것을 포기하지 않도록 도와준다. 필요하다면 적당한 제재와 보상을 제공하도록 한다. 전통적인 관리 문헌에 이러한 부분에 대한 조언이 많기 때문에 그러한 기법은 상세히 설명하지 않겠다. 또한 앞에서 말했던 것처럼, 그러한 조언이 코칭의 결과로 이어지지는 않기 때문에 이 책의 범주 안에 들어가지는 않는다.

추가적인 코칭 기회

추가적인 코칭 기회에는

- 성과 검토
- 약속 불이행
- 장비 교체 혹은 진급에 따라 요구되는 새로운 기술에 대한 필요성
- 코칭 요청
- 사업적인 필요성, 예컨대 품질 향상과 비용 절감에 대한 요구
- 프로젝트의 중요한 단계

내가 밥(Bob)을 코칭하면서 일어난 일들을 분석한다면 다음과 같은 생각을 적용해 볼 수 있다([그림 5-1] 참조). 진급을 위한 밥의 노력은 그가 해결할 수 없는 상황에 의해 중단되었고, 그는 좌절을 경험하였다. 비록 처음에 그가 먼저 내게 연락한 것은 아니었지만 그러한 일들로 인해 그는 마음을 활짝 열었고 나의 개입을 받아들였으며 내가 그에게 줄 수 있는 제안을 간절히 바라고 있었다.

코칭이 필요한 시기

1. 성과 평가
2. 좌절
3. 약속 불이행
4. 코칭 요청
5. 새로운 기술에 대한 필요성
6. 사업적인 필요성. 예를 들어, 품질 향상 및 비용 절감

[그림 5-1] 코칭의 기회

추천 도서

Bar-Levav, Reuven. *Thinking in the Shadow of Feelings*. New York: Simon & Schuster, 1988.

이 책은 감정의 흐름에서 명확한 사고를 잃어버리는 위험성에 대해 독자들에게 경고한다.

Bellah, Robert M., Richard Madsen, William M. Sullivan, Ann Sweidler, and Steven M. *Tipton. Habits of the Heart*. Berkeley, CA: University of California Press, 1985.

모든 미국 시민을 형성하는 두 가지 원동력, 즉 개성을 향한 전념과 헌신에 대한 고전적인 사회학 연구이다. 알기 쉽고, 정확하고, 유력한 사례가 다양하게 수록되어 있다.

Brown, Lyn Mikel, and Carol Gilligan. *Meeting at the Crossroads*. Cambridge, MA: Harvard University Press, 1992.

소녀들이 그들의 경험을 솔직하게 표현하는 것을 포기하거나 자기표현을 억누르기 시작하는 때를 정확히 보여 주고, 개인에 대한 관찰을 필요로 하는 새로운 종단적 연구 방법을 제안한다. 또한 미국 문화가 여성들의 현실에 영향을 미치는 방법에 대한 깊은 통찰을 제공한다.

Drucker, Peter F. *The New Realities*. New York: Harper & Row, 1989.

유명 컨설턴트이자 교수인 저자는 모든 기업의 성공에 영향을 미치는 현대의 문화적 동향에 대한 그의 견해를 서술한다. 저자가 설명하듯, 개인이나 조직의 현재 역량과 미래에 필요한 역량 간의 차이는 코칭의 기회가 될 수 있다.

Hacker, Andrew. *Two Nations*. New York: Macmillan Publishing Company, 1992.

모든 미국 국민은 인종으로 나누어진 지역에 거주한다. 작가는 미사여구를 제외하고 통계 자료를 통해 인종 차별의 확산을 폭로한다.

Johnson, Robert A. *He. King of Prussia*, PA: Religious Publishing Company, 1974; 재판, New York: Harper & Row, 1986.

융의 성배원정을 개작한 이야기를 통해 남성 심리에 대해 탐구한다.

Morgan, Gareth. *Images of Organization*. Beverly Hills, CA: Sage Publications, 1986.

9개의 비유를 통해 조직이 어떻게 형성되고, 성장하고, 갈등을 겪고, 결국 분해되는지를 보여 준다. 공평하며, 경험과 이론에 근거한다. 유용한 도표와 요약을 포함하고 있으며, 조직과 그 구성원을 이해하는 데 유용한 참고문헌이다.

Nehamas, Alexander. *Nietzsche: Life as Literature*. Cambridge, MA: Harvard University Press, 1985.

니체의 삶과 세계를 논의함으로써 작가는 우리의 삶은 줄거리가 가득하고, 자신이 주인공으로 등장하는 이야기라는 주장을 밝힌다.

Reich, Robert B. *Tales of a New America*. New York: Random House, 1987.

저자는 세계에서 미국의 사업이 번창하기 위해 무엇이 필요한가에 대한 자신의 견해를 밝힌다. 이 책은 우리에게 현재의 문제를 진단하고 미래를 예측할 수 있는 배경을 제공한다.

06

평가 모델

환원주의자가 되기는 쉽다. 우리는 우주가 각 부분이 별도로 분리되어 측정될 수 있는 하나의 커다란 기계식 시계라는 뉴턴식의 과학적 방법에 익숙하게 자라 왔다. 따라서 거의 모든 상황에서 "그것의 원동력은 무엇인가?"라고 묻는다. 대부분 미국에서 일하는 우리는 겉으로 보기에는 마지못해 "결론이 무엇인가?"를 물으며 조급해 하고 안달을 낸다. 이 장을 읽어 가며 당신이 반환원주의자가 될 수 있는지 보기 바란다. 모든 것이 손쉬워질 때까지 끓여서 헛된 공식으로 만드는 대신에 더 복합적으로 이해하게 되는 것이 훨씬 창조적일 것이다.

나는 서구의 실수를 보아 왔다. 당신은 사물을 구별하는 데 있어 아주 능숙하지만, 이 모든 것을 한데 어울러 이해하지는 못한다. 과학적 개념은 모두 허점이 있고, 수많은 불완전한 원리가 제시되어 있다. 이 방법을 고수한다면, 이를 절대 바로잡을 수 없다.

– 후샤 포얀(Hsia Po-Yan), 중국 철학가 –

지도를 영토로 진지하게 오인하는 사람은 아무도 없지만, 때때로 평가 모델을 평가받고 있는 사람과 혼동하기도 한다. 아무리 세심하고 종합적인 평가 모델도 사람의 모든 행위, 감정, 사고, 잠재력, 관계를 완전히 포착하거나 보여 주지 못한다. 그럼에도 불구하고, 우리가 게으를 때에는 언제든지 사람을 분류하기 위한 모델을 사용한다.

나는 많은 기업 회의에서 사람들이 신원을 밝힐 때 바로 자신의 MBTI 성격 유형을 드러냄으로써 청중들이 그에게 무엇을 기대할지 또는 어떻게 그와 소통을 형성할지를 알게 되는 경우를 보아 왔다. 내가 보기에는 "나는 IBM 호환용 컴퓨터이므로 내가 애플 컴퓨터나 세탁기와 연결될 수 있다고 기대하지 마라."고 일어서서 외치는 게 낫다.

물론 나는 최적의 환경에서 이런 모델들이 오직 성향이나 선호도에 대해 말하는 것이라는 면책 조항에 대해 잘 알고 있다. 하지만 실생활에서 우리는 이것을 곧잘 잊고, 모델이 예측하는 대로 행동하기를 기대하기 시작한다.

내 관점으로는 우리의 기대는 개인의 행동에 영향을 끼치고, 타인을 관찰하는 데 기본 골격이 된다. 이런 측면들은 우리를 게으름과 더불어 자기성취 예언으로 나아가게 할 뿐만 아니라, 이 모델들을 지지 · 홍보하여 믿게 만든다. 이 책의 앞에서 다루었던 코칭의 장애물을 상기해 볼 때, 사람을 욕망을 가진 고정된 속성의 모음으로 이해하는 것이 코칭의 주요 장애물이다. 내가 지금까지 묘사한 평가 모델의 사용은 사람들을 이런 식으로 이해한다. 다른 말로 하자면, 이런 방법으로 평가 모델을 사용하는 것은 사람을 사물로 이해하는 것을 강화시킬 뿐이다. 그러므로 이러한 이해의 방식은 효과적인 코칭을 불가능하게 만든다.

그렇다면 단순히 관찰을 위한 파리끈끈이에 지나지 않아 보이는 평가 모델에 대해서 내가 왜 이야기하고 있는가? 사람을 평가 모델의 변수로 제한하지 않고, 우리의 관찰에 형태를 부여하는 방법으로 평가 모델을 사용하는 것이 가능하다. 평가 모델은 그 사람 자체가 아닌 그 사람에 대해 말하는 방식이며, 우리의 평가는 항상 재평가가 된다는 것을 기억해야 한다. 그 사람에 대한 후속 관측의 관점이나 다른 의견에 있어서 우리는 평가 모델에서 분리되어야 하고, 모델의 모든 결과가 항상 평가 대상자의 행동, 느낌, 전망에 나타나야 한다고 논쟁할 필요가 없다.

그러한 모델의 타당성을 검증하는 상당히 설득력 있는 통계 분석에도 불구하고, 나는 코치들에게 모든 경우에 있어 인간은 모델이 서술하는 영역을 넘는 곳에 존재한다는 것을 충고한다. (나는 코치들에게 모든 경우에 인간은 평가 모델이 기술하는 것의 경계를 넘어 존재한다고 충고한다.) 평가 모델이 잘 찍힌 스냅 사진이라면, 인간은 살아 변하고 적응하며 자기해석을 하는 존재이다. 이런 점을 깨닫게 만드는 다른 방법은 우리가 타인에 의해 분류가 되고, 그것이 우리의 전부로 취급받는 느낌을 상상해 보는 것이다.

만약 우리가 자신에게 별로 기대하지 않거나 중요하게 생각되길 원하지 않는다면 이런 식으로의 분류가 더 편할 수도 있다. 하지만 커다란 과업을 성취하고 싶거나, 중요한 아이디어를 표현하고 싶거나, 큰 공을 세우기를 원하는 순간에 이러한 분류는 우리에게 엄청난 장애물이 된다. 예를 들어, 당신은 학습이 부진한 초등학생들이 우등생으로 분류된 연구에 대해서 들어 봤을 것이다. 이러한 분류는 교사들로 하여금 우수한 수행을 확인할 수 있는 조치를 취하게 만들었다. 그래서 나는 비즈니스에서 사람을 빠르게 이해하는 것이 중요하다는 것을 이해할지라도, 평가 모델을 사용함에 있어서 항상 깨어 있어야 한다고 주장한다. 피그말리온 효과는 강력하고 만연하기 때문이다.

이 글을 읽는 동안, 어떤 이들은 내가 우리가 부정적인 분류를 하지 않는 한 괜찮다고 하는 거라 상상할 수도 있겠다. 영구적으로 누군가를 긍정적인 자질과 속성을 가졌다고 평가하는 것은 그를 반대적인 면으로 비난하는 것과 마찬가지이다. 왜냐하면 이것 또한 사람을 찾아내고, 알아내고, 예측할 수 있는 사물로 여기는 것이기 때문이다.

우리의 행동에서 이러한 선호의 한 사례가 내 기억 속에 또렷이 남아 있다. 슈퍼마켓에서 계산을 기다리던 중에 나는 한 살짜리 다섯 쌍둥이가 표지를 장식한 라이프 잡지 표지를 보게 되었다. 아이들은 각자를 포착해 내는 이름으로 분류가 되어 있었다. 예를 들어, 호기심 많은 아이, 매력적인 아이, 똑똑한 아이 등이다. 이렇게 어릴 때 분류된 아이들이 자라면 어떻게 될 것인가?

물론, 다른 사람 뿐만 아니라 우리도 자신을 분류한다. 마치 우리가 한번 자신에 대해 알아내면 인생을 살아가면서 스스로에게 더 알아 가기를 거부하는 것처럼 말이다. 스스로를 관계와 기회, 모험을 시작할 수 없다고 분류하면서 얼마나 많은 관계와 모험, 기회를 무시하고 놓쳤는가? 당신이 얼마나 이런 자아 분류에서 벗어나 스스로에게 자유를 줄 수 있겠는가? 어쩌면 최악은 자기평가로부터 필수적으로 나오게 되는 기대에 의해 자신의 가능성이 결정된다는 것이다. 이런 자아선언을 따르는 어떤 행위도 그 행위가 초래할 비싼 비용과 에너지 요구, 감정적 소요에 상관없이 최선책으로 그저 반응에 대처하거나 완화제가 될 뿐이다.

만약 당신이 주위의 사람들, 특히 코칭하고 있는 사람들에게 부여한 분류와 멀어지게 된다면 어찌 될 것인가? 다음에 나오는 여러 평가 모델에서 이 모든 것을 염두에 두고 효과적으로 코칭을 이끌 수 있는 사람들에 관해 말하는 방법을 제시하고 있음을 기억하기를 촉구한다.

이런 모델들은 인간을 정확히 담아내지 못하고, 단지 사람을 인식하는 것을 가능하게 하는 방법이며, 코칭을 중재하는 것을 용이하게 한다. 코치로서 여전히 당신이 클라이언트의 이해되지 않거나 예상치 못한 행위를 볼 때, 어떤 특정한 모델에 정착할 수 없다는 것을 알게 될 것이다. 당신의 클라이언트가 이해되지 않는다는 것은 코치로서 항상 깨어 있으며, 효과적으로 코칭을 하고 있다는 신호이다. 이것은 또한 클라이언트를 사물로 보지 않는 것이지, 평가에 있어서 무언가를 놓치고 있다는 표시가 아니다.

예를 들어, 우리가 박물관에 가서 명작을 감상할 때마다 항상 새로운 감흥을 얻는다는 것은 우리가 점점 예술의 감상자로서 수준이 높아지고 있다는 의미이다. 이것은 그림을 이해하고, 볼 때마다 보강된 결론을 내리는 것과는 다른 의미이다.

아마도 우리가 성인들에게서 흔히 볼 수 있는 사임의 가장 큰 이유는 35세 정도 지난 후 우리는 이미 끝났고, 우리는 우리의 방식이라고 말하는 것이다. 미리 언급했듯이, 이런 체념을 되돌리는 것이 코치로서 가장 중요한 임무이고, 이것은 또한 코치 스스로가 이것에 빠지지 않을 때 가능하다.

이런 본질적인 배경에도 불구하고, 코칭 프로그램에서 활용할 수 있는 세 가지 평가 모델이 있다. 이것은 진실을 향하는 것이 아니라 코치로서의 역량을 개발하기 위해 노력하는 데 도움이 될 것이다. 코칭에서 모든 평가의 타당성은 '클라이언트로 하여금 행동하게 하는가?' '평가가 코치의 관찰에 통합되고 의미가 있는가?' 등의 유용함에 기반을 둔다.

요소 모델

당장의 걱정거리

페르난도 플로레스(Fernando Flores)는 행동 워크샵과 판매 경쟁력 강화 과정에서 이 모델을 발표하며 큰 관심을 받았다([그림 6-1] 참조). 이 모델에는 5가지 요소가 있다. 첫 번째 요소인 당장의 걱정거리는 이 순간 클라이언트의 마음 속에 있는 것, 가장 시급한 문제로, 현재에 영향을 미치고 있거나 또는 잠재적 영향을 미칠 수 있다. 심각한 걱정거리가 있으면 남의 말을 잘 들을 수가 없고, 아무리 작은 걱정이라도 우리의 현재 상태에 영향을 끼친다. 당장의 걱정거리는 남들에게 사소하게 보이는 것일 수도 있다. 예를 들어, 누군가의 하루는 아무도 발견해서는 안 되는 구멍 난 바지에 의해 결정될 수도 있다. 또는 여유로운 시골길 드라이브도 차에서 이상한 소리가 난다면 영향을 받게 된다. 일단 소리를 듣게 되면, 풍경을 감상하는 것을 멈추게 된다.

우리는 오직 질문을 통해서 그의 당장의 걱정거리를 파악할 수 있다. 어떤 걱정이 당위적인지 법으로 제정할 수는 없다. 우리는 자신의 걱정거리를 다른 사람에게 투사하기 쉽다. 이러한 경우, 그

해석의 요소

- 당장의 걱정거리
- 헌신
- 미래 가능성
- 개인적 · 문화적 역사
- 기분

[그림 6-1] 5가지 요소 모델

렇게 하는 것은 상대방을 위한 것이 아니다. 코치로서 당신 자신과 클라이언트의 경계선을 수립하는 것은 계속되는 도전일 것이다. 걱정거리가 당신의 것인가, 클라이언트의 것인가? 이것이 당신의 기분인가, 클라이언트의 기분인가? 이것이 당신과 함께하는 것인가, 클라이언트와 함께하는 것인가? 내가 이 모델을 제시하는 이유는 이것으로 인해 당신이 어디에 경계선이 있는지 정확히 확인할 수 있기 때문이다.

헌신

두 번째 영역은 헌신이다. 우리의 클라이언트들은 무언가 혹은 누군가를 위해 그의 삶을 헌신하고 있을 것이다. 그 대상은 특별한 목표나 결과보다는 특정한 경험이나 가능성이다. 뼈 빠지게 일하는 타입의 사람은 이런 사람들에게 헌신이 부족했기 때문이라고 말하기 쉽다. 하지만 그가 헌신적인지 아닌지를 떠나 그가 헌신하는 무언가와 누군가는 항상 있다.

우리 중 어떤 이들은 누군가가 그의 시간, 돈, 다른 자원을 어떻게 할당하는지를 보는 것으로 그 사람이 무엇에 헌신하고 있는지 알아내려 한다. 하지만 그들과 이야기할 때, 그들의 헌신은 다른 곳에 있다고 여러 번 말해 줄 것이며, 당신이 관찰한 것은 당신이 아직 보지 못한 다른 무언가를 이루기 위한 것에 불과하다고 말할 때가 많을 것이다. 예를 들어, 열심히 일하며 많은 돈을 버는 세일즈맨이 사실은 40세에 은퇴하여 전 세계를 항해하기 위해 그렇게 일하고 있는 것일 수 있다.

반면, 아무것도 하지 않으면서 무언가에 헌신하고 있다는 말은 듣기 어렵다. 예를 들어, 어느 뚱뚱한 사람이 날씬해지는 것에 전념 했다고 하자. 하지만 그녀가 취한 행위로 인해 우리는 쉽게 그녀가 뚱뚱한 것에 전념한다고 결론을 내릴 수 있다. 성과만을 가지고 그 사람이 최선을 다했다는 것을 결정하는 것은 옳지 않다. 아마도 그 사람은 어떤 것에 전념했지만 원하는 성과를 가져오기에는 역부족이었을 수 있기 때문이다. 사람들이 헌신한다고 주장하는 것을 존중하지 않음으로써 우리는 그들이 헌신하고 있는 것을 정의 내리는 역할을 한다. 그 역할은 우리가 부여받지도 않았고 성취할 수도 없다.

나는 헌신이 자동차의 엔진이라고 생각한다. 만약 변속기에 바퀴가 연결되지 않는다면 엔진이 얼마나 강하고, 정비가 잘 되었고, 휘발유가 얼마나 있는지 아무 상관이 없다. 이 변속기는 역량을 비유하는 것이다. 이 역량은 다양한 형태를 취한다. 비행기를 조종하는 기술이 될 수도 있고, 우리 자신을 응시함으로써 부정적 감정이나 자아평가에 굴복하지 않는 능력이 될 수도 있다. 다시 말해, 뚱뚱한 사람은 체중을 줄이는 데 최선을 다했지만, 원하는 성과를 가져오기에는 역량이 부족했을 수 있다. 이런 방식으로 타인을 이해함으로써 목표를 이루기에 부족하다고 내치는 것이 아니라, 어떤 능력이 부족한지를 찾을 수 있게 된다.

나의 관점으로 미국 공리주의의 영향으로 인해 미국인들은 실패의 이유를 의지의 부족으로 결론짓는다. "간절히 바라면 이루어진다."고 얼마나 자주 말했는가? 우리가 이 결론에 이르게 된 이유가 아마도 너무도 간절히 원했기에 우승할 수 있었다는 올림픽 마라톤 우승자의 수많은 인터뷰를 보았기 때문일 것이다. 우리는 112번째로 들어온 선수를 인터뷰하거나 그 또한 간절히 원했는지 묻지는 않는다. 이렇게 간절히 원하는 자가 승리한다는 중언부언하는 주장은 우리에게 아무런 도움이 되지 못한다. 왜냐하면 우리는 끝에 가서야 그 사람이 진짜로 원했는지를 알 수 있는데, 그때 코칭을 하기에는 너무 늦어 버리기 때문이다. 행동하게 하는 대신 이런 방식으로 설명하게 하는 것은 종종 뭔가를 더 원하는 방법을 찾아내는 딜레마에 빠지게 한다. 또 그것을 충분히 원하지 않았던 자신을 질책하게 만든다. 이것은 마치 변속기가 없는 차를 가진 이에게 어디에 가고 싶은 간절한 맘만 있으면 엔진이 가동될 것이라고 말하는 것과 같다.

미래 가능성

세 번째 영역은 미래 가능성이다. 그가 미래에 이루고자 하는 것은 무엇인가? 먼저 언어를 다룬 장에서 언급했듯이, 우리는 언어를 사용하기에 항상 과거, 현재, 미래 모두에 존재한다. 우리는 현재 과거에 시작한 일을 완수하기 위한 행위를 하고 있으며, 이를 통해 미래에 특별한 성과를 이루고자 한다.

누군가가 미래에 이루고자 하는 것을 알아차림으로써 우리는 그가 현재 취하는 행위에 다른 종류의 감각을 키울 수 있고, 아마도 우리는 거꾸로 생각할 수도 있고 그 행위의 본질에 대해서도 분별할 수 있게 된다.

사람이 항상 자신을 미래에 투영한다는 것을 고려하면, 우리의 모든 요구나 제안은 미래에 도움이 되거나 해를 끼칠 것으로 간주될 것이다. 이 모든 것은 빠르게 의식적 심의 없이 처리된다. 사람들은 이 요구와 제안이 어떤 점에서는 좋거나, 끌리거나, 불편하거나, 불쾌하다는 것을 알아차릴 것이다. 왜냐하면 우리는 일상의 의식 속에 살며, 미래의 결과에 영향을 미치는 것에 기반을 두고 결정을 내리지는 않기 때문이다. 과거에 하고자 했던 것에 비추어 나아가는 동안, 우리는 각각의 상황, 관계, 대화에 더 잘 대처하게 된다.

당신이 며칠 동안 자신을 관찰해 본다면, 이것이 바로 인생을 살아가는 방법이라는 것을 알게 될 것이다. 물론 이것은 희소식이자 그 반대일 수 있다. 희소식이라 함은 우리가 미래에 올 결과를 위해 행위를 하기 전에 항상 계산해 보지 않아도 되는 것이다. 나쁜 소식은 우리가 반응하는 데 있어서 자동적이 되기 쉽고, 결과적으로 우리가 현실에서 직면하는 것을 놓칠 수 있다는 것이다.

이런 일상생활의 현상론적인 묘사는 우리 대다수가 가지고 있는 동기에 대한 일반 상식에서 벗어나게 만든다. 문제는 우리가 사는 와중에 무엇이 우리에게 동기를 부여하는지에 대해 잊는다는 것이다. 우리는 초콜릿 케이크를 먹고 난 후에야 우리가 의사의 권고나 여름 옷을 입고자 하는 의지에 따라 다이어트 중이었다는 사실을 기억해 낸다. 이런 동기는 사는 데 급급하다 보면 사라진다. 이에 관한 해결책은 이행하지 않은 대가가 결코 잊을 수 없을 만큼 끔찍할 것이라고 위협하는 것이다. 이것은 당신이 항상 사람들을 위협할 새로운 방법을 모색해 낸다면 쓸모가 있지만, 자주 반복되면 진부해져서 쓸모가 없게 된다. 처벌 대신 보상을 주는 동기부여가 긍정적일 수 있지만, 해야 할 일을 하는 데 있어서도 지속적인 보상에 의존하게 만들 수 있다. 이런 방식은 그 사람을 역량 있게 만드는 것이 아니라 그에게 존재하지도 않는 동기부여를 영원히 추구하게 한다.

코치의 중요한 역할은 우리가 해야 할 일을 상기시켜 주고, 우리의 작업과 일치하는 관찰과 행위를 계속해 나갈 수 있게끔 함께 일하는 것이다. 클라이언트가 원하는 미래를 성취하게끔 도와주는 것이 코치의 일이다. 이것의 가장 첫 번째 단계는 다름 아닌 클라이언트가 가지고 있는 미래의 가능성이 무엇인지 알아내는 것이다. 따라서 우리의 첫 번째 평가 모델에 배치되는 것이다.

개인적 · 문화적 역사

내가 자명하다고 생각하는 네 번째는 개인적이고 문화적인 역사이다. 이것이 의미하는 것은 우리 각자가 사람, 그리고 환경과의 상이한 상호작용의 역사를 가지고 있으며, 이는 우리가 대응하는 방법에 영향을 미친다. 이 모든 것은 개인 문화의 영향 내에서 일어난다. 아무리 노력해도 미국에서 태어나고 자란 사람이 일본인이 된다는 것을 결코 우리는 이해하지 못할 것이다. 그리고 일본인 스스로도 일본 사람이 된다는 것이 어떤 것인지 우리에게 설명할 수 없을 것이다. 아마도 그 문화의 구성원이 된다는 것이 어떤 것인지를 가장 잘 이해하는 방법은 특정 문화의 예술 작품을 통해서일 것이다. 그것을 통해 우리를 틀에 박힌 말이나 고정 관념을 벗어나, 달리 표현하기 어려운 특별한 문화의 핵심으로 데려다줄 것이다.

기분(mood)

다섯 번째로, 기분은 '인간이란 존재는 무엇인가?'에 대한 부분에서 간단히 언급되었다. 솔로몬(Solomon, 1983)의 작품에 기반을 둔 이 모델에서 나는 약간 다른 방식으로 기분의 의미를 전달했다. 나는 주로 내 모델들을 서로 일관되게 하려고 하지 않는다. 만약 일치될 경우, 모델은 하나가 되어 버려서 코치는 클라이언트를 다양한 관점에서 동시에 평가할 수 있는 힘을 잃어버릴 것이다. 코치에게는 더 적은 방법을 적용하는 것이 더욱 간단할 수 있지만, 적은 방법보다 더 많은 방법으로 클라이언트를 이해하는 것이 코치의 임무이다.

기분은 사람이 보여 주는 일시적인 감정적 색채이다. 그것은 현재의 상황에 의미를 부여하고, 그 상황에 우리가 개입하는 것을 정의하며, 미래를 바라보는 우리의 시각에 영향을 미친다. 이 논의에서 나는 기분의 기본이 되는 판단(judgment), 판단과 일치되는 행위, 그리고 기분이 어떻게 우리의 자존감을 유지하는지에 관한 세 가지 측면에 대해 이야기할 것이다. 어떤 경우에는 자존감을 유지하는 것이 낯설게 보일 수도 있지만 인간은 언제나 만남을 이해하고자 노력하며, 특별한 상황이 일어나지 않을 때에도 유능감을 갖고자 하며, 심지어 아무 의미를 못 찾는 내부 논리를 벗어났을 때조차도 우리의 존엄성을 유지하려고 한다.

기분을 이해하는 것은 사람을 이해하는 것과 유사하다. 여기서 중요한 것은 그 자체로 기분을 이해하는 것이지 어떻게 되어야 한다거나 또는 반드시 그래야 하는지에 따라 결정되는 것이 아니다. 나는 일을 할 때 흔히 발생하는 다루기 힘든 기분에 대한 몇 가지 예를 제시하고자 한다. 몇몇 독자는 이러한 기분들이 매우 부정적임을 알아챌 것이다. 나는 그 예들이 일을 할 때에만 나타나는 유일한 기분이라고 주장하는 것이 아니라, 기분이 어떻게 작용하는지 설명하기 위한 예로 사용하기에 충분하다고 생각한다.

나는 기분을 두 부분으로 나누었는데, 첫째는 자신이 다른 사람들보다 우월하다고 느끼는 사람들의 기분이고, 또 다른 하나는 자신이 다른 사람들보다 열등하다고 느끼는 사람들의 기분이다. 물론, 우월감을 느끼기 위해 자신이 열등하다고 주장하기 때문에 자신이 열등하다고 느끼는 모순적인 부분도 있다. 또 어떤 사람들의 경우에는 우월한 체 하는 게 실제로는 내면의 열등감을 채우려는 시도라고 말하기도 한다. 기분을 단순화하여 이 책에서는 우월감과 열등감을 구분해 보고자 한다.

우월한 정서

회의론

'나는 의심한다.'는 판단이다. 건강한 경우에는 여기서 끝이 나지만, 병리적인 경우에는 만족할 줄 모른다. 회의론이라고 불리는 철학에 강력한 움직임이 있었고, 아마도 데이비드 흄(David Hume)은 이러한 관점의 적극적인 제안자일 것이다. 그를 따르는 철학자들은 결코 그의 논쟁을 성공적으로 논박할 수 없었기 때문에 어쩌면 오늘날 대부분의 철학자들은 이를 논박하려는 시도조차 하지 않는다. 어쩌면 비철학적 회의론자들은 어떤 질문에 대한 절대적인 답은 불가능하다는 것을 알고 있기 때문에 계속적인 질문을 통해 반대자들의 공격을 막아 낸다.

행동은 질문하는 것이다. 회의론은 정교함으로 가장하여 자존감을 유지한다. 나는 그것을 인위성이 가미된 세련미라고 부른다. 회의론자들은 자신이 경험이 많고, 지식이 풍부하며, 노련하다는 이러한 특성을 질문의 갯수와 통찰력을 통해 다른 사람들에게 알리고자 한다. 회의론자와 한 번도 마주치지 않은 독자가 있을까? 그렇다면 놀라운 일이다.

여기 진부하게 회의론을 구현하는 전문가, 역할, 역사적 상징 또는 유명인들의 예시가 있다. 이제 막 시작했지만 향후에는 냉소주의자로 변하는 신문기자, 과학자, 십대 아이를 둔 부모, 예산 보고서를 검토하는 회계사, 국세청 감사원, 구매 대리인, 월 스트리트의 바텐더, 경찰, 고등학교 교장 등이다.

냉소주의

냉소주의는 아무도, 그리고 어떤 것도 존중할 가치가 없다는 판단이다. 냉소주의자들은 사람이 제시하는 정보가 아니라 사람에 대해 판단한다는 점에서 회의론보다 가혹하다. 냉소주의자의 행동은 모든 사람을 모욕하고, 폄하하며, 깎아내린다.

냉소주의자들은 판단할 때 자신을 배제하지 않는다. 당신은 냉소주의자들이 "글쎄, 그는 겉으로는 좋은 사람 같지만, 속은 다른 사람들과 마찬가지로 자신을 방해하는 사람들은 가만두지 않을 거야."와 같이 말하기 때문에 그들을 바로 알아볼 수 있을 것이다.

냉소주의자들은 회의론자들과 마찬가지로 교묘하게 냉소주의를 다룸으로써 자존감을 유지한다. 미국 냉소주의의 중심은 워싱턴이다. 워싱턴에 있는 사람들은 정부와 가까이에 있어서 행정부의 공약을 들을 수 있는 기회들이 있는데, 시간이 지나도 공약이 제대로 이행되지 않는 것을 보고 어떤 정파도 존경할 만한 가치가 없다고 결론을 내린다.

냉소주의자들은 찬사를 불러일으킬 만한 행위 뒤에서도 다른 사람들이 알아채지 못하는 동기를 찾는다. 냉소주의자들은 어느 누구에게도 찬사를 보낼 만한 사람이 없다고 말한다. 어떤 사소한 인간의 약점이라도 냉소주의자에게는 죄가 있다고 유죄 판결을 내리는 데 충분한 증거가 되며, 결국 그 냉소주의자가 그 사람에 대한 존중을 철회하게 만든다.

냉소주의자들에 대한 예시가 있다. 나이 든 신문 기자, 마크 트웨인(Mark Twain), 생클레드 루이스(Sinclair Lewis), 윌리엄 포크네(William Faulkner) 같은 많은 정치 자문가[예를 들어, 리 애트워터(Lee Atwater)], 조직 범죄와 연관된 사람들, 귀에 거슬리는 자유방임 자본주의의 선동자들, 월 스트리트에서 마이클 더글라스(Michael Douglas)가 서술한 인물, 많은 스콜세지(Scorcese) 류의 영화들(예를 들어, 〈Goodfellow〉), 슈퍼마켓에 진열되어 있는 타블로이드 편집자, 타인의 약점을 착취하여 살아가는 사람들 등이다. 여기에는 마약상이나 경마의 마권업자와 같은 좀 더 명백한 경우도 있지만, 경영층에 있는 사람들도 있다.

체념

체념은 '어떤 새로운 가능성도 내게는 없다.'라는 판단이다. 체념하는 사람들의 행동은 헌신하지 않으며, 아주 편안한 통제 가능한 작은 영역만을 다루려고 한다. 여러 번 체념한 사람들은 낙관주의라는 포장에 가려져 있기 때문에 처음에는 사람들을 속일 수 있다. 그러나 그들에게 변화를 이끌어 내는 관찰 가능한 행위를 요청하면 그러한 포장은 서서히 사라지게 된다. 그 시점에서 체념한 사람은 왜 변화가 반드시 필요하지 않은지, 그리고 실제로 그 변화는 해로울 수 있음을 보여 주는 많은 방법을 찾을 것이며, 그 변화가 일어나지 않도록 정치적으로 강력한 동맹을 찾으려고 할 것이다. 당연히 조직에서 어느 누구도 체념했다고 말할 수 없기 때문에 지지를 유도하거나 보류하는 것은 수면 아래서 이루어지지만 그 결과는 실제적이다.

체념은 모든 것이 있는 그대로 유지되는 것이라고 정당화하는 거짓된 지식의 태도를 취하면서 자존감을 유지한다. 체념한 사람들은 자신이 장기간에 직접 경험한 것을 토대로 깊은 이해를 가지고 있다고 생각한다. 그들은 종종 자신의 체념으로 인해 타인, 심지어 자신의 변화하려는 노력이 좌절되는 것을 간과한다. 게다가 변화는 불편하고 불확실하다. 지금까지 일어난 일은 익숙하고, 편안하며, 예측 가능하고, 통제할 수 있는 것이다. 조직이나 관계에서 변화를 시도해 본 사람이라면 누구라도 체념을 경험해 봤을 것이다. 그것에 대해 무엇을 해야 할지 나는 잘 모르겠다. 나는 포기했다. 농담이야.

여기 체념한 사람들에 대한 예시가 있다. 안톤 체호프(Anton Chekhov), 카프카(Kafka), 큰 관료 조직에 근무하는 사람들, 우체부, 공장 직원, 연방 정부에서 일하는 사람 등이다.

열등한 정서

좌절

좌절은 '내가 뭔가가 일어나도록 해야 하지만, 나는 그렇게 할 수 없다.'는 판단이다. 뭔가 일어나도록 나는 할 수 없는 상황이고 내가 아는 한 뭔가 하는 게 불가능한 상황이라는 판단이다.

좌절의 적절한 예는 사람들이 치료를 기다리다가 죽어가는 도심 응급실에서 일하는 의사이다. 그 내과의사는 다치고 마약에 중독된 사람들의 끝없는 행렬에서 벗어나지 못하며, 동시에 대기 중인 한 무더기의 사람들을 신속하고 충분히 돌볼 수 있는 어떤 권한도 가지고 있지 않고, 이 사람들을 치료하는 응급실 운영체계에 어떤 권한도 없는 것처럼 보인다.

큰 변화를 일으키기 위해 혼신을 다해 대기업에서 일하는 직원들은 종종 좌절감을 느낀다. 사실, 나는 조직 성과의 대부분이 좌절한 사람들에 의해 이루어진다고 말하고 싶다. 왜냐하면 좌절로 특징짓는 행동은 겉으로 보면 성공할 수 없을 것 같은 힘든 일이나 처지에 대해 불평하지만 열심히 일하는 시시포스(Sisyphus)와 같기 때문이다. 좌절한 사람들은 시스템 상황이 그들을 패배자로 만들도록 내버려 두지 않을 것이다. 그들은 소진되고 그 이상을 넘어설 때까지 계속 전진할 것이다.

여기 좌절에 대한 예들이 있다. 영화 '사랑의 기적(Awakenings)'에서 올리버 작스(Oliver Sachs)역을 맡은 와일 코요테(Wile E. Coyote), 미국 주요 도시들의 시장, 공립학교 교사들, 시카고 컵스의 감독 등이다.

분개

분개는 '누군가에 의해 의도적으로 내게 불공정한 일이 일어났으며, 그것에 대해 내가 뭔가를 할 수 있는 힘이 없다.'는 판단이다. 동일한 상황에 있는 누군가가 자신이 힘을 가지고 있다고 판단하는 경우에는 분노의 기분을 느끼는 데 반해, 자신이 무력하다고 판단하는 경우에는 분개라는 독특한 성격을 부여하게 된다.

분개한 사람들은 분개의 대상과 거리를 두고 사보타주로 알려진 은밀한 복수를 계획하기 시작한다. 반면, 화가 난 사람들은 분노의 대상과 직면하고 정면으로 맞서서 정당성을 얻으려는 계획을 세운다.

분개하는 사람들의 방해 행위는 직장에서 회의 시간을 잊어버리거나, 기어가는 것과 같은 느린 속도의 일 처리, 서류를 다른 곳에 놓기, 부정적인 험담 퍼트리기와 같은 수동적인 공격 패턴을 비롯하여 다양한 방식으로 나타난다.

감정적 거리 두기는 분개의 일부로 쉽게 관찰될 수 있는데, 이는 북극해에 발을 들여놓은 것과 같은 냉담함과 차가운 공손함의 형태를 취한다. 분개한 사람이 감정적 거리를 메우려고 하지 않는다는 점을 고려해 볼 때, 여러 번 분개한 사람은 정서적인 거리를 설명하거나 이해하는 데 어려움을 겪는다. 그것을 드러내려고 시도할 때 감정적 거리는 더욱 벌어지게 되며, 분노 유발자에게 부인(denial)에 의해서 거리를 두는 행위를 투사함으로써 쉽게 덮어 버린다. 분개하는 사람들은 정의를 위해 복수하는 사람이다. 즉, 이러한 기분이 자존감을 유지하는 방법이다. 수천 년이 지난다 하더라도, 분개하는 사람은 정의가 승리하는 것을 확인할 것이다.

여기 분개에 대한 예시로, 셰익스피어의 작품인 『리어왕』의 딸들과 『베니스의 상인』에 등장하는 샤일록이 있다.

죄책감

이 목록의 마지막은 모든 미국인이 느끼는 죄책감에 대한 것이다. 나는 미국 문화가 특히 죄책감을 많이 느낄 수 있는 환경이기 때문에 이러한 죄책감을 모든 미국인의 정서라고 말하고 싶다. 죄책감은 '나는 누군가에게 상처를 주는 무언가를 했으며, 결코 그것을 만회할 수 없다.'라는 판단이다.

죄책감을 갖는 사람들의 행동에는 세 가지가 있다. 첫째는 사과를 많이 한다. 죄책감을 느끼는 사람들은 폭염, 교통 체증, 상점의 높은 가격에 대해서도 사과할 것이다. 둘째, 죄책감을 느끼는 사람은 그들이 했던 것을 만회하기 위해 정말 열심히 일한다. "나는 312쪽의 예산 부분에서 추가적인 실수가 너무 끔찍했다. 올해에는 휴가를 반납하고 아이들은 보육 시설에 보낸 후, 회계 사무실에 간이침대를 장만할 것이다. 이번에는 어떤 실수도 하지 않도록 확인할 것이다."라고 말한다. 마지막으로, 죄책감을 느끼는 사람들의 행동은 자기 자신을 감정적으로 처벌하는 것이다. 어느 정도로? 죽음은 더 이상의 처벌 가능성이 사라져 버리기 때문에 죽음의 측면에서 가능한 한 많이 라는 말이 가능하다.

미국에서의 죄책감은 내가 아는 한 최소 세 가지 형태를 취한다. 첫 번째로 관계와 관련된 죄책감이 있다. 예를 들어, "나는 너를 대학에 보내려고 내 인생을 전부 포기했는데, 너는 어떻게 나를 이렇게 대할 수 있니? 앞으로 절대 전화하거나 방문하지 마라. 어떻게 이런 아들이 있을 수 있니?"라고 하는 것이다. 두 번째로 성적인 죄책감이다. 성에 대해 생각하고, 계획을 세우고, 성행위를 하고, 그리고 기억하는 것은 모두 죄이다. 세 번째로 일과 관련된 죄책감이 있다. 예를 들어, "미안해요. 당신이 우리의 첫 아이를 낳는 동안에 나는 작성해야 할 중요한 보고서가 있어서 사무실에 가 봐야 할 것 같아요."라고 하는 것이다. 그리고 "반드시 확인해야 할 음성 메일이 있어서 추수감사절 저녁 식사 자리인데도 지금 일어나야 할 것 같아요."라고 하는 것이다.

왜 누군가는 고통스러울 때 이런 기분이 드는 걸까? 무엇보다도 가장 먼저 죄책감은 사람들에게 잘못된 대리감을 준다. 일어난 일에 대한 안 좋은 기분은 죄책감을 느끼는 사람에게 그 일에 대해 뭔가 할 수 있었다는 잘못된 기분을 갖게 한다. 따라서 존 케네디(John Kennedy)를 보호할 임무가 있었던 비밀요원은 여전히 자신이 1초만 더 빨랐다면 그를 구할 수 있었을 것이라는 죄책감을 느낀다. 앞에서 제시했던 날씨, 교통, 가격에 대해 사과하던 사람들은 이러한 잘못된 대리감이라는 주제의 다른 변형이다.

또한, 죄책감을 느끼는 사람들은 매우 독선적이다. "내가 그렇게 했다는 것도 알고, 적어도 그것이 나쁘다는 것도 안다. 그런 행동을 하는 많은 바보 같은 사람이 있는데, 그 사람들은 아무렇지도 않게 생각한다. 하지만 적어도 나는 그것이 나쁘다는 것을 안다." 당신은 가장 독선적인 행동을 하는 사람들이 동시에 가장 죄책감을 느낀다는 것을 확인할 수 있다.

여기 죄책감에 대한 예시로 오이디푸스, 그리고 호손(Hawthorne)의 『주홍글씨』에 나오는 헤스터 포린(Hester Prynn)과 성직자 세인트오거스틴(St, Augustine)이 있다.

유능감의 영역

하버머스 자신은 인식하지 못했을지 모르지만, 이 모델([그림 6-2] 참조)은 그의 이론에 기반을 두고 있다. 여기서의 가정은 어떤 것을 성취하기 위해서는 최소한 이 피라미드에 묘사된 세 가지 영역에서 유능감을 가져야 된다는 것이다. 각각의 영역은 다른 유형의 사고(thinking)를 요구하며, 결과적으로 상이한 사람들이 각자 상이한 영역에 끌리게 된다.

나는 피라미드의 가장 아래에 있는 '자기관리(Self-management)'를 먼저 설명하려고 한다. 자기관리는 피라미드의 바탕이 되기 때문에 다른 영역들을 위한 기본이 된다. 그렇다고 해서 그것이 가장 중요하기 때문에 사람들이 유능해져야 하는 유일한 영역이라고 생각하지 않길 바란다.

자기관리란 우리가 하겠다고 말한 것에 대해 철저히 지키고, 제시간에 도착하며, 우리가 일하는 조직의 기준 관행을 이해하고, 우리 자신과 아이디어를 적절하게 제시하며, 개인적인 쟁점이나 염려로 인해 우리가 하려고 말한 것에 방해 되지 않도록 하는 것을 의미한다.

자기관리 기술은 자기 스스로를 관찰할 수 있는 능력과 자신이 의도하는 성과에 대한 행위에 영향을 미치고, 우리가 사람들과 관계하는 데 영향을 미치는 우리 행위의 효과를 관찰하는 능력에 기

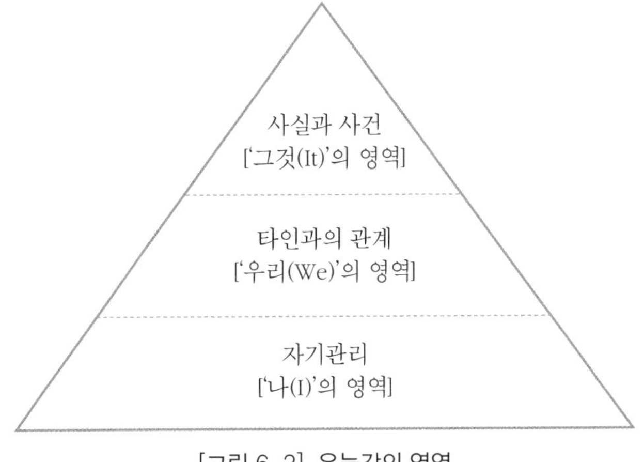

[그림 6-2] 유능감의 영역

반을 둔다.

종종 혼란스럽기는 하지만 자기관리는 자기정당화와 구별되며, 자기정당화는 우리가 성취하고자 하는 것을 하지 못했을 때 자신과 다른 사람들에게 하는 이야기이다. 사실, 관리에 능숙한 사람들은 자신의 생각이나 대화 속에 자기 정당화가 조금도 없으며 당장 삭제해야 할 것이라는 것을 쉽게 알아챌 것이다.

자기관리의 자질과 기술에 대한 목록은 다음과 같다.

- 자질: 비전, 열정, 성실성, 신뢰, 호기심, 대담성
- 기술: 자기관찰, 자기인식, 자기관리, 자기기억, 자기일관성

피라미드의 중간 단계는 '타인과의 관계(Relationship with others)'로 명명되며, 타인과의 장기적으로 서로 만족스러운 관계를 발전시키고 유지할 수 있는 역량을 나타낸다. 대부분의 독자는 아마도 우리가 어떤 조직에서 성공할 수 있는 기회를 갖기 위해서는 이러한 역량을 통해서만 가능하다고 이해할지도 모른다. 자신의 업무 능력에 관계없이 모든 사람이 모든 일을 할 수는 없으며, 한 사람의 사고는 항상 제한적일 수밖에 없다.

성공적인 관계의 본질은 개방성과 감사다. 개방성이란 우리가 관계하고 있는 사람들의 생각, 감정, 세계에 영향을 받는 것을 의미한다.

자신의 관계의 대부분을 배제한다고 말하는 사람들에게 관계는 어떤 것일지 궁금하다. 우리는 관계 속에서 영웅으로서, 많은 지혜를 갖고 있는 사람으로서, 모든 것을 주고 제공하는 사람으로서 자리 매김하고 있을까? 만약 우리가 이러한 방식으로 관계를 맺는다

면 오만감에 빠져 더 이상 관계를 맺지 못할 뿐만 아니라, 자신만의 개념을 고집하고 자신만의 세상을 만들기 쉽다. 당신은 이런 식으로 관계를 맺고 있는 주변 사람을 알 수 있을 것이다. 그들이 비록 분명히 저항하지 못하는 위치에 있다고 하더라도, 주변에 분개하는 환경을 조성해서 그들의 일이 제대로 진행되는 것을 어렵게 만들고 효과적이지 못한 상황을 만들기도 한다.

존중은 우리가 타인의 세계관을 이해하고 그들과 우리 자신의 관계를 통해서만 세계관을 표현하는 장이 열린다는 것을 우리의 과제로 받아들이는 것을 의미한다. 공감은 우리의 방식대로 상황을 보도록 다른 사람에게 요구하지 않는 것이며, 우리의 기준에 따라 행동하거나 우리가 기대하는 대로 행동하지 않는 것을 의미한다.

예를 들어, 자녀를 둔 사람이라면 7살 이하의 아이들은 자신만의 세계에서 살고 있으며, 이 책의 독자 대부분이 살고 있는 성인 세계와는 약간 스칠 정도로 연결되어 있음을 분명하게 볼 수 있을 것이다. 우리가 아이들의 세계를 어른 세계의 규준과 논리, 관습과 구분하고자 한다면, 우리는 사실상 그 아이와의 관계가 손상될 것이다. 그러나 우리는 걱정할 필요가 없다. 인생은 곧 우리 아이에게 제약 조건을 제시할 것이다. 우리의 부모가 우리에게 그렇게 했더라도, 우리가 미리 해 둘 필요는 없다.

관계의 세계를 다루는 것을 성공하기 위해서는 우리가 감정에 대해서 배워야 한다는 것을 의미한다. 감정은 우리를 서로 묶어 주는 역할을 한다. 감정 없이 가장 전문적인 관계를 갖으려는 시도는 시멘트 없이 벽돌 구조물을 짓는 것과 마찬가지이다. 잠시 건물이 유지될 수는 있으나 압력이 가해지거나 어떤 강력한 힘이 가해지면, 구조물이 지탱하지 못할 것이다.

사람들과의 관계에서 개방성과 존중, 감정의 세계에서 벗어나려고 할 때마다, 그리고 역량의 영역이 서로 다른 언어로 이야기하려고 할 때마다 우리의 관계는 종말을 맞이할 것이다. 우리가 이렇게 하고 있다는 확실한 신호를 이해하려고 하기보다는 논쟁에서 옳은 것이 무엇인지 이야기하고자 할 때 분명히 알 수 있다.

타인과의 관계에 대한 자질과 기술의 목록은 다음과 같다.

- 자질: 공감, 신뢰도, 개방성, 낙관성, 믿음
- 기술: 경청하기(팀워크, 진심 어린 관심), 말하기(가능성, 영감), 기준 설정하기(다른 사람 개발시키기), 학습하기, 혁신하기

피라미드의 세 번째 단계는 소위 '사실과 사건(Facts and Events)'으로 불리는데, 가제, 과정, 통계, 체계, 모델을 이해하는 능력을 의미한다. 이 단계는 전문가들이 있는 곳이며, 가장 큰 두려움이 있는 곳이다. 우리 중 많은 사람이 이 영역에 들어가길 원치 않으며, 여기에 속한 전문가들이 우리를 위해 모든 것을 해결해 주기를 바라는 경우가 많다.

문제는 우리가 이 영역에 대한 기본적인 이해가 없다면, 우리를 위해 이루어진 결정을 이해할 수 없으며 우리가 속해 있는 체계와 조직을 개선하는 데 어려움을 겪는다는 것이다.

다른 한편으로, 고도의 전문적인 기법을 가진 사람들 중 일부는 다른 두 영역의 능력을 무시한다. 이는 가끔 전문성이 중요하고 소수의 개인에게만 존재하는 경우에 발생할 수 있다. 그러나 전문성은 가치가 떨어질 수 있으며, 전문가가 관계를 성공적으로 발전시키지 못하거나 자신을 잘 관리하지 못할 경우에 조직 내에서 자리

매김 할 기회가 사라지게 될 것이다.

사실과 사건의 자질과 기술의 목록은 다음과 같다.

- 자질: 엄격, 객관성, 끈기, 창조성, 초점
- 기술: 분석하기(방해 요소와 자원), 예측하기(장단기 효과), 단순화하기(오컴의 면도날; Occam's razor), 모델 수립하기, 조직화하기/우선순위 정하기/발표하기

때로는 한 영역의 강점이 다른 영역의 약점을 감추는 데 사용된다. 예를 들어, 어떤 사람들은 다른 사람들이 자신과 동일한 가치와 기준을 가져야 한다고 주장하면서 관계를 형성하려고 하거나 관계를 갖지 않으려는 것을 정당화한다. 이는 자기관리 영역 내에서 자신의 역량을 활용함으로써 관계를 형성하려는 것이다.

우리 모두는 아마도 관계 영역에서 성공한 자신의 능력 때문에 권위의 위치를 얻은 매력적이고 정치적으로 민감한 사람들을 만나왔을 것이다. 이러한 사람들은 자기관리가 부족하여 구체적인 약속을 피하려고 노력할 것이며, 사실과 사건의 영역에서 발생하는 기술적 상황을 해결하기 위해 다른 사람들을 호출할 것이다. 그렇다면 이 사람들은 가끔씩 자신에게 일어나는 가혹한 사실과 사건들을 다룰 수 있을까? 그리고 그들은 종종 가치 있는 뭔가를 배우기 위해 앉아서 오랫동안 거칠고, 지루한 일들을 해낼 수 있을까?

오로지 하나의 영역 안에서 세상의 모든 것을 다루려는 시도는 우리의 성공 가능성을 최소화하고 우리의 강점을 보지 못하게 만들기 때문에 우울한 실패로 이끌 것이다.

만족감과 효과성의 구성 요소

어떤 면에서 이 모델은 가장 간단한 모델이다([그림 6-3] 참조). 이는 만족하고 효과적이기 위해 필요한 역량 목록이다. 이 목록들은 우리가 일하고 있는 부분의 정보를 구체적으로 제공하고 있다. 그 리스트는 영역별로 구체적인데 예를 들어, 자동차 엔진을 수리하는 것은 바이올린을 연주하거나 수플레를 굽는 데 요구되는 지능과는 다른 지능이 요구된다.

우리 중 많은 사람이 어렸을 때 받았던 IQ 테스트는 매우 좁은 범위의 활동에서 성공하는 데 요구되는 구체적인 형태의 지능을 측정한다. 발레에서 아름다운 안무를 하는 사람의 지능이 표준화된 IQ 검사에서 드러날 수 있는지 의아하다.

당신은 코칭하는 클라이언트를 관찰할 때, 누군가에 대한 문제가

지능	• 구별하기 • 미래의 행위 결과 예측하기
감정	• 사람이나 사건을 우리에게 가까이 하기 또는 사람이나 사건으로부터 우리를 멀리 거리 두기
의지	• 우리가 발생할 것이라고 말하는 것이 실제로 일어나도록 만들기
맥락	• 일단 어떤 목적이 선언되면 발생하는 의미, 가능성, 행위, 관계의 배열을 생성하고 유지하기
영혼	• 동정과 친절함과 유사 • 지구상의 생명체/나머지 인류와의 연결성에 대한 우리의 경험

[그림 6-3] 만족감과 효과성의 구성 요소

발생했거나 발생하고 있는지 평가할 때, 코칭 프로그램의 주제가 무엇인지를 결정할 때 이러한 역량에 대한 나의 정의를 사용할 수 있다.

지능

나는 지능의 의미를 행위를 구분하고, 행위에 의한 미래의 결과를 예측하는 능력이라고 생각한다. 다시 말해서, 오늘 어떤 일련의 행위가 취해지면 지금으로부터 6개월이 지난 뒤에 그러그러한 성과가 발생할 거라는 것을 알 수 있다. 이 서술은 결론을 이끌어 내는데 있어 논리적으로 단계별 과정을 구축하는 사람과 정확한 것으로 판명날 수 있는 직관적인 도약을 하는 사람을 모두 포함하려는 시도이다. 나는 또한 능력에 해당하는 다양한 과정을 묘사하지 않고 가장 일반적인 방법으로 지능을 기술하려고 한다. 예를 들어, 많은 것을 구분할 수 있는 것은 학습의 산물이며, 행위의 미래의 결과를 예측하는 것은 체계의 상호 연관성을 이해하는 것과 많은 관련이 있다. 어떤 경우이든, 지적 능력이 강한 사람은 앞에 언급된 두 가지 능력을 지닐 것이다.

감정

여기서의 감정은 우리가 일상적으로 이해하고 있는 용어와는 매우 다르다. 이 모델에서 감정은 적절한 때에 사람과 사건을 우리에게 가깝게 하거나 사람이나 사건으로부터 우리를 멀리 거리를 두는 능력을 의미한다. 이게 우리가 이야기하는 감정의 능숙함에 대한 텔레스코핑 능력이다. 몇몇 사람은 소위 고정된 감정적 거리를 가지고 있다. 즉, 그들은 모든 것을 자기 자신과 매우 가깝게 둠으로써 균형감이 떨어지거나, 가장 친밀한 삶의 경험조차 상당한 정서적 거리를 두거나, 출생, 죽음 또는 사랑에 의해서도 영향을 받지 않는다. 종종 업무에서는 후자의 감정적 거리가 가장 적절한 것처럼 보인다. 그러나 그것은 어떤 주제에 대한 흥미를 잃게 만들고, 다른 사람들에게 영감을 주지 못하며, 결국에는 결심을 약화시킨다.

의지

의지는 의도한 일이 실제로 일어나도록 만드는 능력을 의미한다. 물론 탁월한 사람들은 자신의 의지를 타인에게 관철시키거나 심지어 상당히 먼 거리까지도 관철시킨다. 세계적인 종교의 창시자들이 완벽한 본보기이다. 그들 중 어느 누구도 현재 이 세상에 존재하지 않지만 여전히 수백만 명이 누군가 일어나기를 의도했던 것을 따르고 있다.

맥락

맥락은 맥락을 생성하고 유지하는 능력이다. 나는 동어 반복적이라는 것을 알고 있지만, 맥락의 의미를 말하고자 한다. 내가 말하는 맥락의 의미는 목적이 분명해지면 발생하는 의미, 관계, 행위 및 가능성의 집합체를 말한다. 목적은 성취를 위한 사람들의 전념이며, 자신뿐만 아니라 가족의 생존과 안락을 희생하게도 만든다.

예를 들어, 내가 살고 있는 도시의 아이들을 위한 교육을 개선하는 것이 나의 목적이라고 한다면, 교육에 대한 나만의 상이한 의미

(시기상 전후로), 학생, 부모, 선생님, 관리자와의 다른 관계, 그리고 내가 향후에 다루고자 하는 잠재적인 행동과 새로운 가능성에 대한 전체 목록이 있을 것이다.

내가 의미하는 맥락이란 목적을 계획하고 우리의 삶을 여기에 맞게 부합시키는 능력이다. 맥락에 대한 나의 정의는 절대 주어지는 것이 아니라 각각의 사람에 의해 생성된다는 것이다. 그래서 종종 사람들의 삶에서 맥락은 빠져 있는 요소이다. 사실 많은 이는 목적이 무엇인지 이야기해 본 적이 없으며, 대신 그날그날의 상황을 헤쳐 나가느라 급급해 살고 있다. 더욱이 맥락의 결여는 우리가 의사 결정을 내리는 기준이 없을 때, 윤리적 딜레마에 빠져 무엇을 해야 할지 모르는 위기 상황에 있을 때 쉽게 드러난다. 우리가 죽음에 가까워지고 직면하게 될 때 가장 피하기 힘든 것이 된다.

영혼

이 모델의 마지막에 제시된 역량이다. 내가 의미를 정확히 정의한 것이라고 생각하지는 않지만, 인류에 대한 친절, 관대함, 연민, 연결성과 같은 것이라고 본다. 나는 이를 소위 위대한 영혼을 가진 사람들에게 나타나는 자질이라고 이야기하고 싶다.

이 요소는 업무 평가에서 드러날 가능성이 가장 적은 요소인 동시에 가장 영감을 주고, 강력하며, 존경할 만한 요소이다.

업무에서 지금까지 축적된 사례들을 보면, 사람들은 강한 지성과 의지를 가지고 있었기 때문에 뭔가를 얻을 수 있었다(그런데 이러한 특성은 군대에서 오랫동안 개발된 특성과 동일하다). 이 두 요소만을 강조하는 삶은 커다란 결과를 가져온다. 그 중 하나는 게임이 진행되는 동안에 우리는 완전히 소모되는데, 우리가 이 게임에서 물러나자마자 바로 의미가 사라진다. 많은 근로자가 긴 휴가 기간 또는 은퇴 직후에 이를 경험한다. 또한 의지와 지성에 대한 강조는 고정된 감정적 거리를 전제로 사람, 가족, 친구, 동료들과의 분리를 가져온다. 이것에 대한 생생한 예는 〈회색 플란넬 수트를 입은 남자〉라는 영화를 보면 된다. 이러한 다섯 가지의 모든 요소에 대한 우리의 역량을 키운다면 우리는 더 많은 일을 할 수 있게 될 것이며, 일하는 동안 더 큰 성취감을 얻게 될 것이다.

모델의 활용

우리가 어떤 것을 찾고자 할 때에만 그것이 발견된다는 것은 상식적인 이야기이다. 예를 들어, 우리는 특정한 날에 빨간 혼다차가 몇 대 지나가는지를 세기 시작해야 그 차들이 얼마나 자주 통과하는지에 주목한다. 이 말은 관찰하고자 하는 우리의 의도가 자동차를 존재하게 하는 것이 아니라, 우리가 의도적으로 우리의 관심을 자동차에 기울여야만 자동차가 그 자리에 있지 않는다는 것을 경험적으로 알 수 있다는 것이다.

이러한 평가 모델을 제시하는 것은 독자들이 이를 염두에 두고 관찰해 보도록 하기 위함이다. 우리가 색다르게 관찰하기 시작할 때, 새로운 가능성이 떠오른다. 코칭의 용어에서 이는 행동에 대한 새롭고 강력한 설명을 발견할 수 있으며, 더 중요한 점은 코칭 개입에 대한 새로운 지평을 제공할 수 있음을 의미한다. 나는 코치들이 사용하고 있는 관찰 모델이 행동을 적절하게 설명하지 못하거나 어떤 개입도 불가능해지면서 그들이 종종 바보가 되어 버리는 것을 보았다. 예를 들어, 어떤 코치들은 "글쎄, 그가 동기가 생길 때까지 내가 할 수 있는 일은 아무것도 없어." 또는 "그녀가 할 수 있는 게 아무것도 없어."라고 말할 것이다. 거의 항상 나는 이런 상황에서 코치가 클라이언트를 코치의 연장의 일부로만 이해한다는 것을 발견했다. 이는 클라이언트가 어떤 것을 보고 행동할 때, 코치와 같은 방식이 아니면 클라이언트의 문제는 해결하지 않은 수수께끼로 남아 있게 된다는 것을 의미한다. 그러한 경우에, 나는 코치가 새로운 모델을 사용하거나, 제3의 이해관계자와 이야기하거나, 적어도 그들 자신의 해석의 한계를 인식하고, 코치 자신들의 이해가 완벽해서 클라이언트에게 문제가 있음을 주장해서는 안 된다. 만약 당신이 의사를 만났는데 고통받고 있는 질병에 대해 적절한 진단과 처방을 받지 못하는 대신에 치료할 수 없는 사례이거나 건강염려증 환자, 또는 꾀병 환자로 당신을 진단하게 되면 당신이 경험하게 될 좌절감을 상상해 보자. 이 결론 중 어느 것도 당신을 건강하게 만드는 데 도움이 되지 않는다. 나는 확신컨대, 이 상황에서 우리는 내가 찾은 의사가 추가적인 연구를 하거나, 더 많은 전문 지식을 가진 사람에게 도움을 요청하거나, 그 질병을 치료하기 위해 추가적인 단서를 찾기 위해 더 긴 시간 동안 우리를 면담하기를 바랄 것이다.

비슷한 방식으로, 우리는 코치로서 초기의 혼란이나 좌절감이 코칭을 시작하는 클라이언트에 대한 충분한 이해를 방해하지 않도록 해야 한다. 여기 제시된 모델을 사용하여 클라이언트를 이해할 수 있는 실질적인 방법은 다음과 같다.

관찰의 원칙

1. 가능한 다양한 상황에서 클라이언트를 관찰하라. 이것은 당신에게 행동적 · 언어적 패턴을 알아차릴 수 있는 기회를 줄 것이다. 만약 좁은 범위의 활동이나 한 가지 사건에 제한된다면, 클라이언트의 반응에서 유연성의 정도를 평가할 수 없을 것이다.
2. 평가 모델을 검토함으로써 관찰을 준비하고, 실시간으로 관찰하지 않으며, 기억에 기반을 두고 결론을 내리려는 유혹에서 벗어나라.
3. 구조적인 해석의 많은 부분을 확인하기 위하여 클라이언트에게 질문을 하지만 당신이 내린 평가를 증명하려고 하지 마라. 예를 들어, 만약 당신이 클라이언트의 부정적인 기분을 관찰해 왔다면, "당신의 기분이 냉소적이라고 생각하지 않습니까?"와 같은 질문은 하지 말아야 한다. 왜냐하면 그 질문은 거의 틀림없이 클라이언트의 방어로 이어질 것이기 때문이다. 대신에 당신이 가정하는 클라이언트의 판단이 클라이언트의 실제적인 판단인지를 묻는 질문을 던지라. 예를 들어, 당신이 냉소적이라고 가정하는 클라이언트에게 다음과 같이 물어볼 수 있다. 만약 "우리가 방금 만난 저 사람들이 우리를 속이도록 당신이 놔두지는 않네요?"라고 질문했을 때, 클라이언트가 동의한다면, 어느 정도 냉소적일 것이라는 당신의 예비평가가 증명될 수 있는 더 많은 자료를 확보하게 된다.
4. 당신이 관찰해 왔던 행동을 설명하기 위해 평가 모델을 사용하여 타당성을 평가하라. 클라이언트와 존중하는 관계를 유

지하면서 미래의 행위를 예측하고, 당신의 코칭 개입에 대해 개방하라.

5. 항상 당신이 평가한 것에 대한 재평가를 계속하고, 클라이언트의 많은 부분이 신비로운 상태로 남아 있을 것이라는 점을 스스로에게 상기시키라. 클라이언트에 대해 알려지지 않은 신비하고 알 수 없는 부분은 변화와 개선, 완전한 변형을 위한 것이다.

사례 적용

이 모델에 대한 나의 설명을 좀 더 명확하게 하기 위해 다음의 사례 연구에 이 모델을 적용할 것이다.

첫 번째 모델: 5가지 요소 모델

당장의 걱정거리

밥(Bob)의 당면한 관심사항은 우리가 만날 때마다 달랐다. 때때로 그는 마감 시간의 압박을 경험하고 있었고, 중요한 발표를 준비하는 데 집중하지 못했다. 또 다른 때에 그의 당면한 문제는 그의 아들이 리틀리그 야구를 시청하는 시간에 맞춰 제시간에 집에 갈 수 있을지의 여부였다. 우리는 누군가의 당면한 관심사항이 무엇인지를 알고 있다고 가정해서는 안 되며, 오히려 우리는 물어봐야 한다.

헌신(commitment)

밥(Bob)은 그의 아내와 두 자녀, 그리고 그들의 안전과 행복에 헌신했다. 그는 또한 직장에서 자신이 속한 팀의 성공과 회사의 전반적인 성공을 위해 헌신했다. 또한 그는 운동 프로그램과 교회 참석을 위해 헌신했다.

미래 가능성

밥(Bob)이 가장 확실하게 생각하는 미래의 가능성은 임원으로 승진하여 직책이 주는 보장과 재정적 보상을 누리는 것이다. 또한 그는 자녀가 대학교에 가고, 여행을 하며, 성인의 세계를 시작하는 기회를 제공하는 데 헌신했다. 은퇴 이후에는 자신의 삶이 따뜻한 날씨가 있는 환경에서 많은 외부 활동을 할 수 있을 것이라고 예상했다.

개인적 · 문화적 역사

밥(Bob)은 서부 캘리포니아에서 성장하여, UCLA에서 회계학 학위를 취득했다. 15년째 결혼생활을 하고 있으며, 열한 살 아들과 일곱 살된 딸이 있다.

기분

밥(Bob)은 대부분의 경우에서 좌절감을 많이 경험했다. 그는 승진하길 원했으나 어떻게 해야 하는지를 몰랐다. 그러나 이를 포기할 생각은 없다.

두 번째 모델: 유능감의 영역

자기관리

이것은 밥(Bob)에게 딱 맞는 부분이다. 그는 자신이 어디로 가고자 하는지를 명확히 알고 있으며, 그 방향으로 훈련되었다. 그는 믿을 수 있으며, 일을 잘했고, 위기 상황에서 지속적인 영향력을 발휘할 수 있는 사람으로 평가되었다. 또한 그는 회의를 조직화해서 잘 준비했다.

타인과의 관계

내가 지금까지 언급했던 것 중에서 밥(Bob)에게 가장 필요한 부분이 이것이라고 말할 수 있을 것이다. 그는 주변 사람들의 다양한 관심사를 이해할 수 있는 능력을 발전시켜야 했다. 또한 그는 조직 내에서 상사와 설득력 있는 방식으로 의사소통할 수 있는 방법을 찾아야 했으며, 그의 조직에서 정치적 힘을 활용하는 데 더욱 유능해지는 방법을 배워야 했다.

사실과 사건

밥(Bob)은 자신의 분야에서 전문가였다. 그는 수석으로 졸업했으며, 적절한 신문 기사를 읽고 그의 분야에 대해 다른 사람들과 이야기하며, 때때로 세미나에 참석해서 최신 정보를 습득했다. 그는 재무제표를 빨리 읽었으며, 제시된 자료의 건전성과 추가적인 연구가 필요한 부분에 대해 빠른 결정을 내릴 수 있었다. 내가 아는 한, 어느 누구도 그의 최종 보고서의 정확성에 대해 불평한 적이 없었다.

세 번째 모델: 만족감과 효과성의 구성 요소

지능

밥(Bob)은 회계 분야에 있어서 지적 능력이 높았지만, 관계에 대한 지적 능력은 부족했다. 그는 의미의 뉘앙스, 미묘한 감정적 단서 또는 말의 이면에 있는 내재된 의미에 대해 매우 민감하지 못했다.

감정

밥(Bob)은 금융 관련 연구를 하고, 그와 관련된 보고서를 작성할 때에는 객관적인 거리를 유지하는 데 능숙했다. 하지만 직장에서 관계에서의 객관적인 거리를 평가했을 때, 앞과 비슷한 객관성이 보이지 않았다. Bob은 이 영역에서 쉽게 기분이 상했고, 균형감을 잃었으며, 때때로 실제 또는 상상 속에서 모욕을 당한 후 회복하기 힘들어했다.

의지

밥(Bob)은 매우 강한 의지를 지녔다. 그는 지속적으로 그가 중요하다고 생각한 것에 있어 훌륭한 결심을 보여 주었다. 전에 언급했듯이, 그는 직장에서 전일제로 일하면서 학교에 다녔고 석사 학위와 자격증을 취득했다.

맥락

밥(Bob)은 코칭 이전에는 맥락에 대해 진지한 대화를 전혀 해 보지 않았다. 그나마 이러한 맥락과 가장 가까운 것은 교회나 영감을 주는 자서전을 통해 자신의 삶의 목적이 불분명하다는 것이었다.

영혼

친절함과 연민은 밥(Bob)에게 매우 중요했으며, 많은 경우에 이 두 가치가 침해되었을 때 그는 행위하지 않았다. 그는 머리로는 다른 모든 사람과 연결되어 있음을 이해했지만, 느낌이나 경험으로는 느껴 보지 못했다.

추천 도서

누군가를 체계적이고 깊이 있게 이해할수록 우리의 코칭이 더욱 효과적이고 지속될 수 있다. 다음에 제시된 목록들은 여러 모델을 제안한다. 이것들은 모두 도움이 될 수 있지만, 어느 하나가 정답이 될 수는 없다.

Brown, Daniel P., Jack Engler, and Ken Wilber. *Transformations of Consciousness*. Boston: Shambhala Publications, 1986

인간의 치유와 변화를 위해 서구와 동구(반구, 뉴욕과 샌프란시스코가 아닌)의 전통을 통합하는 데 헌신한 초개인 심리학에 관한 에세이 특집. 특히, 윌버(Wilber)가 기술한 개별 인간의 변형에 대한 단계 모델이 제시된 세 개의 장은 도움이 된다. 그의 모델은 각 단계에 대한 실제적인 쟁점과 각자에 대한 유용한 개입이 포함된다. 코치에게 자신과 아주 다를지도 모르는 특정 클라이언트의 아픔과 가능성을 이해하기 위한 많은 방식을 제공해야 한다.

Dinnerstein, Dorothy. The Mermaid and the Minotaur. New York: Harper & Row, 1976.

저자는 우리 문화에서 여성과 남성에게 주어진 역할로 인해 심오한 고통을 낳는 방식에 대해 깊이 파고들었다. 도전, 종종 그 주장에 저항하기 어려움.

Dreyfus, Hubert L., and Stuart E. Dreyfus. Mind over Machine. New York: Macmillan, Inc., 1986.

사람들이 어떻게 배우는지에 대해 밝히는 컴퓨터의 한계에 관한 책, 특히 역량의 단계에 대한 구분이 유용하다.

Durrell, Lawrence. Justine. Vol.1 of The Alexandria Quartet. New York: E. P. Dutton, 1957.

4가지 시각에서 동일한 이야기를 풀어 나가는 감각적인 4권의 시리즈. 잊을 수 없는 유혹과 풍부한 해석. 잘 쓰여졌으며, 설명이 아닌 소설이다.

Eliot, George. *Middlemarch*. New York: The New American Library, 1964.

저자는 잊지 못할 인물들을 만들어냄으로써 인간의 삶에 대한 탁월한 이해를 보여준다. 충실과 진실에 대한 믿지 못할 감동적인 이야기.

Erikson, Erik H. *Childhood and Society*. New York: W. W. Norton & Company, 1950; reprint, 1985.

문화는 아이들이 어른의 역할을 수행해 낼 준비가 되어 있는지 어떻게 보증하는가? Eriskon은 그 질문에 대해 답하고 잘 알려진 심리적 성장 단계의 목록을 포함하여 행동의 근간을 이루는 힘에 대한 많은 통찰을 제시한다. 매력적이고 유용하다.

– *The Life Cycle Completed*. New York: W. W. Norton & Company, 1985.

Erikson 필생의 업적에 대한 간결한 요약. 인간의 삶이 어떻게 전개되고, 병리가 발전하고, 진화하고, 완성되는지에 대한 수십 년간의 연구와 경험을 두 챕터에 걸쳐 보여준다. 훌륭하고 명쾌하다.

Goffman, Erving. *The Presentation of Self in Everyday Life*. New York: Anchor Books/Doubleday, 1959.

당신이 관찰하는 방식은 이 사회학적 책을 읽음으로써 바뀔 것이다. 자신의 개념에 대한 징후와 흔적을 강조한 연구이다.

Goleman, Daniel. *Destructive Emotions: A Scientific Dialogue with the Dalai Lama*. New York: Bantam Books, 2003.

동양과 서양의 전통에서 핵심 연구자들과 교사들 사이의 중요한 주제에 대한 종합적인 대화를 제시한다. 설득적이고, 통찰적이며, 빈틈없는 연구로 가치가 있다.

– *Emotional Intelligence*. New York: Bantam Books, 1995.

대단히 중요한 책. 감정에 관한 연구를 일하는 현장과 우리의 학교 안에 가져오기 위해 만들었다. 현실에 기반을 두었으며 명쾌히 잘 쓰였다. 모든 코치들이 읽어야 할 필수적인 책.

Harré, Rom. *Personal Being*. Cambridge, MA: Harvard University Press, 1984.

일부는 공적이며 일부는 사적인 많은 대화들의 교차점으로써 사람들을 이해하도록 제시된 책. 언어가 개별적으로 인간을 형성하는 방식을 감상하기 위한 시작점.

Heidegger, Martin. *The Basic Problems of Phenomenology*. Translated by Albert Hofstadter. Bloomington, IN: Indiana University Press, 1982.

아마도, 당신에게 기본적인 문제처럼 보이지 않겠지만, 하이데거는 그의 글 안에서 그가 기본적인 문제라고 불렀던 서양 철학의 이슈에 대한 답변을 구성한다. 존재와 시간에 대한 견해의 면밀하고 광범위한 제시.

Keen, Sam. *The Passionate Life*. San Francisco: Harper & Row, 1983.

저자는 삶을 사랑과 에로스의 관계를 중심으로 형성되는 일련의 역할/단계로 이해할 것을 제시한다. 매우 다가가기 쉬우며 자유롭다.

Keleman, Stanley. *Emotional Anatomy*. Berkeley, CA: Center Press, 1985.

저자는 교육을 통해, 관찰자가 자신의 신체를 연구함으로써 개인의 감정적인 삶을 이해할 수 있다고 제시한다. 모든 코치에게 중요한 기능이다(Kurtz와 Prestera의 'The Body Reveals' 참고). 극적인 삽화로 가득한 글이다.

Kroeger, Otto, and Janet M. *Thuesen*. Type Talk. New York: Dell Publishing, 1988.

개인의 취향과 경향을 이해하기 위해서 거의 유비쿼터스적인 (비즈니스에서) Myers-Briggs 방법에 관하여 대중적으로 소개한 글.

Kurtz, Ron, and Hector Prestera. *The Body Reveals*. New York: Harper & Row, 1976.

관찰자가 자신의 몸을 특별한 구분으로 평가함으로써 핵심 이슈들을 결정할 수 있다고 주장하는 예시와 삽화가 가득한 안내서. 사람들이 그들 자신에 대해 말하는 것에 속지 않기를 바라는 코치를 위한 필수적인 글(Keleman의 'Emotional Anatomy' 참고).

Miller, Alice. *The Drama of the Gifted Child*. Translated by Hildegarde and Hunter Hannum. New York: Farrar, Straus, Giroux, 1983. (Originally published as Prisoners of Childhood. Frankfurtam Main, Germany: Suhrkamp Verlag, 1979.)

아동 발달과 외상 분야에서 잘 알려진 저자는, 아마도 오늘날 미국 문화에서 가장 두드러진 정서인 나르시즘과 우울의 뿌리에 대해 설명한다. 주옥같은 책이다.

– *For Your Own Good*. Translated by Ruth Ward. New York: Basic Books, Inc./HarperCollins, 1992.

폭력은 학습된다. 어린 아이들(그리고 그들의 신체)은 학생이며, 잘못 인도한 어른은 선생이다. 부제는 "아이들을 기르는 것의 숨겨진 잔인함과 폭력성의 뿌리"이다. 충격적이며 설득력 있다.

Schutz, Alfred, and Thomas Luckmann. *The Structures of the Life-World*. Evanston, IL: North-western University Press, 1973.

매일의 경험의 구조의 기원과 지속성에 대한 엄격하고 현상학적인 설명. 면밀하게 주장되며, 전문적인(철학적) 독자를 위해 쓰였다.

Solomon, Robert C. *The Passions*. Notre Dame, IN: University of Notre Dame Press, 1983.

저자는 감정은 우리가 하는 판단이며, 우리를 추월하는 미스테리한 힘이 아니라고 주장한다. 그의 주장을 이해하기 위한 광범위한 배경과 A부터 Z까지 감정을 백과사전으로 나열하여 제공한다. 마지막 부분에서는 많고 일반적인 자기방어의 매커니즘에 대해 제시한다. 작업하는 코치의 책상 및 근처에 본 책이 있다.

Wilber, Ken. *The Atman Project*. Wheaton, IL: Quest, 1980.

심리적이고 영적인 성장 단계에 대한 상세한 조사. 서양의 심리적, 정신분석적 모델과 동양의 영적 전통을 교차 참조했다. 종합적이고 철저하다. 굉장한 양의 참고문헌.

– *No Boundary*. Boston: Shambhala Publications, 1979.

짧고 우아한 글로 인간의 고뇌에 신속하게 도달하고, 이를 처리할 수 있는 많은 실용적 방법을 제시한다. 명쾌하며 친근하다.

07

코칭 대화 기법

인간이 사는 세상에서는 누군가가 말을 하면 무엇인가가 움직인다. 우리의 주의와 에너지는 우리가 보고 듣는 요청과 가능성에 반응하기 위해 집중된다. 인간이 모인 사회는 대화에 의해 만들어지고 유지되며 앞으로 나아간다. 코칭은 그 자체가 여러 가지 대화 유형의 혼합이다. 한 조사에 따르면 클라이언트가 코칭에 가져오는 많은 코칭 주제는 대화가 시작됨으로써 해결 가능한 상태가 되는데, 이러한 경우의 대화는 갈등을 해결하고, 작업동맹을 형성하고, 기회를 열게 하는 대화이다. 이 장에서는 지난 50년간 상황을 나아지게 하는 말하기(speaking)의 연구들을 구체적으로 제시하였다. 이러한 말하기 방법을 배우는 것은 코치에게는 핵심적인 기술이며 사람들과 함께 살고 일하는, 말하자면 우리 모두에게 필요한 기술이기도 하다.

사람들이 가지고 있는 놀라운 맹점 중의 하나는 스스로를 기계적인 세계의 한 부분으로 간주한다는 것이다. 많은 사람이 인간을 일을 하도록 '움직이는' 존재로 보는데, 조직에서는 압박이 결과를 만들어 낸다고 믿기도 한다. 이러한 기계적인 관점의 효과를 확인하기 위해 관계, 팀, 조직을 아무리 연구하여도 이러한 주장을 지지하는 결과를 얻지는 못할 것이다. 이 장은 우리가 그 어느 때보다 다양해진 환경에서 더 많은 성취를 이룰 수 있게 하는 역량에 관한 것이다.

언어 행위론*

이 장의 배경이 되는 이론이 있다. 1950년대에 캠브리지 대학교의 존 오스틴(John Austin)은 간단하지만 심오한 발견을 하였다. 그는 말이 세상을 기술하는 것이라고 생각하던 당시에 말이 또 다른 방식으로 기능할 수 있음을 제안하였다. 말은 말해짐으로써 무엇인가가 발생하도록 만든다. 예를 들어, 우리가 약속을 하는 것은 무엇인가를 서술하는 것이 아니라 무슨 일이 발생하도록 만든다.

이러한 초기의 통찰로부터 많은 연구가 위르겐 하버마스(Jüren Habermas), 찰스 테일러(Charles Tayler), 존 설(John Searle), 페르난

* 역자 주: 인간들이 서로에게 말을 할 때 무엇이 발생하는가를 설명하려는 언어행위이론(言語行爲理論)을 가리킨다. 언어행위이론은 '언어란 무엇인가?'보다 '언어는 무엇을 하는가?'에 초점을 맞추는 언어학의 한 유파이다. 이 이론은 1960년대에 영국의 언어학자들이 창시했는데, 그 중 오스틴과 존 설(John Searle)이 가장 대표적인 이론가들이다.발화 행위는 그것이 한 언어 공동체 안에서 쉽게 이해될 수 있을 만큼 문법적 발화의 생산을 포함한다면 언표내적 행위로서 지칭될 수 있다. 언표외적 행위는 약속하기, 단언하기, 경고하기 등과 같은 것을 포함할 수 있는데, 오스틴은 1000여 가지의 가능한 다른 행위들이 언어로 실행될 수 있다고 주장했다. 오스틴이나 설은 진술(statement)의 두 유형, 즉 현재의 현실을 '진실하게 혹은 거짓으로' 가리키는 유형과 현실에 대해 새로운 감각을 가져오는 유형으로 구별했다. 약속, 경고, 인사 등과 같은 후자의 진술은 그 수신자에게 뭔가 특별한 것을 행한다. 개별 언어 행위는 "뛰어!" 등과 같은 한 단어의 문장처럼 짧을 수도 있고, 그 반대로 얼마든지 길 수도 있다.(출처: 문학비평용어사전)

도 플로레스(Fernando Flores), 촌시 벨(Chauncey Bell), 훌리오 올라야(Julio Olalla), 앨런 시을러(Alan Sieler) 등에 의해 이루어졌다. '화행'—무언가가 일어나도록 만드는 말의 방식—목록은 약속, 요청, 제안, 주장, 평가 그리고 선언이 있다. 이러한 말의 방식이 결합된 대화는 가능성을 탐색하고, 관계를 만들고, 행위를 조성한다. 이러한 활동은 비즈니스에서 성공을 하거나 개인이 자신의 목표를 달성하는 데 필요하다. 화자가 이러한 말의 방식을 구분하는 데 더 정확하고, 유창하고, 엄격할수록 더 오래 지속되는 성취를 구축할 가능성이 높아진다.

의사소통 행위의 원리

의사소통 행위 이론이 전제하는 몇 가지 원리를 설명하는 것으로 시작한다.

- **사람이 말을 하면 그는 어떤 유형의 전념을 하게 된다**
  여기서 전념이란 화자가 기꺼이 하는 어떤 것, 예를 들어 후원하거나, 알리거나, 필요하다면 기초 교육을 제공하는 등과 같은 것을 의미한다.
- **의사소통 행위는 항상 특정한 언어로 특정한 공동체 안에서 일어난다**
  공동체는 공동의 관습과 수행의 배경을 공유하는데, 이러한 배경은 말하기가 이해 가능하게 되는 맥락을 제공한다. 외부인은 말해지는 것의 뉘앙스를 완전히 이해하기 어려울 수 있다. 사전만이 이들을 공동체 안으로 이끌 수 있다. 예를 들어, 'beg'

과 'beseech'는 사전을 찾아보면 거의 같은 의미로 보이나 영어를 사용하는 사람들의 공동체 안에서는 매우 다른 효과를 가져 온다.

- 말하기는 항상 화자를 드러낸다

사람은 입을 열고 어떤 것을 말할 때마다 자신의 걱정, 관심사, 전념, 세계 등을 드러낸다. 말하는 사람의 기분이나 개인사뿐만 아니라 주제의 선택, 성과를 가져오기 위해 필요한 것에 대한 이해, 관련된 지지적인 사람들의 네트워킹 등이 대화에 나타난다. 우리는 단어 뒤에 숨을 수 없다. 자신이 '객관적인 사실'을 보고하고 있다고 생각하는 사람조차도 실제로는 스스로가 적절하다고 느끼는 '사실'을 선택한 것이다. 선택 그 자체는 말하는 사람의 관심사를 드러낸다.

- 말하기는 기계적이지 않다

특정한 성과가 일어나도록 만드는 것은 일련의 단어들을 결합하는 것의 문제가 결코 아니다. 동일한 말이라도 다른 청중에게 다른 시점에서 다른 강조점을 두어 말하면 다른 성과를 가져온다. 사실 우리 모두는 이것을 알고 있고, 자신이 얻고 싶은 중요한 무엇인가를 요청할 때에는 신중해진다. 예를 들어, 친구 집에 가서 자고 싶은 아이가 기회를 요청하는 것을 주목해 보라. 아이는 부모가 기분이 좋거나 자신에게 특별한 애정을 보여 줄 때 요청을 한다. 다른 말로 하면, 효과적이기 위해 화자는 말하는 사람이 어떻게 들을 것인가를 고려해야 한다.

이것은 우리가 발표를 준비할 때에는 문제가 되기도 하는데, 우리는 청중을 알지 못한다. 우리가 말하고 있는 것에 청중은 어떤 질문, 걱정 또는 역사적인 배경을 연결시킬 것인가? 우리가 이것을 알지 못한다면 우리가 발표하는 것이 청중이 듣고자 하는 것과 맞아떨어지지 않을 가능성이 높을 것이다.
독자의 경험을 떠올려 보는 것도 유익하다. 생화학자들이 함께 하는 모임에 들어가서 그들이 무엇을 말하고 있는지 들어본 적이 있는가? 당신이 과학자가 아니라면 이해가 되지 않는다. 말문이 막히는 것은 그 모임에서 당신은 이해할 수 없는 것을 그들은 열정적으로 말한다는 것이다.
다음으로 당신이 어떤 것으로 인하여 기분이 좋았던 때를 기억해 보자. 그것 자체는 기분 좋게 하는 것이 아니다. 당신이 있는 세상과 당신 자신의 관심이 그것을 기분 좋게 느끼도록 만든다. 그것이 책이어서 당신이 책을 읽고 있다고 생각해 보면 분명해진다. 그러나 대화나 모임의 상황에서는 매우 다른 양상이 펼쳐진다. 코치로서 우리는 클라이언트에게 중요한 어떤 것을, 설령 우리는 그렇게 느끼지 않더라도 묵살하지 않는 것이 핵심적이다.

- 말하기와 듣기는 항상 동시에 일어난다

사람은 다른 사람이 없이는 존재할 수 없다. 우리의 경험을 세밀히 연구해 보면, 우리가 말할 때 우리는 또한 듣고 있음을 알게 된다. 그리고 우리가 듣고 있을 때 우리 자신에게 말하고 있다(우리는 말하면서 생각하고 있고, 판단을 하면서 들으며 동시에 말하고 있는 것에 대한 결론을 내린다). 이 두 현상은 분리될 수 없기 때문에 화자가 좋은 청자가 되는 것이 핵심인데, 대화의 과정에서 그들이 말하고 있는 것의 형태, 강조 그리고 내용을 옮길 수 있기 위함이다. 청자로서 우리에게 말해지는 것에 우리가 첨가할 것을 메모해 두는 작업도 매우 중요하다. 우리가 더 조용하고 감수성이 예민할수록 우리는 더 많이 들을 수 있고 이해할 수 있게 된다.

대화의 움직임

단어와 구절이 대화에 나타나더라도, 이를 연구하기 위해 처음에는 맥락에서 단어와 구절을 분리하여 해부학적으로 살펴보는 것이 필요하다. 이러한 방식은 의대생이 다리를 연구하는 방법으로, 마치 엉덩이와 무릎이 붙어 있지 않은 것처럼 다리를 이루는 요소들을 구분하여 관찰한다. 이 방식은 연구를 시작하기에 좋은 방법이지만, 이 외에도 여러 가지 방법이 있을 수 있다.

각각의 언어 행위는 다른 기능을 한다. 요청, 약속, 제안, 주장, 평가 그리고 선언을 각각 자세히 살펴본다. 이 언어 행위는 다년간의 연구가 축적되어 있지만 여기서는 꼭 필요한 만큼만 개관을 할 것이며, 이 정도면 코치가 대화를 통한 작업을 잘 할 수 있게 되는 데 충분할 것으로 생각한다. 더 많은 연구를 찾아보고 싶다면 이 장의 마지막에 제시된 문헌을 참조할 수 있다. 언어 행위들을 각각 개별적으로 살펴보고 자연스러운 대화의 과정에서 한꺼번에 살펴본다.

요청

모든 대화의 움직임처럼 요청은 발언이며, 공적인 사건임을 의미한다. 듣는 사람에 의해 그렇게 해석된다면 요청으로 간주할 수 있다. 요청은 구두로, 글로, 전자메일로, 신체의 신호 등으로 만들어질 수 있다. 그러나 내가 어떤 것을 머릿속으로 강렬하게 원한다고 해서 적어도 두 사람, 나와 누군가에 의해 공유된 세계로 그것(내가 원하는 것)이 들어갈 수 있을 때까지는 요청이 만들어지지는 않는다.

여기서 연구하는 모든 언어 행위와 마찬가지로 요청은 일종의 전념이다. 요청자는 일정한 시간 안에 성취되어야 할 특정한 성과에 전념하는 것이 전제된다. 사람은 누군가가 잠정적으로 요청이 될 수 있는 것을 말하지만 그가 충분히 전념하지 않고 말하는 것처럼 느낀다면, 그의 말을 진지하게 받아들이지 않는다. 이러한 상황은 공항과 같은 공공장소에서 볼 수 있다. 부모는 아이에게 조용히 하도록 요구하지만 아이는 즐거운 듯이 활동을 계속 한다. 회의에서도 비슷한 상황이 일어나는데, 누군가가 우리에게 보고를 요청했는데 그들의 요청이 형식적인 것으로 간주되면 우리는 그 요청에 대해 어떤 행위를 취하지 않는다.

요청의 요소

요청자의 전념이 적절히 있다고 했을 때, 다음에 기술된 요소가 있어서 듣는 사람에게 발언이 타당한 요청이라고 해석될 수 있어야 한다.

1. 화자:

요청에는 요청을 하는 전념하는 사람이 있어야 하고, 명확한 질문 형식의 요청을 받아들일 사람이 있어야 한다는 요소는 분명해 보인다. 하지만 많은 관리자가 다음과 같이 말하면서 뒤로 숨는다.

"경영진은 당신이 공지한 시간 10분 전에 도착하기를 요청합니다." 이 소식을 듣는 사람은 누가 그 말을 했는지, 맥락은 무엇인지, 이 요청은 예전과 비교해서 무엇이 중요한 것인지 등을 알 수가 없다. 당신도 알아차렸듯이, 이러한 말은 회사에서 약간의 오해나 해를 불러일으킬 수 있다.

2. 청자:

요청은 관계 안에서 일어난다. 이 관계의 최소한의 조건은 화자와 청자가 같은 언어를 사용하고, 최소한 서로가 다른 사람이 말하는 것을 어느 정도는 이해할 수 있어야 한다는 것이다. 발언은 청자에 의해 요청으로 해석될 때 요청이 될 수 있다. 도쿄에서 군중을 향하여 크로아티아어로 소리를 치는 것은 아마도 화자가 요청을 했더라도 요청으로 들리지 않는다.

현실에서는 잘 일어나지 않는 것을 말하고 있는 것이 아니다. 비즈니스에서 마케팅 부서가 연구 부서에 두 부서 간에 통용되기 어려운 언어로 요청을 하고, 결국은 상당한 낭비를 발생시키는 일이 얼마나 자주 일어나는가? 가정에서 부모는 십대 아들에게 분명하게 요청을 하였다고 생각하나 그 아들은 어른이 불만을 이야기하거나 잔소리 한다고 듣는 경우가 얼마나 흔한가? 듣는 사람이 우리가 말한 것을 행위로 옮길 때까지는 강력한 요청을 하지 않은 것이다. 우리의 명료함은 좋은 것이지만 안타깝게도 그것만으로는 행동이 일어나지 않는다.

3. 미래의 행위:

요청은 미래에 대한 것이다. '당신을 어제 점심에 초대하고 싶다.'

라는 말은 이해가 불가능하다. 이 점은 분명하다. 요청은 행위로 옮길 수 있어야 한다는 것, 즉 청자가 요청된 것을 이행하기 위해 무엇인가를 할 수 있어야 한다는 점이 사람들이 종종 놓치는 부분이다. "이것을 내가 이해할 수 있게 하시오."라거나 "나를 행복하게 할 무엇인가를 해 보시오."와 같은 발언은 행위로 옮기기 어려운 요청이다. 왜냐하면 발언에는 명료함이나 행복을 가져오기 위해 할 수 있는 어떤 행동이 제시되지 않았기 때문이다. 사람은 상황을 특정한 방향으로 변화시킬 수 있다. 그러나 요청의 이행은 어떤 것을 이해하거나 행복하다고 느끼길 바라는 요청자가 제시한 행위를 듣는 사람이 하는 것이다.

이 시점에서 청자가 대화에서 나온 요청을 흘려듣고 아무런 행위도 취하지 않을 때 얼마나 많은 좌절이 일어나는지 살펴볼 수 있다. 어떤 조직이나 가정에서는 상사나 부모가 하는 요청은 마치 권위에는 누군가가 무엇을 할지를 이해하도록 만드는 힘이 내재되어 있는 것처럼, 심지어 요청자조차도 그게 무엇인지를 잘 모르더라도 어떻게든 부하 직원이나 아이들에 의해 요청이 수행되어야 한다고 주장한다.

4. 만족을 위한 조건:

모든 요청에 담긴 것은 특정한 조건이 충족되면 요청자는 만족한다는 약속이다. 우리의 요청이 이행되었음에도 요청자인 우리가 만족하기를 거부한다면 우리는 사람들을 멀어지게 만들 수 있다. 우리의 불만족은 자신의 공적인 정체성을 변화시키고, 얼마 지나지 않아 사람들은 그러한 요청을 이행해야 될지도 모르는 우리와의 대화를 피하려고 할 것이다. 회사와 가정에서 일어나는 많은 감정적 혼란은 요청자가 만족하지 않아서 생기는 경우가 흔하다.

불행하게도, 오늘날의 문화에서는 불만족이 때로는 세련됨이나 높은 기준을 타협하기 싫어하는 의지의 표시로도 받아들여진다. 그럼에도 불구하고, 불만족한다는 것은 우리가 요청한 것을 만족시키려는 다른 사람의 의도를 우리가 좌절시키는 것이며 이로 인해 감정적/관계적 상처는 일어난다. 예로 당신이 어린 아이에게 물을 갖다 달라고 요청했는데 아이가 약간 깨끗하지 않은 물을 가져왔다고 생각해 보자. 당신은 어떻게 반응하겠는가? 당신의 반응은 관계에 어떤 영향을 미칠 것 같은가? 스스로를 위하여 검토해 보길 권한다. 이러한 비슷한 역동은 직장에서 하루에도 여러 번 일어난다. 대개 조직의 분위기는 상사가 기꺼이 만족하는가에 의해 만들어진다고 할 수 있다.

강력한 요청을 하기 위해서는 요청자가 무엇을 요청할 것인지 분명히 해야 한다. 가능성을 탐색하고 있는 대화를 하고 있다가 내가 "음, 몇 가지를 함께 검토하여 생각해 봐야 할 것 같습니다. 다음 주에 다시 만나서 당신이 무엇을 찾았는지 말해 주세요."라고 말했다고 생각해 보자. 전혀 다른 말을 할 수도 있다. "다음 주까지 내가 기뻐할 만한 것을 가지고 오세요." 권위 있는 자리에 있더라도, 자신의 요청에 대한 만족의 조건이 청자에게 확실히 전달되었는지를 확인해야 한다.

5. 시간:

각 요청에서 화자는 요청의 이행이 완료되는 시간을 명확히 한다. 엄밀히 말하면 시간은 만족의 조건 중에 하나일 수 있다. 그러나 하나의 요소로 구분하여 살펴볼 가치가 있다. 대개 시간은 날짜와 시간으로 말해지는 게 바람직하다. 어떤 맥락에서는 '지금 즉시'나 '가능한 한 빨리'가 합리적인 시간에 대한 요청일 수 있다. 하지만 여러 가지 일을 다루는 일상의 복잡함 속에서는 우리가 어떤 것을 언제까지 달성되기를 요청하는지를 정확하게 말하여 청자가 요청에 대하여 적합한 반응을 할 수 있게 하는 것이 가장 좋다.

6. 명백한 배경 공유:

같은 언어를 사용하는 공동체에서 사람들은 '모든 사람이 다 아는' 상식을 상당히 공유하고 있고, 이는 모든 요청의 배경이 된다. 요청의 모든 부분을 자세히 구체화하는 것은 불가능하다(어떤 정부의 계약은 이것을 시도하려고 하더라도). 예를 들어, 우리가 친구에게 물 한잔을 달라고 요청하더라도 깨끗한 새 잔에 마실 물을 달라고 구체화하지는 않는다. 우리는 친구가 티스푼에 진흙탕 물을 가져오면 놀랄 수 있다.

명백함의 배경은 매우 거대하고, 관련 지식은 매일의 관행에 녹아들어 있어서 완전히 분명하게 표현할 수 없다. 결론적으로, 우리는 요청을 하기 전에 청자의 세계를 충분히 이해해야 한다. 아마도 문화가 매우 다른 나라에서 음식을 주문하였는데, 당신이 주문한 것과 전혀 다른 것이 나와서 놀라는 어이없는 실수를 한 적이 있을 것이다. 저자는 파리의 커피숍에서 '레귤러' 커피를 주문하고서는 종업원이 가져온 것을 보고 화를 내는 미국인들을 많이 보았다.

7. 가정된 역량:

요청자로서 우리는 요청을 받는 사람에게는 요청을 수행할 역량이 있다고 가정한다. 세 살짜리 아이에게 공항까지 차로 운전해 달라는 요청은 하지 않으며, 신참 인턴에게 심장 수술을 맡기지는 않는다. 때로는 우리가 요청을 할 때까지 누군가의 역량을 알지 못하다가 요청을 하고 나서야 그 결과를 알게 된다. 청자는 요청을 이행하기에 부적절하다고 느껴서 두렵거나 불안하고 불편해질 수 있다. 때때로 이러한 불편함은 청자의 자기-의심으로 이어지기도 한다. 흔히 우리가 누군가의 현재 역량을 넘어서는 어떤 것을 하도록 요청했기 때문에 종종 이러한 상황이 벌어진다. 그러한 상황에서 더 강력하게 요청하는 것은 도움이 되지 않는다. 당신은 뭘 해야 하는지 모르는 사람에게 힘껏 고함을 칠 수 있기는 하다. 그들의 기술은 쉽게 향상되지 않으며, 정서적인 압박은 흔히 자신의 능력을 넘어서는 방식으로 일을 하는 사람에게 큰 실수를 초래하게 하는 원인으로 작용하곤 한다.

8. 성실성:

우리가 자각을 하지는 못하더라도 누군가가 우리에게 무엇인가를 하도록 요청할 때마다 우리는 화자가 얼마나 진지한지를 평가한다. 특히, 우리가 바쁘거나 해야 할 일이 많을 때 화자에게 요청이 얼마나 중요한지를 판단하면서 듣는다. 그것이 요청자에게 사소하거나 절차적인 것 같으면 하고 싶은 마음이 그다지 들지 않는다.

이러한 상황은 조직에서는 매우 빈번하게 발생하는데, 어떤 활동에 전념하고 있지 않은 사람은 요청의 행위적인 요소를 다른 사람에게 떠넘긴다. 요청의 형태가 모든 측면에서 완벽하더라도 화자가 개인적으로 성과에 전념하지 않는다면 청자는 이를 감지할 것이고 자신의 전적인 전념을 망설인다. 이러한 작은 통찰이 당신이 어떤 것을 하도록 요청했는데 청자가 해내지 않았을 경우를 설명할 수 있을 것이다. 누군가와 잠시 있어 보면 그가 말하고 있는 것에 얼마나 전념하고 있는지를 쉽게 구별할 수 있다. 요청을 하는 화자가 단순히 의사를 전달한다면 의도된 결과가 이루어지지 않아 실망하게 될 가능성이 크다.

앞에서 기술한 성실성의 측면은 연구가 거의 이루어지지 않은 말하기의 측면을 선명하게 제시하고 있다. 많은 사람이 언어는 우리가 현실을 서술하기 위해 사용할 수 있는 쉬운 도구라고 생각할지 모른다. 그러나 오히려 언어는 모든 상황에서 인간이 함께 행위를 조성할 수 있고, 세상을 함께 만들어 나갈 수 있는 공유된 세계를 만드는 방식이다. 말의 의미나 문장의 구조 뒤에 숨으려는 시도는 화자를 감추기에 충분하지 않을 것이다. 화자인 우리가 어느 수준인가는 말할 때마다 드러난다.

9. 생략된 어떤 것:

요청은 항상 지금은 존재하지 않는 어떤 것에 관한 것이라는 점은 분명한데, 생략된 것이라는 것은 이 점을 의미한다. 이미 서 있는 사람에게 서 있으라고 요청하지는 않는다. 요청의 이러한 요소에 대한 추가적인 배경이 있다. 생략된 어떤 것은 화자가 제기할 수 있는 어떤 유형의 활동이나 성과이어야 한다. 어떤 사람에게 해가 더 일찍 뜨게 만들라고 하거나 조류의 흐름을 바꾸라고 요청하는 것은 터무니 없는 것이다.

생략된 어떤 것을 세밀하게 구체화하는 것은 청자가 자신의 현재 기술의 수준, 관여하고 있는 다른 활동을 고려하면서 자신이 요청을 이행할 능력이 있는지를 판단할 수 있게 촉진한다. 흔히 권위 있는 자리에 있는 사람들은 매우 모호한 요청을 하는데, "이 거래가

10년 후에도 관련된 모든 사람을 행복하게 하는 방법인지 확인하시오."와 같은 말을 한다. 권위 있는 사람이 그것을 이행해야 한다고 느끼는 누군가에게 이러한 방식으로 지시를 하면 요청을 통해 전달되어야 하는 '어떤 것'을 관련된 모든 사람은 알지 못하는 상태가 된다. 결과적으로, 많은 거짓 시도가 시작되고 타임라인은 누락되며, 의심할 바 없이 시간, 돈과 다른 자원들이 상당히 낭비될 것이다.

10. 토큰:

토큰은 컴퓨터 이론에서 등장한 단어로, 요청의 수송 수단을 의미한다. 구두, 글, 전자정보, 신체 언어 등 모든 것이 요청을 만드는 방법이 될 수 있다. 요청의 수송 수단은 일반적으로 공유된 공동체에서는 요청의 수송 수단으로 인정되는 것이어야 함을 기억하는 게 중요하다. '당신이 알아야만 하는' 또는 '나는 요청하지 말았어야 했는데'와 같은 발언은 도움이 되지 않는다. 아마도 화자가 부적절한 행위를 했다거나 태만했다는 것을 암시할 수 있다.

일상에서 사건은 종종 반복되어 일어나고, 어느 정도는 공통된/표준적인 면이 있어서 그 사건에 대한 요청을 하는 것이 단순한 골칫거리 정도이기도 하다. 그러나 관계의 초기 또는 활동이 특별히 중요하거나 특별한 조건이 있다면, 이러한 경우의 요청은 완전한 형태를 갖추는 것이 중요하다.

〈표 7-1〉 요청의 요약

화자의 의도	누군가가 행위를 함으로써 구체적인 결과가 성취되길 바람
화자의 말에 내재된 책무	첫째, 요청은 청자가 이해할 수 있게 하기. 둘째, 결과가 성취되었을 때 만족하기
핵심 요소	화자 청자 미래의 행위 만족을 위한 조건 시간 명백한 배경 공유 가정된 역량 성실성 생략된 어떤 것 토큰
예	• "보고서를 완성하여 금요일 오후 5시까지는 메일로 나에게 보내 주세요." • "그 작업이 15번째에 이행될 수 있게 하기 위해 당신이 나에게 보낸 계획서를 수정하기를 요청합니다." • "금요일 밤 저녁식사에 당신을 초대하고 싶습니다."

약속

요청이 구체화되었을 때와 같이, 약속은 화자가 스스로 행위를 하겠다고 결심하는 언어 행위이자 발언이다. 약속의 요소는 요청의 요소와 정확히 일치한다. 유일한 차이는 실행하는 행위를 하는 사람이 화자라는 것이다. 약속은 요구에 응하는 것이 아니라 요청과 함께 가는 것이며, 요청에 담긴 의도의 실현을 위한 진솔하고 개인적인 공약이다. 명령/지시의 역할, 절차, 지휘 계통으로는 약속을 만들 수 없다. 단지 개인이 할 수 있는 것이다. 이 점을 분명히 하는 것이 어떤 것을 하기로 하고 하지 않는 것에 대한 변명과 오해를 막을 수 있다. 물론 요청에는 청자가 아니오 라고 말할 수 있는 여지가 있어야 한다. 그렇지 않다면 상황은 강요나 순종의 경우이며, 전념은 아니다. 이후에 대화의 과정에서 이 점을 다시 살펴보게 될 것이다.

〈표 7-2〉 약속의 요약

화자의 의도	요청자와 공유한 상호 관심사를 다루기 위하여, 우리가 다른 사람들과 공유하는 우려사항을 해결하기 위하여	
화자의 말에 내재된 책무	명시된 조건을 충족시키기 위해 초기에는 몰랐더라도 필요한 모든 행위를 취하는 것	
핵심 요소	화자 청자 미래의 행위 만족을 위한 조건 시간	명백한 배경 공유 가정된 역량 성실성 생략된 어떤 것 토큰
예	• "배정된 예산을 그 프로젝트에 사용할 것을 약속합니다." • "월요일 아침 9시까지 그 소프트웨어의 설치를 완료하겠다고 분명히 말씀드리겠습니다." • "대화를 계속 하기 위하여 정오에 컨퍼런스 실에서 당신을 만나겠습니다."	

제안

제안은 우리가 거의 매일 하고 있는 언어 행위이다. 제안은 약속과 요청을 혼합한 것이다. 간단한 예로 비즈니스 제안서가 여기서는 특정한 행위를 하여 어떤 성과를 가져올 것이라는 약속이 담겨 있고(이것은 약속의 부분이다), 우리가 구체화한 경제적 보상을 상호 교환하는 방식으로 만들어진다(이것은 요청의 요소이다).

제안은 코칭에서 몇 가지 측면과 관련하여 특히 중요하다. 첫째, 코치로서 우리의 제안이 무엇인지를 분명히 말할 수 있는 것이 중요하다. 제안은 클라이언트에게 매력이 있고, 코칭 계약을 합의하기 위해서 우리는 코칭 과정을 통해 만들 수 있다고 약속할 수 있는 결과가 무엇인지를 분명히 말해야 한다. 포괄적이고 상투적인 언어로 이러한 약속을 하는 것은 클라이언트가 우리와 코칭을 함으로써 얻을 수 있는 독특한 경험과 가치를 보여 주지 못한다.

제안의 영역은 많은 코치(많은 사람)가 그들이 무엇을 제공하는지를 자신의 언어로 말하는 데 상당한 어려움을 느끼게 하기 때문에, 반면에 대개 자신의 코칭 서비스에 대하여 얼마나 청구할 것인지를 작성하는 것은 상당한 도전이기에 비옥한 영역이 될 수 있을 것이다. 당신이 쉽게 볼 수 있는 자기-이해, 명료함, 클라이언트의 흥미에 대한 지식, 자기가치의 쟁점 등은 모두 코치의 능력으로 변화시킬 수 있으며 제안을 할 수 있는 영역임을 의심할 바 없다.

제안을 하는 것은 또한 클라이언트에게도 앞에서 언급한 여러 가지 이유로 중요하다. 많은 클라이언트가 시장에서 스스로를 마케팅하는 방법을 찾아야 하는 기업가는 아니더라도, 대신에 그들은 승진이 되기를 기대하는 관리자이거나 친밀한 관계를 만들고 싶은 싱글이기도 하다. 사람들이 자신의 제안을 고안할 때 여기서 기술된 동일한 제약이 나타난다.

저자가 여기서 기술한 개인 내적인 쟁점 외에도 우리가 제안하려는 사람의 관심사를 아는 것이 기본이 된다. 이것은 무엇을 원하는지 묻는 단순한 문제가 아니다. 이것은 느낌의 문제이고, 클라이언트의 세계를 관찰하고, 개인의 삶에서 일어난 실패를 잠재적인 해결책과 연결시키는 것이다. 최근에 상품과 관련하여 가장 유명한 제안은 아이패드, 휴대전화, GPS, 휴대용 노트북, 블랙베리 같은 장비와 관련된 예일 것이다. 애플사의 어느 직원도 사람들에게 어디를 가든 15,000곡의 노래를 가지고 다니고 싶지 않은지 묻지 않았다. 대신에 당신이 "'X'를 할 수 있다면 그 정도의 비용으로 'Y'를 하는 것이 어떨까요?"라는 질문 형식으로 제안을 했다.

다른 말로 하면, 신선한 제안은 사람들이 이전과는 다른 새로운 방식으로 행위하도록 하게 하고, 세상과 다른 방식으로 연결하게 하며, 스스로 새로운 정체성을 만들 수 있게 한다. 마지막 부분은 소셜 네트워크에서 일어나는 제안에서 가장 분명하게 나타나는데, 소셜 네트워크에서는 모르는 사람들과도 아는 사이가 되며 오랫동안 친하게 지낸 사람들을 다르게 인식하게 되는 계기가 생긴다.

독자는 제안과 관련하여 클라이언트와의 코칭 작업에서 많은 상황을 해결해 나가는 자료를 읽었을 수 있다. 앞에서 나왔던 예를 가지고 설명을 해 보면, 승진을 하고 싶어 하는 클라이언트가 있을 때 자신이 할 수 있는 제안을 글로 써 보는 것이 매우 강력한 작업이 된다. 예를 들어, 그녀가 지금 현재 그리고 미래에 이 회사에 가져올 수 있는 가치, 혁신, 헌신, 기술, 유연성은 무엇인가? 이 목록은 조직이 찾고 있고 가치 있게 여기는 것과는 어떻게 어울리는가? 이 글은 회사의 미래에 어떤 일들이 펼쳐질지에 대한 영감을 어떻게 떠오르게 하는가? 미래에 조직이 마주하게 될 어려움과 도전이 무엇인지를 예상할 수 있게 해 주는 직원을 조직은 매우 가치 있게 여긴다. 클라이언트가 자신의 제안서에 이것을 포함할 수 있다면, 그녀는 팀 구성원으로서 대단히 바람직한 인재로 보일 것이다.

이러한 근거가 있으면 클라이언트가 회사에 보상을 요구하고 자신이 회사에 가져올 수 있는 것과 조직이 줄 수 있는 것의 접점을 찾는 게 보다 쉬워진다. 아무 근거도 없는 터무니없는 것으로 보이는 보상 요구 대신에 클라이언트가 분명히 표현할 수 있는 기술, 헌신, 생각의 목록이 보상의 타당한 근거가 된다.

다른 사람의 협력과 관여를 요구하는 어떤 것을 원하는 클라이언트의 경우에도 비슷한 과정이 일어날 수 있다. 잘 만들어진 제안에는 상호의 욕구와 책임의 교차가 어떤 결과를 가져오는지가 가장 세밀하고 구체적으로 담겨 있다.

〈표 7-3〉 제안의 요약

화자의 의도	상호 이익의 파트너십을 만들거나 강화하기 위하여
화자의 책무	약속한 것을 이행하기, 그리고 대화를 했던 상대방에 의해 약속을 이행한 보상으로 제공된 것에 만족하기
핵심 요소	요청과 약속의 모든 요소가 해당함
예	• "당신이 선택한 색으로 집의 외관을 토요일 밤까지 페인트칠 하는 데 1,500 달러의 비용을 제안합니다."
예	• 5월 1일까지 당신을 위해 새로운 부사장으로 적합한 사람을 찾는 데 필요한 비용은 25,000 달러의 비용이 듭니다." • "집에 가다가 당신이 저를 대신하여 식료품점에 들를 수 있으면 당신을 그 근처에 내려줄 수 있습니다."

주장

주장은 대부분의 사람이 언어 그 자체라고 생각한다. 주장은 큰 신호이며, 우리의 주의를 특정한 측면으로 가져간다. 일상의 어법에서 주장은 '사실'로 불린다. 오늘은 목요일이다. 온도는 12도이다. 우리는 서울에 있다. 이 모든 것은 주장의 예이다.

주장은 개인에게 연결되는 것을 피할 수 있다. 움베르토 마투라나(Humberto Maturnana)는 "말해질 수 있는 모든 것은 누군가에 의해 말해진 것이다."라는 유명한 말을 했다. 이 말은 우리가 주장을 할 때마다 우리는 그 주장에 대한 기반을 제공하는 개인적인 전념을 하는 것이라는 의미이다. 주장은 관습적인 세계에 기반하고 있으며 거기에서 토대가 발생한다. 저자가 "오늘은 목요일이다"라고 말하는 것은 영어로 말하고 있고, 영문법을 따르고 있을 뿐만 아니라 요일과 날짜는 역사적 관례에 기초하고 있다. (어떤 주장은 특정한 공동체 안에서만 이해될 수 있는데, "오늘은 목요일이다."는 발언은 현시대의 영어권에서는 이해가 가능하나 중세 시대의 일본인에게는 이해가 불가능한 것이다.) 주장은 결코 단독으로 존재하지 않으며 자명하지도 않다. 그들은 이해될 수 있기 위하여 역사적으로 형성된 맥락을 필요로 한다.

마투라나의 진술은 또한 개인은 모든 진술의 뒤에 있다는 것을 가리킨다. 화자가 무언가를 진술하고 필요하다고 요청되면, 그는 그렇게 말한 합리적인 이유나 근거를 제공한다. 역사적으로 이것이 신문의 앞면과 사설을 구분하는 방식이었다. 신문의 앞면은 의문시된다면 증명될 수 있는 주장이다. 사설은 저자의 관점을 보여주는 것으로, 자신이 말하고자 하는 바에 대한 설득력에 의지한다. 물론 지난 몇십 년 동안 신문에서 이 구분은 뒤죽박죽되어 왔으며, 요즈음에는 무엇이 사실이고, 주장이고, 의견인지 말하기가 어려워지고 있다.

코칭의 세계에서 코치가 주장을 할 수 있는 것은 필수적이다. 코치는 클라이언트가 우리가 진술하고 있는 것의 근거를 들을 수 있고, 다룰 수 있도록 돕기 위하여 관찰에 기반을 둔 주장을 할 수 있어야 한다. 클라이언트가 효과적인 리더가 아니며, 왜 그러한지를 논리 정연한 관찰 결과를 가지고 말하는 것은 강력한 코칭의 순간이 된다. 코치가 근거를 가지고 있지 못하고, 그래서 단순히 의견으로 말한 것이라면 클라이언트는 효과적인 리더란 무엇인지에 대해 관찰할 기회를 갖지 못할 것이며, 그(녀)가 어떻게 할 것인지에 대해 코치에게 기댈 수밖에 없다.

주장을 하는 것은 비즈니스에서도 중심적인 활동이다. 숫자, 통계, 연구 결과를 인용하는 것은 우리의 말에 엄청나게 영향력 있는 힘을 실어 줄 것이다. 탄탄한 증거를 가지고 있는 프리젠테이션을 들었을 때와 의견, 추측, 희망을 들었을 때를 비교해 보자. 당신은 어떤 쪽에 따라 행위할 가능성이 있을 것 같은가?

이 장은 무엇이 진실이며, 무엇을 사실로 간주할 것인가에 대한 인식론적인 토론을 하는 시간도, 장소도 아니다. 우리의 목적은 진술이 상식적인 측면에서 사실로 간주될 수 있는 것이면 충분하다는 것이다. 숙련되고 윤리적인 회계사가 받아들이는 것은 숫자이고, 종합병원의 유능한 직원들에게 보여 주어야 하는 것은 의학 실험의 결과라는 것이 내가 말하고자 하는 예이다. 이러한 집단 밖에서는 소위 사실은 알아들을 수 없는 것이 될 것이다. 그들이 진실을 구별할 수 없다는 것을 의미하는 것이 아니라 진실이 담긴 주장은 특정한 공동체 안에서 유능한 화자에 의해 만들어진다는 것이다.

〈표 7-4〉 주장의 요약

화자의 의도	현상을 정확하게 서술하기 위하여
화자의 책무	서술의 기저를 이루는 필수적인 요인이나 요소를 제공하기 위하여, 이러한 요인이나 요소를 묶어서 서술이 되게 하는 이유/원인과 같은 것을 포함
핵심 요소	특정한 대상, 사람, 사건 또는 처지를 포함하는 조건을 가리키는 공유된 단어
예	• "당신이 가져온 돌은 무게가 27킬로그램이며, 실리콘 30%, 철 60%, 납 10%로 구성되어 있습니다." • "오늘 도쿄에서 폐장한 주식은 32 달러였습니다." • "당신의 혈압은 125에 75입니다."

평가

주장처럼 평가는 서술하기가 매우 쉬운 반면에 적용은 힘들 수 있다. 평가는 다음과 같은 활동, 말하자면 공동체에서 합의된 기준에 근거하여 특정 사건의 상태를 판단하는 작업이다. 평가는 판단이 상황의 바람직성을 포함한다는 면에서 주장과 구분된다. 예를 들어, "아름다운 날이다."는 평가이지만 "오늘은 맑은 하늘에 온도는 15도이다."는 주장이다.

당신은 사람들이 평가와 관련하여 어려움을 경험하는 것을 목격할 수 있을 것이다. 다음은 몇 가지 예이다.

우리는 평가는 단지 개인적인 선호의 표현일 뿐이라고 축소시킨다. 이것은 나는 공유된 표준을 받아들이기보다는 나 자신만의 표준을 따른다는 것을 의미한다. 만약에 내가 읽고 있는 책이 좋은 책이라고 평가하는데, 그 이유가 책이 무거워서 책상 위에 있는 종이들을 눌러 놓기에 좋기 때문이라고 한다면 어느 누구도 이러한 평가를 이치에 맞다고 받아들일 수 없을 것이다.

모든 언어 행위와 마찬가지로 평가는 공유되는 공적인 대화에서 발생하는 현상이다. 결과적으로, 평가가 이해되고 수용되기 위해서는 공동체의 관행에 적합한 방식으로 말해져야 한다. 이것은 작업하기 어려운 점이다. 대중은 어떤 기타 연주자가 환상적이라고 생각할 수 있지만 전문적인 기타연주자 집단에서 그 연주자는 화려하지만 새롭지는 않은, 그 분야에 새로운 무언가를 가져오지는 않은 그리고 단지 기타를 빨리 치는 사람으로 보일 수 있다.

특히, 미국에서는 사람들은 하나의 평가가 다른 어떤 평가와 마찬가지로 좋다고 느낀다. 전화 인터뷰를 하는 쇼나 뉴스 프로그램을 보면 사람들이 동의한다거나 사용해 보니 좋다는 말을 하는 이메일 메시지로 가득한 방송 화면을 보게 된다. 이렇게 말하는 사람들은 품질이 우수한 상품을 구별하는 훈련을 받은 사람들이 아니다. 대신에 사용해 보니 좋다고 말하는 것이다. 특히, 새로운 것이 나오면 그것에 대한 정식교육을 받지 않은 사람들의 관점은 우리 자신에 관한 관점과 크게 다르지 않다.

예를 들어, 사람들이 현대 미술작품이 걸린 전시관에 갈 때 그 작가나 작품, 미술사를 공부하고 가지 않으면 "음, 나도 할 수 있겠는데." (또는 "우리 애가 더 잘 그리겠는 걸.")라고 말하거나 비웃으면서 시간을 보낼 수 있다. 이 말은 완전히 이해될 수 있지만 강력한 평가는 아니다. 강력한 평가는 의사결정을 하게 만들고, 인간 활동의 새로운 지평을 열고, 세계에 대한 새로운 이해를 가져온다.

이 점을 좀 더 분명하게 해 보자. 루브르 박물관을 방문해 보면 우리는 14세기에서 19세기까지의 유럽 미술 작품을 쉽게 감상할 수 있다. 미술사를 공부하지 않으면 우리가 아름답다고 하는 이러한 그림들이 최초로 대중에 보여졌을 당시에는 혹평을 받았다는 것을 알지 못한다. 렘브란트, 엘 그레코, 벨라스케스, 마네, 모네의 작품이 이 현상의 예이다.

새로운 작품이 세상에 선보일 때마다 예술 비평가와 대중은 그 작품을 평가할 새로운 표준을 배워야 한다. 평가는 미술사와 화가들이 풀려고 했던 문제에 친숙한 사람에게는 더 쉽다. 이러한 배경지식이 부족하면 이것은 마치 다른 사람들이 대화하는 도중에 들어가서 몇 마디를 듣고 이 대화의 한 토막에서 무엇이 말해지고 있는지를 이해하려고 하는 것과 같다.

잭슨 폴락의 작품이 내가 여기서 말하고자 하는 것의 좋아하는 예이다. 당신이 폴락의 작품을 본다면, 그 그림은 캔버스에 액체를 흩뜨린 것처럼 보인다. 당신이 그의 작품을 좀 더 깊이 연구해 보면, 그는 새로운 그리기의 방법을 발견했을 뿐만 아니라 안과 밖이 없고 캔버스에는 어떤 선이 없음에도 아름다운—내가 여기서 말하는 것을 증명하는 사람에게서 볼 수 있는—작품을 처음으로 창조했다는 것을 발견할 것이다. 폴락은 불가능하다고 인식되던 난제를 해결했는데, 어떤 선을 만들지 않고도 그림을 그리는 방법이었다. 이 차원에서만 보면 그의 작품은 대가다운 면모가 있다. 개인적으로 봤을 때 그의 작품은 놀라우리만치 마음을 사로잡고 아름답다.

다음으로 평가를 하기 위해서는 해당 분야의 전문 용어에 기반을 두고 관찰을 하는 법을 배워야 한다. 이렇게 하지 않으면 우리는 단지 일반적이고 비전문적인 의견을 가진 사람이 되지만 가족이나 친구들의 대화에서는 괜찮다. 하지만 코칭이라는 비즈니스 세계에서는 평가의 예리함이 핵심이고, 우리의 말은 무용지물이기보다 더 안 좋은 경우가 될 수 있으며, 심지어는 해로울 수도 있다.

나는 배경에 대해서 말하고 있는데, 말하자면 화자는 평가를 할 때 사용하는 표준에 대한 책임을 져야 한다. 우리가 '전문가'라고 부르는 사람들은 해당 활동 분야에서 평가의 표준을 잘 알고 있는 사람이다. 이것은 흔히 일어나는 현상이다. 스포츠 방송을 보면 전문가가 특정한 시점에서 저것은 좋은 드라이브이고, 잘 던졌거나 잘 쐈다고 말한다. 화자는 그 스포츠 활동의 공유된 표준으로 관찰할 수 있는 것을 말하는 것이다. 이것은 아무에게나 올림픽 다이빙 종목에서 어떤 수행이 뛰어난 것인지 말해 달라고 요청하는 것과는 전혀 다르다.

전문가의 세계에도 물론 약간의 문제는 있다. 종종 그들의 평가는 사람들의 실제 세계로부터 격리되어 있다. 워싱턴의 한 주간 이슈에 대한 정치분야 전문가의 말을 들으면서 이것을 떠올릴 수 있는데, 저 사람이 말하는 것이 나와 내 주변 사람들에게 무슨 상관이 있다는 것이지 의아해할 수 있다.

한 분야의 전문가가 다른 사람들에게 말할 때 똑같은 현상이 일어난다. 구분해 보자면, 우리의 삶에 실제적인 영향을 미치지 못하거나 특정활동에 대하여 이해를 할 수 있도록 돕지 못한다는 것이다. 코치가 평가를 할 때 이 점을 유념하는 것이 중요한데, 코칭의 목적과 평가는 코치를 위해 있는 것이 아님을 잊지 않기 위해서이다.

코치로서 우리는 근거가 있는 평가를 할 수 있도록 학습해야 한다. 이렇게 하기 위해서 코치는 해당 분야의 평가 및 관련 용어를 학습하고 사용할 수 있어야 한다. 인간 행동의 모든 분야에서 근거에 기반을 둔 평가를 할 수 있는 지식과 경험의 깊이를 충분히 가지고 있는 코치는 없다. 우리는 회의나 대화가 어떻게 진행되고 있는지에 대해서는 평가할 수 있다. 하지만 비즈니스 전략의 효과, 컴퓨터 코드의 명료성, 체스에서 말을 움직일 때의 장기 결과에 대해서는 평가를 할 수 없다. 실제적으로 말한다면, 모든 코치는 그들이 다룰 수 있는 특정의 제한된 범위를 가지고 있을 뿐이다.

코칭은 클라이언트가 활동을 시작할 때 스스로 평가하는 것을 배울 수 있도록 하는 것이 많은 도움이 될 수 있다. 예를 들어, 한 사람이 새로운 회사에 들어가서 새로운 업무관계를 맺을 때 더구나 새로운 사업 분야라면 그는 자신이 얼마나 일을 잘하고 있는지 평가할 수 없을 것이다. 그러나 코치가 관찰하고 평가하는 기술을 가지고 있다면 클라이언트가 평가해 볼 수 있도록 도울 수 있을 것이다.

평가에 대한 마지막 포인트는 코치가 질문해 볼 수 있는 가장 강력한 질문의 하나로 "평가의 근거는 무엇인가?"이다. 이 질문은 다소 애매하고 기계적인 방식의 말이다. 이 질문과 비슷한 생각일 수 있는데, 코치가 흔히 묻는 것이 "당신은 그것을 어떻게 알게 되었는가?"(이것은 나에게는 활동에 대한 평가를 하는 기준에 대하여 질문하기보다는 앎의 가능성에 대한 좀 더 포괄적인 질문인 것처럼 보인다.)이다. 평가의 근거는 비약적으로 결론에 도달하게 할 수도 있는데, 두려움이나 신경증적인 패턴이나 선입견 때문에 비약적이 될 수 있다. 코칭은 코치가 차분하고 현재에 있기를 요구하며, 지금 이 순간에 있는 관찰이나 평가인지, 아니면 과거에 기반을 둔 반응인지를 구별할 수 있기를 요구한다. 이 두 현상은 다르며, 코치는 그 둘을 구분할 수 있는 게 핵심이다.

〈표 7-5〉 평가의 요약

화자의 의도	해당 주제에 대한 의견이나 판단을 제공하기 위하여
화자의 책무	요청되어지면 근거를 제공하고, 그러한 의견이나 판단을 내리게 된 것이 무엇인지를 밝히기
핵심 요소	해당 영역에서 널리 받아들여지는 언어와 관행을 사용하기
예	• "이 조각상을 조사해 보니 이것이 진짜 로뎅의 작품이라는 게 제 의견입니다." • "이 회사의 재무를 조사했을 때, 이 주식을 살 가치가 있다는 게 제 의견입니다." • "내가 학교를 방문해서 교사, 학생, 학부모들을 만났을 때 이 학교는 우리 아이들을 위해서 좋은 선택이 될 것이라고 생각했습니다."

선언

마지막으로 살펴볼 언어 행위는 선언이다. 선언을 한다는 것은 자신에게 일어날 수 있는 어떤 일을 위해 노력하겠다는 것이며, 실현가능성을 높이기 위해 자신의 삶과 환경을 조성하는 행위를 기꺼이 하겠다는 것이다. 선언은 새로운 행위의 가능성을 열기 때문에 매우 강력하다. 예를 들어, 미국에서 독립 선언이 실현되었다. 이 세기의 끝에 사람은 달 위에 있을 것이라는 케네디의 선언과 흑인과 백인은 남아프리카에서 평화롭게 함께 살 수 있다는 만델라의 선언은 세상을 바꾼 선언의 다른 예이다.

선언은 가능성을 개척하는데, 가능성은 행위로 채워져야 한다. 제퍼슨, 케네디, 만델라가 말만 하고 선언과 일치하는 행위를 하지 않았다면 그들의 말은 영향을 주지 못했을 것이다. 동시에 선언이 없는 행위는 무작위이거나, 반응적이거나, 초점이 없을 수 있다. (당신은 지저분한 차고나 다락방을 서성이면서 물건들을 훑어 본 다음 대충 다른 곳으로 물건들을 옮긴다. 그렇게 두세 시간이 지난 다음 주위를 둘러보면 변한 게 아무것도 없다는 것을 발견한 적이 있는가? 이것이 선언을 하지 않고 살아가는 우리의 삶과 비슷하다.) 코칭 프로그램의 진정한 작업은 코치와 클라이언트 모두가 성과를 달성하도록 노력하겠다고 선언하면서 시작된다.

선언은 우리가 생각하고/느끼는 무엇이 우리에게 가능한지에 대한 경계를 만든다. 우리는 대개 이 경계 밖으로 나가서 길을 벗어나지 않는다. 때로 우리의 삶이 이 경계 밖으로 나가도록 강요해도 말이다. 클라이언트는 코치에게 "나는 … 하는 사람이 아니다."라거나 "나는 … 하는 사람이다."라고 말하면서 선언된 경계를 한다. 이러한 구절이 사실은 선언—가능한 것에 대한 진술—인데, 주장이나 평가로 오해된다. 여기에는 증거가 될 만한 근거도 없고 화자의 권위로서만 배타적으로 타당성을 얻는다.

자신 이외에 다른 어느 누구도 스스로를 위한 가능성을 선언할 수 없다(부모, 배우자, 상사가 아무리 노력하더라도). 자신만이 살아있는 동안에 그리고 자신의 삶에서 스스로 가능성에 헌신할 때만 가능성을 실현시킬 수 있는 권위 있는 화자가 된다. 코칭의 힘은 상당 부분이 클라이언트가 의도적으로 선언을 하고 반응하는 것에서 삶으로 신중하게 걸음을 딛고, 한 사건에서 다음 사건으로 나아가는 것으로부터 나온다. 선언이 없는 삶은 강물에 떠내려가는 빈 병과 같아서 우리의 삶이 어떻게 나아갈지에 대하여 어떤 것도 말할 수 없다.

일부의 사람들이 주장하는 것과는 반대로 코치는 현실을 선언할 힘을 가지고 있지 않다. (이번 주에 경마장에 가서 스스로 확인해 보라.) 그러나 우리는 우리가 관심을 가지는 것, 우리가 헌신하기로 한 것, 어떤 어려움에도 불구하고 진실의 편에 설 것이라는 것을 말할 기술을 가지고 있다. 내게 인간의 의미는 개인적인 헌신으로부터 선언이 흘러나오고, 그것은 성공을 넘어서는 것이다. 우리가 원하는 것을 얻는 것은 종종 유리한 환경의 문제일 수 있다(우리가 예약한 비행기는 폭풍이 오기 전에 탑승하지 못했는데도 이륙할 수 있다.) 그리고 결과는 우리와 실제로는 관계가 없을 수 있다. 나는 이것을 매우 아름다운 영화배우를 보면서 그녀가 사실은 아름답기 위해 어떤 것도 하지 않은 걸 보면서 배웠다. 그래서 대중의 찬사와 그들의 순간적인 성공에는 그녀와는 어떤 관계나 의미가 없다고 느꼈다.

우리가 선언한 것을 삶의 중심에 놓고 그에 따라 살면 우리의 삶은 호흡에서, 활동에서, 대화에서, 관계에서 그 의미로 가득 채워진다. (복권 당첨이 마치 이와 같이 환상적으로 보이지만, 많은 연구를 보면 당첨자의 삶에는 그다지 질적인 차이가 없었다.) 우리가 자신의 의미, 가치, 소속감을 결정하고, 우리가 무엇이 되느냐는 우리가 만들고 지키고자 하는 선언의 문제이다.

선언은 역사적인 환경과 과거의 제한으로부터 우리를 자유롭게 하는 언어 행위이다. 선언은 미래는 아직 쓰이지 않았음을 기억하라고 대담한 방식으로 호소한다. 선언으로는 중력을 변화시킬 수 없고, 우리의 키를 바꿀 수 없으며, 물을 끓이는 데 걸리는 시간을 변화시킬 수 없다. 하지만 선언을 솜씨 있게 사용함으로써 우리 자신을 바꿀 수 있다. 선언이 우리 자신과 우리의 활동을 형성할 수 있는 어떤 힘을 갖기 위해서는 우리가 느껴야 하고 진실한 가능성이 있어야 한다. 자신의 심장과 마음과 몸으로 진실로 느끼지 않는 사람을 대상으로 당신의 사랑을 선언하려고 노력한 적이 있는가?

당신이 선언을 할 때 당신의 신체에서 무슨 반응이 일어나는지를 주목하라. 우리의 몸은 우리가 하는 선언이 얼마나 진지한지 우리가 진실로 얼마나 관여하는지를 매번 말해 줄 것이다. 어떤 주저함, 저항, 후퇴, 차선책에 의한 선언은 우리가 선언에 집중할 때 신체적 반응으로 드러난다. 당신은 이미 이것을 알고 있다. 누군가가 당신에게 선언을 할 때, 당신은 즉시 그것이 터무니없는 말인지 희망적인 생각인지 허풍인지를 당신의 신체가 말할 것이다. 당신의 신체가 당신에게 말하는 것을 깨닫지 못했다 할지라도 다음에는 집중해 보기 바란다. 그러면 당신은 무언가를 발견하게 될 것이다.

〈표 7-6〉 선언의 요약

화자의 의도	가능성을 열기 위해, 닫기 위해 또는 변화시키기 위해
화자의 책무	말해진 것과 일치된 행위를 하기
핵심 요소	권한을 부여받은 화자, 어떤 가능성을 열거나 닫거나 또는 달라지고자 하는지 구체화, 정밀한 방법으로
예	• "다음 의장선거에 후보로 출마할 것을 선언합니다." • "새로운 상품이 유럽 시장에서 팔릴 수 있는지를 탐색하기 위하여 수입의 20%를 사용할 것을 약속합니다." • "나는 앞으로 남은 삶을 의사가 되는 데 헌신하기로 결심했습니다."

선언은 우리 자신과 분리되지 않게 할 때 깊이 뿌리를 내리게 된다. 우리가 우리 자신이나 우리의 관여의 어떤 부분들과도 (필요하다면 우리의 말에도) 선언과 함께할 때 진정으로 새로운 가능성을 만

나게 될 것이다.

지금까지는 언어 행위를 해부학적으로 살펴보았다. 다음에는 대화라는 자연스러운 상황에서 어떻게 일어나는지 살펴볼 것이다.

관계를 위한 대화

모든 대화의 배경에는 관계가 있다. 누군가와 의사소통을 한다는 것은 관계의 최소한의 역치가 존재한다는 것을 의미한다. 예를 들어, 우리가 같은 언어로 말하고 읽기 때문에 누군가가 우리를 보고 우리에게 무엇인가를 말할 때 이해할 수 있다. 만약 당신이 외국에 있다면 내가 말하고 있는 관계의 부족을 느낄 것이다. 그러나 우리가 언어를 말할 수 없고 관습을 알지 못하는 나라에서조차 무엇인지 이해할 수는 없더라도 어떤 것을 호소하고 소매를 잡아끄는 누군가를 돕기 위해 노력하는 인간이기에 갖게 되는 충분히 공유된 관계가 있다.

관계에 대한 이러한 기저선 외에도 사업, 교육, 우정 그리고 코칭 분야에서 우리는 좀 더 의도적으로 작업 동맹을 만드는 것이 필요하다. 모두가 이것을 알고 있지만 조금 더 고찰하고 잘못된 것이 있을 때를 기억하기 위하여 여기서 다루어 보고자 한다. 처음 살펴볼 부분은 관계의 현재 조건이다.

관계는 강요될 수 없다는 것이 첫 번째이다. 우리가 같은 팀이거나 함께 일해야 한다면 이것이 관계에 대한 것을 의미하는 것은 아니다. 사람들은 관계의 상호성에 자신의 의지로 자유롭게 들어가야 한다. 우리가 흥미나 관심 또는 책임을 공유하는 누군가를 만난다고 가정해 보자. 학교 버스를 기다리며 서 있는 학부모들이 다른 학부모들과 대화를 하는 것은 쉬운 일이다. 왜냐하면 부모들은 비슷한 흥미나 관심이나 책임을 가지고 있기 때문이다.

관계의 서로 다른 요소들은 관계의 서로 다른 수준을 제공한다. 공유된 흥미는 서로를 알게 하는 데 촉진작용을 하고 활동에서 우호적인 참여자가 되게 하곤 한다. 스포츠 이벤트나 콘서트에 가 보면 이러한 상황이 일어난다. 우리가 다른 사람과 상호적인 관심사를 발견하면 우리는 좀 더 깊은 관계에 들어가고 우리 자신을 더 개방하며 상대방으로부터 더 많은 것을 들으려고 한다. 공유된 책임은 진정한 파트너십의 근거이다. 왜냐하면 우리가 공유한 책임을 이행하기 위하여 상호작용에서의 모호함이나 오해, 분열을 해결하려고 하기 때문이다.

코치로서 우리는 클라이언트의 관여에 관여하는 사람으로서 우리 자신을 존재하게 한다. 이러한 개방은 코칭의 과정에서 일어나는 불가피한 어려움을 작업할 수 있게 하는 강한 기본이 된다. 이 수준보다 덜한 관계는 근본적인 성과를 가져오는 데 불충분하다.

만약에 클라이언트를 도와줄 수 없는 상황이라고 판단된다면, 코치는 클라이언트와 작업하는 것을 멈추고 다른 전문가에게 의뢰하는 것이 가장 좋다.

최근에 사람들로부터 충분히 지지를 얻지 못하고 살아가는 클라이언트를 찾아보는 일은 어렵지 않다. 사람들은 대부분 사회적 네트워크나 일터에서, 혹은 개인적으로 함께 어울리는 정도의 친구 관계를 맺고 있지만(이들은 서로의 관심사를 공유하거나, 심지어 서로를 배려해 주기도 하지만), 종종 서로에게 헌신하는 친구를 찾기는 어렵다. 이 말은 클라이언트가 어려움을 겪을 때, 선택의 곤란을 느낄 때, 혹은 감정적으로 혼란스러울 때 부담 없이 전화할 사람을 찾기가 어렵다는 뜻과 같다.

전반적으로 코칭 프로그램은 관계를 위한 대화를 기술적으로 이끌어 나가는 능력을 길러 준다. 이러한 능력을 구성하는 요소에는 다음과 같은 것들이 있다.

- 대화 상대와 현재에 머물고 주의를 기울인다. 이것은 대화가 끝난 후에 발생할지도 모르는 자의식적인 내면의 걱정, 자기 비판, 혹은 엉뚱한 추측들로부터 자신을 보호해 준다.
- 서로의 흥미와 관심사 그리고 약속에 귀를 기울인다.
- 말하고 경청하는 비율이 동등한 대화에 참여함으로써 어느 누구가 주도권을 독점하지 않도록 한다.
- 상대방의 말을 판단하는 대신에 상대를 존중하며 그 말에 대한 호기심을 표현한다.

대화를 통해 드러난 적절한 상호수준을 느끼면서 당사자들은 앞으로의 기약과 함께 대화를 마무리하게 된다. 종종 이러한 대화는 다음과 같이 마무리될 수 있다. "미술전람회에 같이 갈래요?" 혹은 "우리 화요일에 만나서 못다 한 이야기를 더 나누었으면 해요." 혹은 "당신과의 대화가 매우 재미있었습니다, 안녕히 가세요."

가능성을 위한 대화

가능성을 탐색하는 대화는 그 유형이 좀 더 많다. 이 대화는 브레

인스토밍과 비슷한 취급을 받지만 그것과는 사뭇 다르다. 가능성을 위한 대화는 관계라고 하는 대화의 배경을 전제로 한다. 우리는 이미 잘 알고 있는 사람들과 가능성을 위한 대화를 하고 있는데, 이들은 모두 흥미와 관심사를 나와 함께 공유하고 약속을 함께 지켰던 사람들이다(우리는 길 가는 사람들을 멈춰 세우고는 기념일에 나의 아내에게 어떤 선물을 사 주어야 할지를 묻지 않는다).

이러한 관계적 배경을 전제로 가능성을 위한 대화는 특정한 한 사람이 주제를 제기하여 다음과 같이 말하는 방식으로 시작될 수 있다. 이 일이 어떻게 될 거 같아요? 어떤 가능성이 있죠? 어떻게 다루어야 하나요? 등과 같이 가능성에 대한 대화는 매우 정상적이고 자연스러운 방식으로 흘러간다. 이 대화가 효과적이기 위해서는 새로운 가능성에 대해 사람들이 주의 깊게 경청하는 민감성을 필요로 한다. 새로운 가능성에서 '새로운'이란 단어는 대화가 이루어지기 전에 이미 존재했던 해결책, 범주, 혹은 결론과는 다르다는 것을 의미한다.

진정한 가능성은 대화에 참여한 사람들이 모두 비판적 태도를 버리고 '맞아, 그렇지만(yes, but)'이란 방식으로 대화를 하지 않을 때 시작된다. 가능성을 위한 대화는 사람들로 하여금 새로운 가능성 발견을 위해 서로 헌신하겠다는 약속 이외에는 그 어떤 것도 강요하지 않는다. 가능성을 제시하도록 이끌어 주는 전제 조건과 관점을 드러내는 대화를 하게 될 때, 이미 제시된 생각에 머물지 않고 그와는 반대로 생각해 보거나 혹은 몇 걸음 더 나아가 사람들의 생각을 끝까지 따라가 보면 어느새 전혀 새로운 생각이 떠오르는 경우가 있다.

대화가 한동안 진행되는 중에 간혹 연상을 통해 다른 길로 벗어날 수 있는데, 이것은 너무 주제에 벗어나지 않는 한에서만 허용되어야 한다. 가능성에 대한 거리낌 없는 대화는 자칫 주제를 잃어버린 채 아무 성과도 얻지 못한 결과를 내기도 한다. 예를 들어, 어떤 사람은 휴가 기간에 어디로 갈 것인지에 대한 가능성을 계속 탐색만 하면서 대화를 끝낼 수 있다. 목적을 잃은 대화는 다음과 같은 경우일 수 있다.

A: 그리스(Greece)에 가 본 적 있니?

B: 아, 참, 〈그리스(Grease)〉 기억해? 존 트래볼타가 주연하지 않았나? 〈토요일 밤의 열기(Saturday Night Fever)〉에도 출연한 것 같기도 한데?

A: 아, 그래, 〈열기〉는 대단한 노래야. 피기 리(Peggy Lee)가 그 노래를 불렀지?

B: 그녀를 생각하면 항상 개구리 커밋(Kermit)과 사랑에 빠진 미스 피기(Miss Piggy)가 떠올라. 개구리들은 너무 재미있어. 올챙이로부터 금방 자란다니까.

A: 인생은 참 빨리 지나가는 것 같애. 왜 그런지 궁금해. 아마도 아인슈타인이 말한 상대성 원리가 적용되는 것 아닐까?

B: 아, 그러니까 생각나는데… 길 모퉁이에 아인슈타인 베이글 가게가 있는데 같이 가서 뭐라도 좀 먹자.

아마 당신은 이러한 비슷한 유형의 대화에 참여해 본 적이 있을지 모르겠다. 가능성을 위한 대화에서는 대화에 제약을 주지 않은 상태에서도 주제를 벗어나지 않도록 대화를 유지시키는 기술과 섬세함이 중요하게 요구된다. 대화의 말미에 결정될 수 있는 가능성

탐색에서 벗어나려는 의도가 지속적으로 유지되면 앞에서 언급한 대화처럼 우리는 길을 잃고 말 것이다.

성공적인 대화는 참여자들이 좀 더 가능성을 탐색해 보자고 결정하거나, 당장 행위로 나아가거나, 아니면 향후 약속을 보장할 수 있을 만큼 충분한 관심사가 반영된 가능성이 도출되지 않았음을 확인하면서 마무리가 된다.

행위를 위한 대화

행위를 위한 대화는 관계를 위한 대화와 가능성을 위한 대화 이후에 따라오게 된다. 관계와 가능성의 대화라는 사전 단계를 무시하게 되면 서로 간에 충분한 시간을 가지고 약속을 하거나 가능한 행위의 방향을 충분히 탐색하는 과정에 기초하지 않은 대화가 이루어지게 된다. 수많은 행위를 위한 대화들이 실패하는 이유는 사람들이 이러한 대화를 역할이나 권력에 기반을 두고 실행하려 하기 때문이다. 부모, 교사, 그리고 직장 상사들은 종종 이러한 실패를 경험하게 된다. 독자들은 사람들이 행위를 약속하기 이전에 그것에 선행하는 탐색의 과정에 참여하게 될 때 그 행위에 더 깊이 헌신하게 된다는 연구 결과들을 잘 알고 있을 것이다.

향후 당신이 가족 구성원이나 혹은 사업팀과 함께 행위를 위한 대화에 참여한다면 현재의 대화가 더 진척되기 위한 기본으로 서로 간의 깊은 관계가 충분히 이루어졌는지, 그리고 가능성이 충분히 탐색되었는지를 먼저 고려해 보는 것이 좋다. 어떤 사람은 행위를 위한 대화는 우리가 요구하는 사항을 좀 더 자세히 설명하는 방식으로 이루어져야 한다고 주장한다. 하지만 이러한 사람들의 말에 현혹되지 않아야 한다. 중요한 것은 우리가 서로 헌신하지도 않고 그 주제에 대해 어떠한 관심도 가지지 않는 사람들에게 행동에 대한 대화를 시도하고 있다는 것이다. 꼭 명심해야 할 사항은 행위를 위한 대화를 시도하기 위해 사람과의 관계를 포기하고 대신 권력이나 지혜에 의존해서는 안 된다는 것이다.

행위를 위한 대화는 다음의 다이어그램 안에 표시되어 있다. 1사분면은 이미 언급한 두 가지의 사전 대화들을 포함하는 준비를 뜻한다. 이러한 사전 대화가 완성되면 이 준비 단계에서는 실행자(performer)가 요청과 약속이 결합된 제안(offer)을 하게 되거나 혹은 수신자(receiver)로부터 솔직한 요청이 제시된다.

다음 2사분면은 두 당사자에게 요청되는 것이 무엇이며, 결국 그 결과로 무엇을 얻을 것인지에 대한 내용을 협상하는 대화를 의미한다. 이 단계에서 요청 혹은 제안을 구성하는 요인들이 수정될 수 있다. 토론할 내용에 대한 시기와 질 그리고 분량은 다르지만 진정한 대화가 되기 위해서는 이러한 변화에 대한 서로 간의 합의가 전제되어야 한다. 정직성, 솔직성 그리고 완전성은 이 대화의 영역에 본질적인 덕목이다. 만약 협상을 시도하는 단계에서의 대화에 이러한 덕목이 전제되지 않는다면 협상 단계에서 다루어질 내용들이 결실을 맺지 못하고 보류되거나, 미루어지거나, 혹은 잘못 제시된 채 그냥 넘어가는 경우가 생기게 된다. 그렇게 되면 이러한 내용을 행위로 옮기고 난 이후에 그 내용들을 변화시키거나 수정해야 할 일이 생길 수도 있기 때문에 상당한 시간적 낭비를 초래할 수 있다. 또한 어떤 요청이나 제안은 단호하게 "아니오."라는 말로 거절될 수도 있다는 사실을 반드시 기억해야 한다.

3사분면은 성과 단계로서 요청이나 제안을 통해 구체화된 모든 필요조건이 주어진 시간 안에서 완수되는 과정이 시작된다. 의심할 것 없이, 이 단계에서는 예기치 못한 실패와 지연이 발생할 수도 있고 복잡한 과정이 생겨날 수도 있다. 때로는 이 자체가 재협상 타이밍이나 또 다른 요청/제안을 의미하기도 한다. 이 단계에서 가장 본질적인 활동은 양 당사자가 변화에 적응할 수 있고 서로의 활동을 조화롭게 협력해 나갈 수 있도록 지속적인 대화를 이루어 가는 것이다.

이 단계에서 특히 주의해야 할 사항은 프로그램이 끝나고 난 후 가능한 한 모든 사람이 함께 만족해야 하며 서로의 관계에서 심각한 상처를 입지 않아야 한다는 것이다. 개인적이며 사업적인 관계가 지속적으로 이어지기 위해서는 지금 설명하는 3단계와 다음 단계인 4단계의 두 요인이 실제로 중요한 의미를 지닌다.

마지막 4사분면은 프로그램 당사자들이 모두 그 결과에 대해 만족감을 드러내는 대화를 의미한다. 만족한 결과에 대한 평가는 실행자 혼자만으로 결정되어서는 안 된다. 이 단계에서는 양 당사자가 프로그램의 결과에 동의하고 프로그램이 완성되었음을 인정하기까지 대화가 계속되어야 한다. 클라이언트를 우선으로 생각하는 마음, 개인에 대한 신뢰, 상호 지지에 대한 느낌 그리고 파트너십과 같은 내용들이 이 마지막 대화 단계에서 기본적으로 다루어지게 된다.

코치에게 있어서 이 세 번째 대화는, 즉 행위를 위한 대화는 탐색과 연구 그리고 훌륭한 이득이라는 실천적 의미를 동반한다. 우리는 생각은 가지고 있지만 실행에 옮기지 못하는 많은 사람을 알고 있다. 여기서 제시하고 토의하는 대화는 실행될 수 있는 방식으로

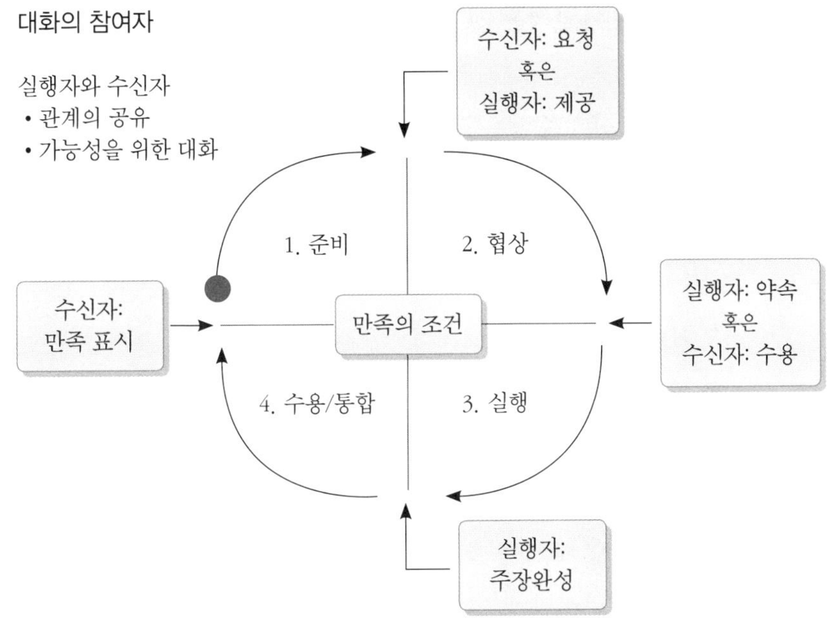

[그림 7-1] 행위를 위한 대화

'행위를 위한 대화' 모형은 저작권자인 Action Technologies and Business Design Associates의 동의를 얻어 인용함

서의 행위를 필연적으로 전제하고 있다. 대부분의 사람은 행위를 위한 대화를 능숙하게 할 수 있는 능력을 지니고 있다. 또한 코칭계약(coaching engagement)이란 코치와 클라이언트가 특정한 시간의 틀 안에서 특정한 성과를 만들어 내기 위한 약속에 함께 헌신하는 행동 사이클의 한 가지 사례라는 사실을 명심해야 한다.

최종적으로 완성된 대화에서 교정과 소통은 본질적으로 함께 동반되어야 한다. 이 장에서는 인간 세상을 형성하고 조정하는 본질적인 요소와 대화에 대해 간략한 사전 준비 형식으로 설명하고 있다. 21세기를 살아가는 모든 성인은 이 세 가지 영역에서 기능할 수 있는 최소한의 능력을 갖추어야만 한다. 그러나 여기서 말한 주제에 대해 가르치는 교육 시스템은 어디서도 찾아보기 어렵기도 하다.

아마 당신은 수많은 코칭과 관련된 쟁점들을 클라이언트가 자신의 경청과 말하기 기술을 통해 쟁점을 스스로 다루고 해결해 나갈 수 있다는 사실을 깨닫고 있을 것이다. 나의 주관적 의견이지만, 코치들 중 일부는 효율적이지 못하고 시간을 낭비하는 방식으로 일을 처리하고 있다. 예를 들어, 클라이언트가 충분히 요청할 수 있도록 도와주는 것이 더 중요한 일임에도 불구하고 코치가 클라이언트의 자존감을 세워 주기 위한 작업에 매진하는 경우 등이다.

대화의 능력을 길러 주는 일은 코치가 할 수 있는 강력한 역할이다. 왜냐하면 코치는 클라이언트 개인의 역사 안으로 들어갈 필요는 없기 때문이다. 그 대신 코치는 클라이언트가 현재 지니고 있는 기술을 확인하고 그 기술을 강화하는 데 집중할 수 있다. 아마도 어떤 이에게는 놀라운 사실이 될 수도 있겠지만, 이러한 대화의 능력을 길러 주게 되면 결국 클라이언트는 자신의 세계에서 공적인(public) 정체성을 형성할 뿐 아니라 자신의 경험에 대한 인식에도 변화를 체험하게 된다. 게다가 코치로서 우리의 말하기와 듣기 능력은 성공을 이루어 낼 수도 있고, 한계를 체험시킬 수도 있다. 어떤 단계에서는 뛰어난 천재 발명가라 하더라도 자신의 생각을 실현시키기 위해서 투자자의 지지를 요청해야 할 때도 있고, 뛰어난 혁신적 예술가라 하더라도 때에 따라서는 자신의 창작에 대해 구차한 설명을 제시해야 할 때도 있다.

유능한 관리자로서 밥(Bob)은 행위를 위한 대화에 있어서는 최고의 기술을 지니고 있었다. 그는 다른 사람의 말을 자연스럽게 이해하는 능력의 소유자이며 필요하다면 자신에게 요청되는 것이 무엇인지를 면밀하게 분석할 수 있는 사람이었다. 그는 자신의 팀원들이 현재 직무와 관련하여 어떤 문제를 겪고 있는지 잘 알고 있었으며, 그들이 새로운 것을 받아들이는 능력이 어디까지인지를 잘 알고 있었다. 밥은 팀원들이 안 좋은 평판을 듣길 원치 않았고, 또한 일을 요청하는 사람들도 실망하지 않기를 바라는 마음에서 무리한 약속은 하지 않았다.

밥은 관리자에서 경영진으로 승진하게 되었는데, 그 결과 현 상황에 대한 객관적인 정보를 넘어서는 사고와 행위 그리고 언변이 필요하게 되었다. 그는 현재의 처지로부터 예측할 수 있거나 확장될 수 있는 정보를 알아내는 수준을 넘어서 더 장기적인 시대적 흐름을 전망할 수 있어야 했다. 밥은 "만약 … 라면?" 혹은 "이런 것은 어떨까?" 혹은 "만약 이 일이 일어난다면 어떤 가능성이 펼쳐질까?" 등과 같은 질문을 제기할 수 있어야 했다. 한동안 밥은 지금 여기서 어떤 일을 실행해야 하는지를 묻는 방식으로 대화를 유지해 나갔다. 이러한 생각과 행위의 습관은 자기이미지와 자신이 생각하는 자신의 공적인 정체성에 깊이 뿌리를 두고 있었다.

반복적으로 코치인 나는 밥에게 이 점에 대해 지적해 주었고, 그가 가능성을 위한 대화에 참여하도록 권유하였다. 가능성을 향한 대화의 첫 단계에서는 사람들과의 대화 내용이 밥 자신에게 그리 중요하지 않은 영역에서 이루어졌다. 그러다 점차 사람들과의 관계에 대한 신뢰가 형성되면서 사람들은 어쩌면 자신의 미래가 될지도 모르는 중요한 영역에서 가능성을 향한 대화를 하기 시작하였다. 사람들과 관계를 만들고 지지기반을 형성하기 위한 대화의 연습은 가능성을 위한 대화가 이루어질 수 있는 능력을 길러 주기 위해 반드시 필요한 첫 번째 과정이다.

당신도 기억하겠지만, 이 대화는 서로의 관심사와 흥미 그리고 약속을 공유하는 사이에서 가능하게 되는데, 밥의 경우에는 지금까지 이러한 관계를 맺은 경험이 없었다. 일단 지지기반인 대인관계 네트워크가 형성되고 나면, 밥에게 있어서 가능성을 위한 대화를 정기적으로 수행하는 것은 훨씬 더 쉬워진다. 또한 타인을 관찰하고 자신을 훈련하는 두 가지 형태의 학습 방법을 통해 가능성의 대화를 배워 나가는 것도 훨씬 더 수월해진다. 마침내 밥은 마땅히 그렇다고 말할 수 없는 그 무엇을 말하는 것에 대해서도 위험을 감수하고 용기를 내어 말할 수 있는 자신감을 가지게 되었다. 그는 자신이 추측하여 말하고 있는 상황과 확실한 약속이나 확신을 기반으로 말하는 상황이 언제인지를 명확히 구분하는 법을 배웠다. 이렇게 자신의 말이 명료한 방식으로 구별된다는 사실을 알게 된 밥은, 이러한 인식은 예전과 다른 결과를 도출하며 조직 안에서 이전과는 다른 새로운 모습으로 인식하게 된다. 자신의 행위에서 놀라우리만큼 자유로움을 얻게 되었다.

▌추천 도서

이 장에 제시된 정보는 수업과 강의 참석을 통해 얻어진 것이며, 그 내용은 저자들에 의해 책으로 저술되지 않았다. 그럼에도 불구하고, 다음에 소개할 책은 본 내용에 대한 견고한 이론의 기본과 실제적으로 적용할 수 있는 예시를 제공하고 있다. 2장 후반부에 제시한 책들 중 상당수가 여기에도 제시되어 있다. 이미 앞에서 소개한 저서들을 다시 제시하는 것은 이 장에서 다루는 배경과 관련하여 좀 더 다른 관점에서 강조하고 싶었기 때문이다.

Budd, Matthew, and Larry Rothstein. *You Are What You Say.* New York: Crown Publishers, 2000.

저자는 하버드 의학대학원의 교수였으며, 케임브리지에서 외과의사로 활동하면서 페르난도 플로레스(Fernando Flores)와 연구를 수행하였다. 그는 언어와 관련된 연구 결과를 자신의 환자들에게 적용했다. 이 책에는 대화의 변화를 통해 증상이 완화되고 행복을 되찾은 수많은 사람의 이야기가 실려 있다. 또한 활용 가능한 체크리스트와 실천할 수 있는 여러 사항을 친절하게 설명하고 있다. 쉽게 접근할 수 있으며, 흥미롭고, 영감을 주는 책이다.

Sieler, *Alan. Coaching to the Human Soul*, Volume 1. Blackburn, Victoria, Australia: Newfield Australia, 2003.

이 책은 바로 이 장에서 설명한 언어 행위론(speech acts theory)에 대한 철학적 기초 교육을 설명하고 있다. 저자는 아시아와 오스트레일리아에서 코칭을 수행하였다. 유용한 사례가 많고, 문장이 명료한 책이다.

08

코칭 계약

당신은 그 어느 단계보다 이 단계에서 코칭 프로그램이 어렵다는 것을 느낄 것이다. 아마도 그 이유는 코칭의 계약 단계 자체가 어떠한 역할이나 권력이 아니라 우리의 진정한 인간성 자체를 요구한다. 또한 진정한 인간성만이 유일하게 이 단계를 만족시킬 수 있기 때문이다. 사람을 조정하거나 속이는 모든 행위는 곧 드러나게 된다. 많은 예비 코치와 관리자 그리고 교사와 부모에게 자신에게 익숙한 역할과 위치를 포기하고 클라이언트와 동등한 인간으로 존재할 수 있어야 한다는 말 자체가 매우 불편하고 당황스러운 일일 것이다. 따라서 이들은 너무도 쉽게 코칭의 방식을 벗어나 다른 방식의 상호작용, 즉 관리자나 교사의 방식으로 건너가게 된다. 물론 코칭으로부터 벗어나는 과정에는 일종의 합리화, 예를 들어 "클라이언트가 너무 방어적이다." 혹은 "코칭을 할 시기가 적절하지 않았다."라는 말로 자기변론이 이루어질 수도 있다. 만약 이러한 상황에서 당신이 진정한 코치가 되고 싶다면, 이러한 자신의 불편한 감정을 행동 변화로 시도해야 한다는 신호가 아닌 자신이 올바른 길로 잘 가고 있다는 지표로 이용하면 된다.

코칭 계약을 위한 세 가지 주제 대화

계약의 단계 이전까지는 코치 자신이 혼자서 대부분의 일을 수행해 왔지만 계약의 단계에서는 코치와 클라이언트의 파트너십이 명시적으로 생겨나고 서로 함께 일을 하게 된다. 코칭 계약 단계에서 코치와 클라이언트는 코칭 프로그램에서 성취하고자 하는 결과를 명확히 한다. 어느 한 쪽만의 약속은 충분하지 않다.

코칭 계약에서 두 번째로 해야 할 일은 성과를 달성하는 데 있어 예상되는 장애물을 솔직하게 논의하는 것이다. 이 단계에서 코치는 자신이 세운 기준에 맞추어 평가를 진행할 수 있다. 예를 들어, 클라이언트는 아마도 바쁜 일정을 소화해야 하기 때문에 근무 외에 코칭 프로그램에 참여하기가 어려울 수 있다. 아마도 클라이언트의 상사, 친구 혹은 가족 구성원은 클라이언트가 코칭 프로그램에 참여하는 것을 탐탁지 않게 여길 수도 있다. 만약 코칭 프로그램의 성과가 우연적이고 일시적인 중요성을 가진 것에 지나지 않는다면, 클라이언트는 그것을 포기할 가능성이 높다. 수많은 코칭의 방해 요인이 산재해 있을 수 있기 때문에 이러한 방해 요인을 직접적으로 솔직하게 그리고 최대한 완벽하게 마주해야 한다. 그러지 못하면 가장 진정성 있는 약속이라고 할지라도 결국은 공허하고 피상적이며 근거가 무너진 결과로 전락하게 될 것이다.

예상되는 방해 요인에 대해 솔직하게 논의되면, 코칭 프로그램이 지향해야 할 성과가 어떤 것이어야 하는지를 묻게 되고, 그 방해

물에 대한 토론 결과에 비추어 프로그램 성과에 대한 수정을 시도할 수 있다. 방해 요인과 코칭 성과에 대한 논의는 클라이언트가 코치에게 어떻게 약속해야 하는지에 대한 질문과 연결될 수 있고, 이러한 과정은 대화 중에도 반복되는 명료화의 과정을 필요로 한다.

세 가지 주제, 즉 코칭 성과, 상호 약속 그리고 방해 요인은 대화를 이루어 내는 기반을 두고 형성하며, 그 외에 다른 주제들은 자연스럽게 그 안에서 흘러나오게 된다. 코치는 논의된 코칭의 성과를 이미 공적으로 성취한 사람들이 누구인지를 묻는 질문에 답을 줄 수 있어야 한다. 코치는 또한 클라이언트와의 신뢰성을 강화함으로써 코칭 프로그램의 성과에 대한 확신을 심어 줄 수 있다. 코칭에 대한 신뢰는 성공했던 과거의 유사 사례를 설명해 주거나 자신의 성공적 성과에 대한 경험을 들려줌으로써 확립될 수 있다.

게다가 코치는 코칭에 필요한 부가적인 정보, 예를 들어 코칭 활동은 얼마간 지속하는지, 준비물은 얼마를 주고 구매해야 하는지, 어디서 관련 서적을 구입할 수 있는지 등에 대한 정보를 제공할 수 있다. 이제 당신은 계약을 위한 대화가 어떤 것이라는 것을 말할 수 있을 것이다. 즉, 코칭의 계약을 위한 대화는 앞에서 제시한 대화와 대상들 가운데 자연스럽게 존재하고 있다.

코치로서 당신은 클라이언트와 둘이서 코칭의 정확한 성과가 무

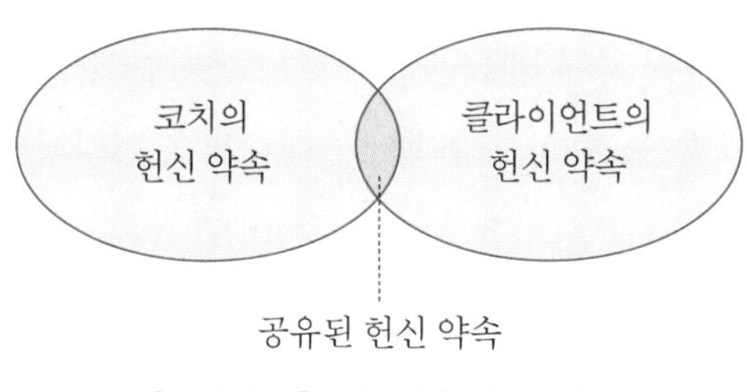

[그림 8-1] 코칭이 일어나는 곳

엇인지, 서로가 프로그램에 대해 약속한 것이 무엇인지, 그리고 그 결과를 얻기 위해 어떤 행동이 필요한지에 대해 전반적인 아이디어를 갖게 될 때 코칭의 계약 과정이 완벽히 이루어졌음을 알게 될 것이다.

또한 코치와 클라이언트가 공통으로 약속하는 영역에서 코칭의 계약이 일어나기도 한다([그림 8-1] 참조).

코치로서 당신은 필요한 작업만을 수행하는 데 관심을 가질 수 있다. 그렇게 함으로써 당신은 스스로 중요하게 생각하는 좀 더 많은 일을 수행할 수 있다. 이것은 본질적으로 클라이언트로 하여금 활동 약속의 수준을 당신과 같은 관점에서 전념할 수 있도록 만들어 준다. 따라서 코칭 계약의 요점은 당신 자신과 클라이언트를 모두 이해하는 데 있다.

세 가지 주제 대화를 위한 유의사항

코치로서 당신이 자신을 신뢰할 수 있기 위해서, 그리고 클라이언트의 회의주의적 혹은 냉소주의적 태도로부터 벗어나기 위해서 당신은 코칭할 때 약속에 대한 태도를 공개할 필요가 있다. 코칭 프로그램이 서로의 관심사를 아우르고 있다는 점이 명확해질 때, 클라이언트는 좀 더 쉽게 당신을 신뢰하게 된다는 사실을 발견할 수 있다. 많은 사람은, 특히 기업에서는 상대방의 이타적인 동기에 대해 의심의 눈초리를 치켜세운다. 이러한 이유로 코칭이 이타적인 방식으로만 이루어지려는 순간에 우리는 곧 의심을 살 수밖에 없다. 동시에 코칭 프로그램은 클라이언트에게 흥미를 끌어야 할 필요가 있다. 이미 언급한 바 있지만, 프로그램의 진정한 요점은 코치의 요구사항을 단순히 이행하는 것이 아니라, 클라이언트 자신이 약속하고 있었던 영역에서 자신의 행위가 좀 더 변화될 수 있도록 이들을 이끌어 주는 것에 있다. 코치와 클라이언트 양편에서의 상황을 모두 중요하게 고려하면서 당신은 클라이언트와 함께 프로그램을 온전하게 약속할 수 있도록 상황을 균형 있게 유지할 수 있다.

코칭 계약을 위한 대화는 그 자체로 클라이언트가 무엇을 말하는지, 그리고 동시에 클라이언트가 무엇을 비밀로 유지하고 있는지를 매우 주의 깊게 듣는 자세를 요구한다. 대화의 분위기는 개방적이고, 솔직하며, 가능성에 대한 조망이 현실적이어야 한다. 코치는 이 프로그램이 명백하고 훌륭한 성과를 지니고 있는 것처럼 보이도록 잔꾀를 부려서는 안 된다. 만약에 프로그램을 과장하게 된다면, 당신은 첫 번째 어려움을 마주할 때 곧바로 용기를 잃고 마는 클라이언트를 만나게 될 것이다. 동시에 성장을 위해 노력하는 초기 과정에서 클라이언트가 간혹 낙담할 수도 있는 상황에 대한 진술을 할 때 그것을 과소평가하지 말고 주의 깊게 들어야 한다.

클라이언트와 코치 모두가 예상되는 프로그램의 성과에 대해 충분히 만족할 만큼 설명이 이루어졌다 하더라도, 코칭적 개입이 없는 상태에서는 그러한 만족도에 대한 평가 역시 불분명한 것이라고 보아야 한다. 게다가 프로그램의 성과가 두 당사자 모두에게 일어났는지, 아니면 그렇지 않은지를 분명히 인식할 수 있도록 그리고 서로가 체험할 수 있는 성장이 분명히 이루어졌음을 확인할 수 있도록 충분히 명료한 문장으로 제시되어야 한다. 이렇듯 서로의 이해가 확인될 수 있는 방향으로 성과에 대한 명료화 과정은 가능한 한 시간을 충분히 할애하여야 한다.

성공적인 완수 혹은 훌륭한 수행과 같은 일반적인 서술적 용어를 사용하는 것은 되도록 피해야 한다. 이러한 용어는 개인적이고 주관적인 해석이기 때문에 성취했는지 혹은 서로가 어느 정도의 목표를 달성했는지에 대한 명확한 평가를 어렵게 한다. 그렇다고 모든 성과를 수치화하거나 통계적 용어로 표현하라는 말이 아니다. 그럼에도 불구하고, 결과에 대한 표현들은 관찰 가능해야 하고 코치나 클라이언트 편에서 임의적인 평가를 가능하는 여지가 포함되어서는 안 된다.

앞에서 언급한 사항 중에 클라이언트가 말하지 않은 내용이 무엇인지를 주의 깊게 듣는 것이 중요하다는 말을 한 적이 있다. 나는 때로 클라이언트가 지니고 있을지도 모를 어떤 미묘한 걱정거리가 있는지를 확인한다. 코칭 대화 중에 클라이언트는 코치를 달래려고 하거나, 자신이 실패할 수밖에 없는 온갖 이유를 생각하거나, 아니면 과거에 낙담했던 사건들을 회상할 수도 있다. 이때 코치가 클라이언트의 말을 의도적으로 관찰하고 주의 깊게 듣지 않는 이상 이러한 대화 안에 숨은 의도들은 드러나지 않고 따라서 다루어지지도 않을 것이다. 이런 결과는 자연스럽게 코칭 계약을 피상적으로 만들어 버린다.

계약 과정에서 필수적인 약속의 개념은 누구에게나 같은 방식으로 이해되지는 않는다. 우선 코치인 당신은 클라이언트가 시작할 수 있는 약속의 수준이 무엇인지를 대화를 통해 확인해야 한다. 약속은 흑백 논리적으로 접근할 사항이 아니다. 즉, '무슨 일이 있어도 실행해야 하는' 문제가 아니다. 우리 삶에서는 이러한 방식의 약속을 흔히 찾아보기가 어렵다. 약속이란 누가 그렇게 행동하지 않았기 때문에 약속을 이행하지 않았다는 방식으로 표현할 수 있는 개념이 아니다.

하나의 약속이란 그 이후에 맺은 또 다른 약속이 그보다 더 중요한 것처럼 느껴질 때 혹은 친한 사람이 예상치 못하게 약속을 깨거나 도움을 청하는 상황이 발생할 때 비로소 우리에게 중요한 의미로 다가온다. 코칭에서 개인적으로 한 약속은 이미 실행 중에 있는 다른 약속들의 전체적 구조 안에서 조화를 이루어야 한다. 많은 사람은 이러한 일련의 약속들을 잘 이해하지 못한다. 다시 말해서, 우리가 지키기로 한 약속들을 모두 노트에 적어 본다면 아마도 그 안에 모순된 약속이나 해묵은 약속 혹은 우리가 이행할 수 있는 약속이 아니라 반드시 지켜야 할 의무와 관련된 약속들을 발견하게 될 것이다. 이러한 약속들과 관련하여 코칭의 약속을 가장 높은 우선순위로 요청함으로써 간단히 문제를 해결할 수도 있다. 왜냐하면 대부분의 경우에 우리는 자기 행동의 우선순위에 책임을 지지 않고 있으며, 종종 하루하루 일어나는 수많은 사건의 소용돌이 안에서 가장 우선적인 일이 무엇이어야 하는지에 대한 의식조차 가지지 않는 경우도 많기 때문이다.

나는 일을 좀 더 복잡하게 혹은 불가능하게 만들려는 의도가 아니라 클라이언트가 지니고 있는 약속을 이해할 수 있도록 기초를 제공해 주고 싶은 마음에서 이러한 말을 하고 있다. 아마도 다음과 같은 질문들은 당신의 클라이언트가 지니고 있는 일련의 약속 안에서 코칭이 적용될 수 있는 방법을 이해하도록 도와줄 것이다.

1. 이 코칭 프로그램을 방해할 수 있는 요인이 있다면 무엇입니까?
2. 이미 수행하는 일들 안에서 코칭은 어떻게 조화를 이룰 수 있나요?

3. 만약 프로그램 진행이 너무 더디거나, 지루하거나, 반복적이거나, 심지어 핵심이 없어 보일 때 당신은 어떤 반응을 보이게 될까요?

또 다른 측면에서의 대화는 코치로서 당신에게 한 약속에 관한 것이다. 코치로서 당신의 약속을 확인하기 위해 나는 이러한 질문을 스스로 던져 볼 것을 추천한다. 이 프로그램이 성공적으로 마쳐지기 위해 당신은 어떤 일을 하고 싶습니까? 어떤 점을 포기하고 싶은가요? 무엇이 당신을 좌절하게 만듭니까? 클라이언트가 몇 회나 약속을 지키지 않아야 당신이 약속을 포기할 것 같습니까? 코칭 프로그램을 성공적으로 만들기 위해 당신은 사람들과 함께 일하는 방식과 관련하여 무엇을 바꾸고 싶습니까? 당신은 때로 클라이언트보다 더 약속을 잘 지킬 의지가 있습니까?

반면, 코칭 계약을 위한 또 다른 방식으로 코치가 클라이언트를 초대하는 것을 생각해 볼 수 있다. 초대는 또한 약속을 의미하기 때문에 매우 흥미로운 요청이 된다. 첫째, 초대는 그 자체로 요청의 목적이 있기 때문에 클라이언트는 초대를 수락할 수도 있고 거절할 수도 있으며 초대의 다양한 측면을 수정할 수도 있다.

예를 들어, 집에서 여는 파티에 누구를 초대한다고 가정해 보자. 초대받은 사람은 부정적인 결과를 신경 쓰지 않고 초대를 수락하거나 거절할 수 있을 것이며, 만약 수락한다면 몇 시에 도착하게 될 것인지를 말해 주거나 다른 사람도 함께 참석할 수 있는지에 대한 여부 등도 물을 수 있을 것이다. 초대 안에는 암묵적으로 포함된 약속이 있으며, 일단 초대가 수락되면 초대한 사람은 그에 상응하는 일을 수행할 것이다. 당연히 우리는 상대가 수락했으면 할 때 초대를 한다. 코칭에서도 마찬가지로 상대가 진짜 받아들이기를 원할 때 착수한다. 누가 의무감에 할 수 없이 당신을 초대한 경험이 있었다고 말할 수 있나? 마찬가지로 당신의 클라이언트들도 코칭에 대한 당신의 초대를 어떤 의무감으로 받아들이지는 않을 것이다. 클라이언트들은 암묵적인 약속을 지키면서 당신의 성실한 말을 경청할 것이다. 또한 그들은 당신이 프로그램의 성공에 대한 확신을 가지고 있는지의 여부와 상관없이 당신이 한 약속의 깊은 의미를 경청할 것이다. 따라서 나는 클라이언트와 코칭 계약을 시도하기 전에 이러한 질문들을 당신 자신에게 던져 볼 것을 권고한다.

지금까지 말한 모든 것이 재미없는 이론적 공부로 보일 수 있지만, 만약 계약이 인지적인 수준에 머문다면, 코치가 발전할 만큼 강력하지 않을 것이다. 지에프(Gurdjieff)와 동료들이 상정한 것처럼 인간의 의지는 직접적으로 인간의 지성에 연결되어 있지 않다. 감정이 바로 의지와 지성 사이에서 가교 역할을 한다. 당신은 아마 사람들이 무엇을 해야 하는지 잘 알고 있지만 그것을 실천하지 않는 상황을 통해 확인할 수 있다. 사람들이 건강에 해로운 줄 알면서도 계속 담배를 피우거나 자신을 파멸시키는 행동을 하는 경우들을 통해 내가 어떤 말을 하려고 하는지 이해할 수 있을 것이다.

나는 당신이 계약의 단계에서 클라이언트의 감정을 접촉하는 방식으로 말하는 것이 중요하다는 사실을 강조하고 있는 것이다. 왜냐하면 감정은 직접적으로 의지에 영향을 미치기 때문이다. 예를 들어, 스포츠 분야에서 두각을 나타낸 대성한 코치들은 모두 이러한 사실을 잘 알고 있기에 직접적이며 때로는 명시적으로 선수들의 감정에 호소한다.

나는 당신의 클라이언트가 눈물을 보여야 한다거나 기쁨의 흥분을 느끼게 해 주어야 한다는 말을 하는 것이 아니다. 단지 나는 당신의 클라이언트가 코칭을 통해 정서적인 연결성을 경험할 수 있도록 방법을 강구해 보라는 말을 하는 것이다. 이 과정은 어떤 클라이언트에게는 좀 더 수월하지만 어떤 클라이언트에게는 상대적으로 더 어려울 수 있다. 대상에 관해 어떤 감정을 불러일으킬 수 있는 방법을 찾는 것은 대부분 항상 가능하다. 당신이 클라이언트로부터 더 깊은 변화를 추구하고 있다면 더 깊은 감정의 영향력이 필요하다. 예를 들어, 파일링시스템(filing system: 기록분류체계)을 설계하는 것처럼 보행기술 향상을 위한 코칭의 경우, 당신은 클라이언트와 감정적으로 깊게 연결될 필요가 없다. 그러나 만일 클라이언트의 삶의 방향을 수정하고자 노력하는 중이라면, 당신은 상대의 감정에 깊이 다가가는 것이 중요하다는 사실을 발견할 것이다. 다른 한편으로, 클라이언트에게 인생의 방향을 바꾸도록 코칭을 하는 상황이라면 그의 감정에 다가가려는 노력은 무척 중요한 문제가 된다.

당신은 여러 가지 방식으로 클라이언트의 감정에 접촉한 상태를 말할 수 있을 것이다. 첫째, 어떤 클라이언트는 대화를 하는 가운데 발생하는 어떤 사안에서 감동을 받았다고 말하거나 혹은 어떻게든 그때의 느낌을 표현할 것이다. 둘째, 당신은 자발적이고 자연스러운 방식으로 당신의 클라이언트와 깊이 연결되어 있음을 느낄 것이다. 셋째, 당신은 자신의 주제와 관련된 강한 느낌이 일어나고 있음을 알아차릴 수 있다. 지금까지의 말을 요약해서 계약과 관련된 체크리스트를 작성하면 다음과 같다.

1. 코칭의 노력 안에서 어떤 일이 발생할 수 있는지에 관해 말해

준다.

2. 클라이언트에게 당신의 약속을 분명히 말해 주고 예상되는 성과를 확인해 준다.
3. 클라이언트가 코칭의 약속을 할 수 있도록 초대한다.
4. 예상되는 방해 요인을 직면한다.
5. 코치와 클라이언트가 서로 완벽하다고 느낄 때까지 앞에 제시한 첫 번째에서 네 번째까지의 과정을 계속한다.

다음은 밥(Bob)의 경우에 코칭 계약이 어떻게 이루어졌는지를 요약한 것이다. 여기서 당신은 내가 제안하고, 그가 수락한 코칭의 목적과 성과가 무엇인지를 알게 될 것이다. 난 이 기록을 밥과의 첫 번째 대화가 끝나고 난 후에 많은 생각을 정리하여 작성했다. 여기서 제시한 표현들의 명료함과 정확성으로 인해 코칭에 대한 강력한 방향성이 형성되었으며, 클라이언트와의 신뢰성 역시 눈에 띄게 증진되었다. 게다가 코칭의 목적과 성과를 담은 진술들이 정확히 클라이언트가 원하는 의도와 맞아떨어졌을 때, 이 진술들은 클라이언트가 코치를 자신의 마음 속 깊은 곳으로부터 이해하고 인정해 주며 지지하고 있는 한 사람으로 바라볼 수 있게 해 줌으로써 무한한 신뢰를 형성하게 해 주었다.

밥과 코칭 계약을 위한 대화에서 중요한 방해 요인은 코칭의 성과를 성취하기 위해 어떤 노력을 해야 하는지를 알게 해 주는 것이었다. 그가 우선적으로 생각해 낸 것은 좀 더 색다르게 옷을 차려입는 방법을 배우는 것 혹은 리더십에 관한 책을 읽는 것이었다. 하지만 진정한 변화는 복잡한 쟁점을 다루어 나가는 능력을 높이고 정치적인 권력의 변동과 흐름을 이해해야 하는 것처럼, 경영진의 역할에 대한 이해 안에서 이루어져야 한다. 밥은 자신만의 어떤 기술들을 만들어 낼 수 있었지만, 동시에 자신의 새로운 기술을 개발해야만 했다. 그 무엇보다도 문제가 되었던 것은 그는 자신의 장기적인 습관들을 포기해야 하는 것이었다.

밥(Bob)에게 해결의 방법을 지속적으로 제시해 주고 매력적이면서도 동시에 현실적인 방식으로 그것을 실천할 수 있도록 도와주는 것이 나의 역할이었다. 마치 마라톤을 뛰기 위한 훈련에 그를 등록시키는 것 같았다. 그러한 훈련은 분명 건강과 자기확신을 가져다주는 장점을 지니고 있다. 하지만 동시에 긴 시간의 수련을 필요로 하며 신체적인 불편함과 예상치 못한 감정을 다루기 위한 새로운 기술을 배워야 하는 노력이 요구된다. 만약 계약을 원하는 사람이 프로그램의 두 측면 중 하나에만, 즉 자신에게 주어질 이익이나 혹은 자신에게 부여될 요구 사항 중 한 가지만을 강조하게 되면 코칭은 곧 실패로 돌아가고 말 것이다. 이러한 실패는 클라이언트가 코칭 작업의 핵심을 기억하지 못할 때 발생한다. 또한 코칭의 방해 요인을 다루기 위해 준비하는 초기 과정에서 코칭 약속을 수행하기 위한 어려움이 예상될 때 곧바로 클라이언트가 코칭을 포기하게 되는 이유가 무엇인지를 가늠하게 해 준다.

나는 서로 다른 다양한 코칭 방식을 수년 간 시도해 보면서 이 모든 사실을 깨닫게 되었다. 따라서 나는 밥과 함께 코칭 프로그램이 진행되는 과정에서 마주치게 될 다양한 모든 경험을 완전하게 토론할 때까지 이야기를 계속해 나갔다. 우리의 대화가 계속되는 과정에서 나는 밥이 코칭 프로그램을 소화해 나갈 수 있는 능력과 전체 코칭 과정에서 그를 코치하는 나의 능력 모두를 신뢰할 수 있게 되었다. 밥은 대부분 '만일 … 라면'이라는 형태의 질문을 많이 제기했다. 나는 때로는 그 질문들에 대답을 해 주기도 하였고, 때로는 그가 생각하는 시나리오가 실제로 일어날 때까지 답변을 미루기도 하였다. 우리의 대화는 한 시간에서 한 시간 반 정도였으며, 최종적으로 우리 둘은 다음과 같은 목적과 성과에 합의하게 되었다.

목적

• 당신은 사람들에게 더 강한 영향력을 미침으로써 회사에서의 경력을 지속적으로 성장시킬 것이다.

성과

• 당신은 사람들이 자신을 어떻게 인지하는지를 더 잘 이해할 수 있을 것이다.
• 당신은 직무와 관련된 중요한 사람들을 어떻게 다루어야 하는지에 대한 전략을 세울 수 있을 것이다.
• 당신은 사람들로부터 결단력 있고 효과적이라는 평가와 함께 경영자 지위에 오를 수 있는 강력한 후보라는 평가를 받을 것이다.

추천 도서

여기서 제시한 네 권의 책은 코칭 계약에 대한 직접적인 논의를 다루고 있지는 않다. 하지만 코칭 계약이 발생하는 조건들을 독특하고 적절한 방식으로 설명하고 있다.

Havens, Leston. *Making Contact*. Cambridge: Cambridge University Press, 1986.

언어를 사용하여 어떻게 치료적 파트너십을 창조하고 수행하며 완성할 수 있는지를 실천적으로 설명하고 있는 최초의 책이다.

Johnson, Vernon E. *Intervention*. Minneapolis, MN: Johnson Institute Books, 1986.

저항이 강한 클라이언트와 작업할 수 있는 강력한 방법론을 소개하고 있다. 이 책에서 제시한 원리는 여러 가지 다양한 코칭의 구조에서 적용 가능하다.

Lavine, T. Z. *From Socrates to Sartre: The Philosophic Quest*. New York: Bantam Books, Inc., 1984.

모든 클라이언트는 이 책에서 논의된 서양철학 전통의 명료하고 정확한 조사연구 중 하나 혹은 그 이상의 담론에 관심을 가지고 있다.

Tannen, Deborah. *You Just Don't Understand*. New York: Ballantine Books, 1990.

이 책은 의사소통 스타일에 있어 남녀 간의 차이에 대한 연구(관련 연구, 참고문헌 그리고 예리한 분석에 대한 수많은 사례를 포함한)를 제시하고 있다. 또한 해결이 어려울 것 같은 관계적이며 의사소통적인 쟁점을 해결하는 데 유용하고 코칭적인 개입을 설계하고, 수행하는 데 중요한 정보를 제공하고 있다.

09

코칭 대화

이 장에서는 단순한 대화에서부터 복잡한 대화에 이르기까지 다회기 프로그램 안에서 이루어질 수 있는 코칭 개입의 세 가지 수준을 설명하고 있다. 여기서 제안된 구조들은 반복적인 검증 과정을 통해 코칭을 실천하고 향상시키는 방법으로 사용될 수 있도록 고안된 것이다. 여러분의 코칭 활동에 어떻게 활용할 수 있을까?

"인간은 자신의 이익에서 자신만의 고유한 방식으로 의미 및 적용된 방법과 얻어진 결과물의 관계를 이해할 수밖에 없다. 비록 적절한 방식으로 말해 주는 것이 타인의 이해를 이끌어 주고, 그럼으로써 진정 필요로 하는 것을 이해할 수 있도록 도와줄 수 있다고 할지라도 다른 누구도 대신하여 이해해 줄 수 없으며 누군가가 '말해 주는 것'만으로 이해할 수 있는 것도 아니다."

– 존 듀이(John Dewey) –

이미 언급한 것처럼, 아마도 코치로서 당신이 하게 될 유일한 활동은 클라이언트와 대화하는 일일 것이다. 때로는 당신이 시연하기도 하고 때로는 클라이언트의 말을 경청할 때도 있겠지만, 대부분의 경우에 코칭의 형태는 클라이언트에게 당신이 말을 하는 형태일 것이다. 앞서 언급한 내용 중에 언어를 설명한 부분도 바로 이러한 이유 때문이다. 그렇다면, 클라이언트에게 무엇을 말해 주어야 할까? 이 질문에 대한 가장 추상적인 답변은 클라이언트가 새로운 관찰을 가능할 수 있도록 도와주어야 한다는 것이다. 좀 더 풀어서 말한다면, 클라이언트가 이전에는 미처 보지 못했던 것을 볼 수 있고, 이해할 수 없었던 것을 이해할 수 있으며, 인식하지 못했던 사실에 대해 인식할 수 있도록 이끌어 주어야 한다는 것이다. 그러나 코치의 역할은 이러한 형태의 대화 그 이상을 의미한다. 왜냐하면 코칭이 제대로 되었는지를 검증하는 방법은 클라이언트가 자신을 관찰할 수 있는 능력에 있는 것이 아니라 클라이언트가 실제로 행위를 할 수 있는지에 대한 여부에서 결정되기 때문이다. 따라서 앞의 질문에 대한 또 다른 답변은 코치는 클라이언트가 행위를 취할 수 있게 자유로워지도록 하는 방식으로 말을 해야 한다는 것이다.

때로 이 단계에서 코치가 말할 수 있는 첫 번째 언급은 클라이언트가 현재 어떤 상황에 처해 있는지를 정확히 알려 주는 것이다. 예를 들어, 코치가 주 거래처로부터 통보받은 클라이언트에 대한 불만사항은 아마도 매우 급박한 시간 상황에서 클라이언트에게 어떤 서비스가 이루어져야 하는가에 대해 잘 이해하지 못한 결과일 수 있다고 설명할 수 있다. 코치는 클라이언트 개인이 현재의 행동을 할 수밖에 없도록 만드는 개인적이며 동시에 상황적인 차원에서의 방해 요인을 지속적으로 그리고 상세하게 서술할 수 있다. 많은 경우, 이러한 대화가 제공하는 명료함은 클라이언트를 현재의 상황으로부터 자유롭게 하여 새로운 무언가를 시도하도록 개방시키기에 충분할 것이다.

자연스럽게 이 모든 대화가 가능하기 위해서는 두 사람이 그 이전의 단계들을 순차적으로 함께 참여했다는 전제조건이 필요하다. 그렇지 않으면 코치는 이 특별한 클라이언트가 이해할 수 있는 방식으로 말할 수 없을 것이며, 현재의 실재적 상황이 무엇인지를 구체적인 예시를 통해 설명할 수도 없을 것이다. 게다가 두 사람 간에 강한 유대감이 없다면 클라이언트는 일부 자신에게 불편한 말일 수도 있는 코치의 말에 귀를 기울이려고 하지 않을 것이다.

대화 유형의 개요

이러한 사전 이해를 기초로 클라이언트에게 적용할 수 있는 코치의 서로 다른 세 가지의 대화 유형에 대해 설명하겠다.

- 첫 번째 유형: 역량을 기르거나 강화시켜 주는 목적의 일회적 대화
- 두 번째 유형: 여러 회기를 거쳐 이루어지는 좀 더 복잡한 대화
- 세 번째 유형: 근본적 변화를 목적으로 하는 좀 더 심오하고 긴 대화

이 책에서 다루는 영역에 맞추어 우리는 앞에서 제시한 유형 중 첫 번째와 두 번째 유형에 대부분의 지면을 할애하여 설명할 것이

다. 왜냐하면 세 번째 유형은 좀 더 심오한 차원의 대화이며, 더 깊은 차원의 변화를 이끌어 주는 대화이기에 이 책과 같은 입문서를 읽는 독자들에게는 부담스러울 수 있기 때문이다. 게다가 대부분의 기업 상황에서는 세 번째 유형의 코칭 대화를 위한 여유가 그렇게 많지 않다는 것도 한 이유이다.

첫 번째 유형

다음은 일회적 대화를 통해서도 문제가 해결될 수 있는 상황에 대한 몇 가지 예이다. 이런 상황에서 이루어지는 대화의 궁극적인 목적은 클라이언트가 좀 더 유능감을 가질 수 있도록 하는 데 있다. 당신은 아마 단지 그 대화의 유형을 코칭이라고 부르지 않고 있을 뿐, 이러한 대화를 이미 사용하고 있을 것이다. 하지만 당신의 대화가 결국 클라이언트에게 좀 더 자신의 유능감을 불러일으키도록 만들어 주었다면, 그것은 결국 그 대화의 단순성 혹은 복잡성과 상관없이 그 자체로 코칭 대화라고 볼 수 있다.

- 목표 없이 불평만 하는 것에 개입하기
- 무엇을 어떻게 해야 하는지를 묻는 요청에 응답하기
- 수행(performance)과 보여 주기(presentation)에 대한 기준을 명료화하기
- 전화 받을 때 외에는 다정한 사람에게 전화 받는 에티켓이 부족함을 다루기
- 단순한 실수의 반복을 중단하기

두 번째 유형

두 번째 대화 유형은 좀 더 복잡하기에 여러 회기에 거쳐 진행되곤 한다. 다음은 클라이언트의 문제를 해결하기 위해 한 번의 코칭이 아닌 좀 더 많은 대화를 필요로 하는 상황에 대한 예시이다.

- 클라이언트가 다른 사람들의 의견에 열려 있지 않을 경우
- 클라이언트의 내면이 정리되어 있지 않은 경우
- 클라이언트가 자신을 혹사하는 경우
- 클라이언트가 소심하고 자기주장을 못하는 경우
- 클라이언트가 복잡한 장비 부품의 인스톨과 관리에 대한 교육을 받아야 하는 경우

세 번째 유형

세 번째 대화 유형은 기본적 변화를 이끌어 내기 위한 목적으로 진행되는 좀 더 장기적이고 심오한 대화를 의미한다. 이러한 대화가 필요한 상황에 대한 예시는 다음과 같다.

- 자신의 삶의 목적을 발견하고 싶은 경우
- 중요한 인간관계를 시작하거나 끝내는 경우
- 장기적인 재정적 헌신을 해야 하는 경우
- 직업을 바꾸는 경우
- 아이를 양육하기

일회적 대화

비록 일회적인 코칭 대화라 하더라도 장기적인 훌륭한 수행, 자기교정 그리고 자기성장과 같은 코칭의 결과물을 산출하기 위해서는 그 대화가 이루어지는 배경에 신경을 많이 써야 한다. 당신은 이 코칭 대화 시간이 짧다고 하여 코칭 대화에 대한 준비를 소홀히 해서는 안 된다. 즉, 당신이 약간의 평가를 실행하였고, 코칭을 위한 개방성을 관찰하였다면, 반드시 클라이언트와의 관계가 구축되어 있을 때에만 일회적 대화 안에서 코치가 클라이언트의 단순한 쟁점을 해결하도록 도와줄 수 있는 위치로 접근할 수 있다.

개요와 예시

당신은 회계 소프트웨어를 팔아야 하는 그룹의 영업 관리자이다. 급변하는 격식에 얽매이지 않는 환경에서 10명의 판매 직원들이 당신을 도와 일을 하고 있다. 각 직원들은 자신의 부스에서 업무를 보고 있으며, 당신의 사무실에는 문이 없기 때문에 당신은 쉽게 직원들이 전화로 나누는 이야기들을 들을 수 있다. 어느 날 아침, 당신은 프랭크(Frank)라는 직원이 가장 중요한 클라이언트들 중 한 사람에게 불쾌함을 표현하면서 무례한 어조로 이야기하는 것을 듣게 되었다. 당신은 순간적으로 중요한 거래처를 잃어버리지 않도록 뭔가 조치를 취해야 한다는 생각이 들었다. 아마 프랭크는 다른 클라이언트들과도 이런 비슷한 행동을 보일 것이며, 어떤 조치가 이루어지지 않으면 다른 직원들도 프랭크의 행동을 당연한 것으로 여기게 될지도 모른다는 생각이 엄습했다. 이러한 상황에서 가능한 대화는 다음과 같을 것이다.

1. 코칭의 시작

- 클라이언트에게 코칭을 받도록 요청한다.
- 일반적으로 어떤 성과가 가능할 수 있는지를 말해 준다.

코치: Frank, 방금 도쿄은행의 관계자와 통화하는 것을 듣게 되었는데 아마 일이 잘 안 풀리는 모양이네. 혹시 나하고 그 문제에 대해 허심탄회하게 대화해 보면 어떨까 생각하는데 자넨 어떤가? 둘이서 함께 생각해 보면 이후에 좀 더 나은 대화를 할 수 있는 방법을 찾을 수 있지 않겠나?

클라이언트: 일이 잘 안 풀린다는 표현은 그나마 말이 좋아 그 정도이지 선배님은 저런 사람들이 어떻게 나올지 잘 아시잖아요? 질문을 할 때에는 공격적이고, 답변을 할 때에는 방어적이고, 저는 도무지 뭘 어떻게 해야 할지 모르겠어요. 뭐라고 말씀드릴까요? 그냥 짜증났다고 말할까요?

2. 의도를 명확히 하기

클라이언트에게 이렇게 말하라.

- “무엇을 얻으려고 시도했습니까?”
- “그것을 얻었습니까?”
- “어떻게 설명하시겠습니까?”

당신은 “왜 그렇게 했습니까?” 혹은 “왜 그렇게 하지 않았습니까?"라고 묻는 것이 좀 더 간단한 대화가 되지 않을까 하고 생각할지도 모른다. 그러나 그렇게 물어보게 되면 일반적으로 상대방에게 정당화의 구실을 주거나 상대방을 방어적으로 만들어 버린다. 또한 상대방은 이러한 질문으로부터 문제의 본질을 좀 더 분석하기보다는 뒤로 물러서서 관찰하고 변명을 찾을 수 있는 여지를 주게 된다.

코치: 전화 통화를 통해서 뭘 얻으려고 했는지 말해 보게. 실제로 그 목적을 얻을 수 있었나?

클라이언트: 글쎄요, 제 의도는 도쿄은행이 북 캘리포니아 지사들과의 네트워크를 구축하면 샌프란시스코에 위치한 데이터베이스에 접속할 수 있는 이익을 얻을 수 있다는 점을 강조함으로써 이들이 그 계획에 관심을 가지고 있는지를 확인하고 싶었습니다. 하지만 결국 돌아온 결과는 아무것도 없었습니다. 저는 도쿄은행이 관심을 가지고 있는 10가지의 기술적 문제를 해결하는 데 도움이 되는 답변만 제시해 주었을 뿐이고, 우리 상품의 가격이 비싸다는 말에 대한 5가지 반론으로 시간을 낭비했을 뿐입니다.

3. 사고 과정을 드러내기

클라이언트에게 다음과 같이 질문한다.

- "무엇을 할 것인지를 어떻게 결정했습니까?"
- "이 상황을 어떻게 분석하였습니까?"
- "그 당시 어떤 느낌이 들었습니까?"

이 단계에서 던지는 질문은 당신과 클라이언트 모두가 그 행위가 어떻게 나오게 되었는지에 대한 이유를 가능한 한 정확하게 이해하기 위한 목적을 지닌다. 다른 말로 표현해서, 클라이언트가 행동했던 그 상황에 대한 해석의 구조를 드러내는 것이다. 코치로서 이 모든 과정에서 당신은 침착하고 열린 마음을 유지하고 있어야 한다. 또한 당신은 클라이언트가 이야기하는 내용에 대해 비록 동의할 수 없거나 클라이언트의 판단이 미숙하거나 부적절하다고 판단하였어도 그러한 반응을 보여서는 안 된다. 당신의 판단은 이 상황을 해결하는 데 도움이 되지 않는다.

코치: 잘 알았네, Frank. 그럼 자네는 대화를 진행하는 과정에서 무엇을 하면 좋을지 어떻게 알아차릴 수 있었나? 다시 말해서, 자네의 목적을 달성하기 위해서 통화를 하는 중에 어떤 일이 진행되고 있었다고 생각했으며 그 결과 어떤 전략을 사용해야겠다고 생각했는가 말일세.

클라이언트: 음, 글쎄요… 저는 몇 가지 질문에 답변을 해 주면 그들이 저를 좋은 사람으로 생각할 것이고, 그러면 결국 나에게 마음을 열 것이라고 생각했습니다. 그러다가 자신들의 주장을 들어주지 않는 것처럼 보이기 시작하면 마침내 질문을 멈추고 제 질문에 대답을 하기 시작할 거라 믿었죠. 저는 그들이 제게 조금이나마 빚을 지고 있는 것처럼 느끼도록 함으로써 제가 원하는 것을 얻을 수 있을 것이라고 생각했어요. 그런데 대화가 계속 진행되어 감에 따라 점점 저는 좌절감만 들더라고요. 왜냐하면 이들이 저를 이용하여 자신이 원하는 것만 얻어 갈 뿐, 어떤 것도 되돌려 주지 않는 상황처럼 느껴

졌기 때문이죠. 아마 바로 이 지점에서 선배님이 저의 목소리를 들으신 것 같습니다.

4. 새로운 방식으로 바라보도록 초대하기

클라이언트가 2번째 단계인 자신이 의도한 결과를 말한 부분에서 당신은 더 효과적인 행위를 이끌어 낼 수 있는 상황에 대한 새로운 방식을 제시할 수 있는 기회를 얻을 수 있다. 바로 여기서 많은 사람은 코칭을 그만두고 문제를 해결해 주려는 실수를 하거나 혹은 클라이언트에게 어떻게 하라는 지시를 내리는 과오를 범하게 된다. 만약 당신에게 클라이언트가 자신을 잘 통찰하면 좀 더 효과적인 행위를 취할 수 있을 것이라는 믿음이 생겨났다면 이러한 유혹으로부터 벗어날 수 있을 것이다. 만약 당신이 클라이언트의 행위에 대한 분별(distinction)을 제공할 뿐이지 어떠한 권고(recommendation)도 하지 않으려는 마음 상태를 유지하는 한 코칭은 계속되고 있다고 믿어도 된다. 간단한 예를 들어 보면, 누구로부터 온 전화로 인해 자신이 방해받고 있다고 생각하는 클라이언트에게 그 전화는 자신을 고용할 수 있도록 자금을 대주는 은인 혹은 자신이 마땅히 일해야 할 사람에게 걸려온 고객의 전화로 생각하도록 변화를 줄 수 있다. 이러한 간단한 관점의 변화는 클라이언트가 자신을 방해한 전화 통화에 대한 반응과 태도를 완전히 변화시키도록 조정해 준다. 상호작용에 대한 새로운 방식은 자연스럽게 우리를 다음의 요점으로 이끌어 준다.

코치: 자네 말이 맞네, 정말 짜증이 나는 것은 당연한 것이지. 그런데 한 번 곰곰이 이 상황을 다른 관점에서 바라보도록 노력

해 보면 어떨까? 아마도 자네가 도쿄은행과의 관계에서 이해해야 할 가장 중요한 요점은 바로 첫 번째도 인내심, 두 번째도 인내심, 세 번째도 인내심이 아닌가 생각해 보네만 어떤가? 나는 수년 동안 큰 기관들을 상대하면서 이들이 어떤 결정을 내릴 때에는 많은 시간이 걸리며, 반드시 투자 전에 그것에 대한 신뢰를 필요로 한다는 사실을 발견해 왔다네.

내가 하고 싶은 얘기는 자네가 도쿄은행과 같은 큰 은행을 상대하기 위해서는 한두 번의 대화로 결정이 나는 단기 프로젝트보다는 한 해 혹은 그 이상이 소요되는 장기 프로젝트로 대화를 진행할 필요가 있다는 사실을 이해하면 좋겠다는 거야. 이 말은 자네가 큰 회사를 상대로 일할 때에는 매일같이 꽃의 성장과 변화를 확인할 수 있는 원예사의 마음이 아니라, 작은 나무가 큰 나무로 성장하기를 기대하는 농부의 마음을 가져야 한다는 말일세.

내가 이렇게 자네를 위해 하는 말도 장기적인 관계 안에서 우리가 신뢰를 쌓았기 때문에 할 수 있는 말이 아니겠나? 만약 자네와 친밀한 관계가 없는 상태에서 짧은 시간 안에 자네에게 강제로 말한다면 내 말을 신뢰하지 않을 걸세. 이 말이 어떤 의미인지 이해할 수 있겠나?

클라이언트: 네, 선배님이 말씀해 주신 것처럼 저에게 일어난 많은 사건이 인내심이 없는 결과라는 것을 알 수 있었습니다. 마지막 통화에서 저는 그들이 관심을 가지게 된 것처럼 느꼈고, 결국 계약을 위해 서명할 준비가 되었다고 생각했어요. 잘 아시잖아요, 제가 일 년 정도 여기에 있었고 계약을 맺고 점검하기까지는 거래가 끝난 건 아니지만, 저는 이 거래를

통해 많은 수수료를 받아서 새 차를 모는 상상을 이미 하고 있었어요. 그러니까 네, 네, 네, 더 인내심을 갖겠습니다. 이런 사람들과 이야기하고, 점심을 대접하고, 질문에 답해 주고, 뭐든 필요한 것을 해내야 하는 급한 나의 경우에만 머물지 않게 해 주셔서 감사해요.

5. 새로운 행위 및 지지를 제안하기

각각의 단계가 잘 완수되었다고 자신 있게 느껴질 때까지 스텝1에서 스텝4까지의 단계에 머물러라. 그러고 나서 새로운 방식으로 상황이 관찰되어짐에 따라 어떤 새로운 행위를 취할 것인지 클라이언트에게 물어보라. "이제 당신은 그 상황을 이런 새로운 방식으로 보고 계십니다. 무슨 행위를 취하시겠습니까?"라거나 "당신의 새로운 관찰에 비추어 당신의 행동이 일관성이 있으려면 미래에 당신 스스로를 어떻게 바꾸어 보면 좋을까요?"라고 물어볼 수 있다. 추가적으로, 당신이 그에게 어떻게 도움이 될 수 있겠는지를 묻고, 요청되어진 행동을 취한다면, 당신은 그 클라이언트와의 관계를 더욱 강화시킬 수 있을 것이다.

코치: 좋아, 프랭크. 벌써 자네가 취할 수 있는 몇 개의 새로운 행위를 찾았군. 지금까지 말한 것 외에 내가 자네에게 도움이 될 수 있는 부분이 있을까?

클라이언트: 글쎄요. 제가 은행과 통화를 하고 나서 선배님과 이야기를 나눌 수 있으면 어떨까요? 그러면 선배님이 저에게 어떠했는지에 대한 최선의 피드백을 주실 수 있지 않을까요? 다음 주에 가장 큰 지점을 견학 갈 예정인데 어쩌면 거기에

저와 함께 가실 수 있을지도 모르겠습니다.

코치: 기꺼이 그렇게 하겠네. 일정을 잡으면 나에게도 알려 주게. 나도 일정을 잡아 두겠네.

이 사례는 윤곽을 꽤 잘 따라가고 있어서 보면 잘 이해할 수 있기 때문에 별도로 설명을 하지는 않겠다. 프랭크와의 대화가 잘 풀린 것은 그가 전화 대화에서 스스로 어떠하였는지를 관찰할 수 있었고, 같은 상황을 다른 방식으로 볼 수 있었기 때문이다. 이것이 바로 코칭의 '같은 것을 새롭게 보기'이다. 이것이 바로 코칭의 결실을 가져오는 것이자, 향후 프랭크의 역량을 강화하는 것이다.

단기적 대화

기억하는 바와 같이, 두 번째 유형의 상황들은 몇몇 대화를 필요로 한다(〈표 9-1〉 참조). 첫 번째 유형에 했던 것과 같은 과정을 따르겠다.

첫 번째 대화(Conversation Number One)

배경

첫 번째 대화 동안, 여러분은 공식적으로 코칭 관계를 형성하였다. 즉, 당신은 당신의 클라이언트에게 헌신할 것을 요청하고 당신의 헌신도 약속하였다. 진정성 있는 헌신이란 프로그램의 성공과 관련된 잠재적인 장애에 솔직하게 맞선 후에야만 가능하다. 대화는 대개 관찰한 코칭을 시작하는 논의로 시작한다(〈표 9-2〉 참조).

〈표 9-1〉 개관: 두 번째 코칭 유형

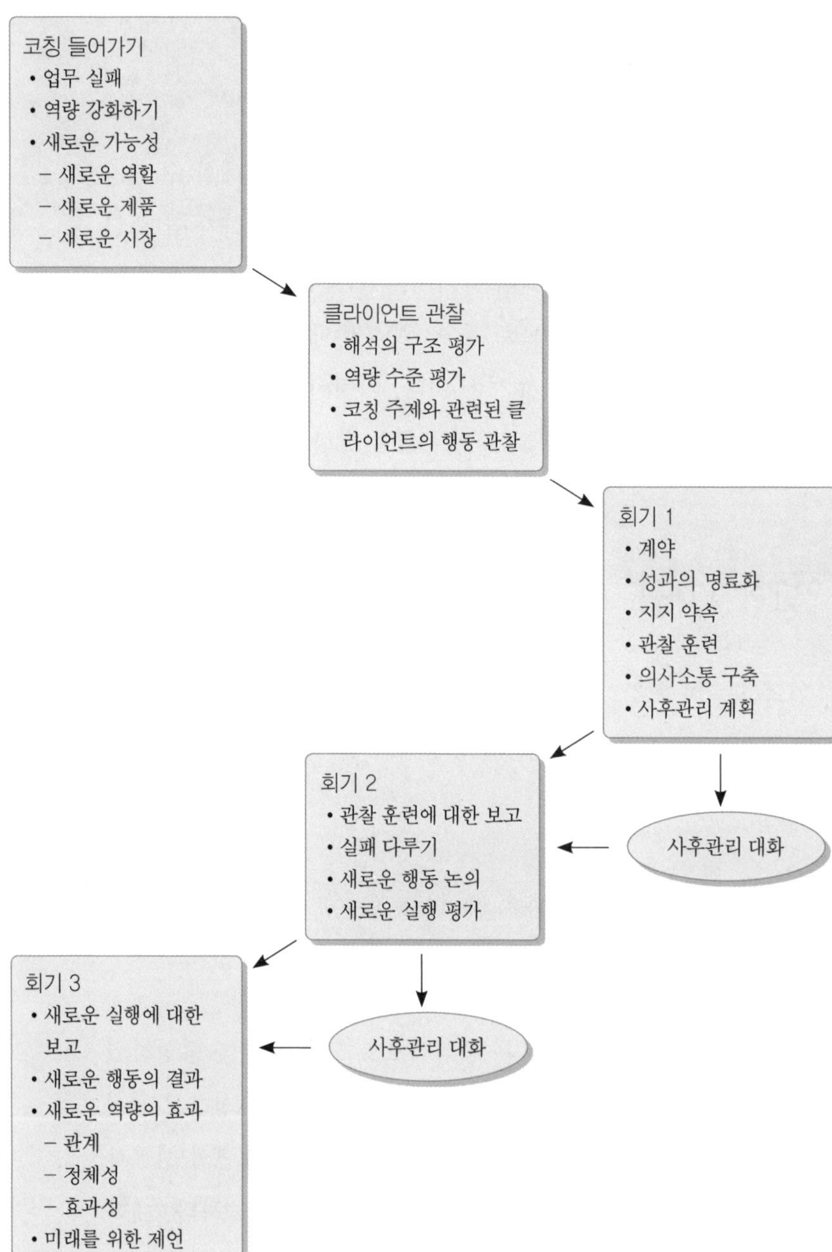

이 대화 동안에는 참여를 불러일으키고 힘을 북돋워 주라. 당신의 클라이언트는 당신이 무엇에 대해 말하고 있는지 알지 못할 수도 있다. 예를 들고, 은유를 사용하고, 당신이 관찰한 바를 다양한 방식으로 묘사하도록 준비하라.

당신의 클라이언트가 어느 정도 개방하고 흥미를 보이면, 공식적인 코칭 관계를 구축할 수 있는 대화로 이동하라. 계약을 위한 대화를 나누는 동안에 당신에 대한 신뢰를 구축하는 것이 중요하다. 그렇게 하기 위해서는 프로그램을 수행할 수 있는 역량이 있어야

〈표 9-2〉 대화 #1 개관

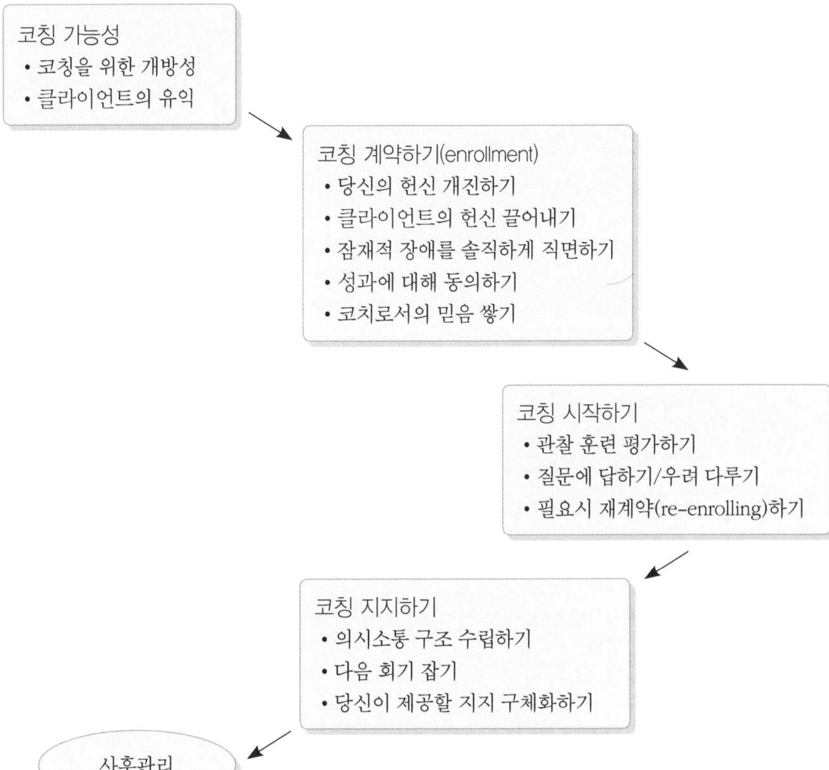

하며, 클라이언트를 존중해야 하고, 클라이언트가 표현하는 우려나 질문, 반대 등을 능숙하게 다루어야 한다.

다음으로, 당신의 클라이언트가 당신이 무슨 말을 하는지에 대해 관찰할 수 있는 방법에 대해 이야기하라. 이것을 하기 전에 당신의 클라이언트가 관찰하는 방식에 대해 충분히 이해해야 한다. 이것을 알아내기 위해 평가 모델 중 하나를 사용하라. 당신이 클라이언트가 무슨 이야기를 하는지 완전히 이해하지 못하더라도 괜찮다.

이 대화 동안, 당신이 부과하는 자기관찰 훈련은 클라이언트로 하여금 자신의 데이터를 제시하도록 할 것이다. 핵심은 당신의 클라이언트가 코칭에 대해 점점 마음을 열게 될 것이라는 것이다. 코칭의 핵심은 클라이언트의 해석 구조를 변형하는 것이므로 처음에 관찰하는 것에 대해 작업을 하는 것이 행위하는 것에 대해 작업을 하는 것보다 더 중요하다.

이 시점에서 당신은 당신의 클라이언트를 프로그램에 재계약(re-enroll) 시켜야 할 수도 있다. 놀라지는 마라. 이것은 종종 발생하며, 그 시점까지의 대화를 점검하는 것은 클라언트로 하여금 프로그램의 효용성, 당신의 지지 그리고 클라이언트의 성공에 대한 당신의 확신을 상기시킬 것이다.

당신의 클라이언트가 무언가 행위를 취하도록 움직여야만 한다는 때이른 충동에 주의하라. 당신은 큰 변화를 향해 작업하고 있다. 장기적인 관점에 집중하라. 당신이 코칭에 쏟는 노력은 결국 그 이상으로 보답받을 것이다. 이렇게 행동하는 것에는 코치로서의 규율이 필요하다. 이것이 바로 코치가 자기 자신을 끊임없이 관찰해야만 하는 것이 중요한 이유이다. (11장에 있는 코칭의 두 갈래 길을 참고하라.)

구체적인 시간과 의사소통할 수 있는 방식을 결정하고 초기 대화를 마무리하라. 클라이언트를 위해 자신을 얼마나 가용하게 할 것인가를 명확히 하라. 끝으로, 두번째 대화를 위한 날짜를 정하라. 대개 2~3주 후가 된다.

다음은 대화의 예시와 함께 준비 리스트 및 개요의 요약이다.

준비

- 평가 모델을 사용하여 클라이언트를 이해하도록 스스로 준비하라. (6장과 이 장의 끝에 있는 평가 연습을 참조하라.)
- 회기 중 클라이언트에게 제공할 자기관찰 훈련을 써 보라. (이 장의 끝에 있는 자기관찰 훈련을 보라. 부록 A에도 있다.)
- 코칭 프로그램을 통해 달성하고자 의도하는 성과 세 가지를 적어 보라. 필요하면 클라이언트와 코치 모두에게 적합하도록 수정하라.
- 당신의 잠재적인 클라이언트가 갖고 있을 수도 있는 질문, 우려, 혹은 이의를 고려해 보고 그것을 다룰 수 있도록 준비하라.

개요

소개

- 코칭을 위한 어떤 개방성을 보았는가?
- 클라이언트는 코칭을 받는 것에 대해 열려 있는가?
- 클라이언트에게 어떤 일이 발생할 수 있는가?

코치: 수잔, 화요일 업무 회의에서 발표를 하는 동안에 곤란한 순간이 있었다는 것을 알아차렸습니다. 말하지 않는 것이 나을까

라고 생각도 해 보았습니다만, 질의-응답 시간에 당신은 무슨 말을 해야 할지 잘 모르는 것처럼 보일 때가 있었습니다. 더 정확히 말하면, 무슨 질문들이 오고 가는지에 대해 사실 별로 열려 있지 않았습니다. 마치 질문은 질문이고 당신은 이미 당신만의 결론을 내리고 있는 것 같았습니다. 제가 완전히 잘못 봤을 수도 있지만, 저에게는 그렇게 보였고, 다시 생각해 보니 우리 팀의 다른 사람들과도 같은 방식으로 상호작용하는 것을 본 기억이 납니다. 그래서 말인데 수잔, 어떻게 생각해요? 제가 무슨 말하는지 아시겠습니까?

클라이언트: 그냥 있었을 뿐인데도 제가 개방적이지 않다고 비난하는 상황에서 제가 뭐라고 하겠습니까? 뭐라고 할 수 있겠습니까? 저는 당신이 하는 말을 들을 준비가 되어 있다고 생각합니다.

코치: 맞아요, 수잔. 우리가 함께 작업해 나가는 데 필요한 건 당신이 제가 말하는 것이 맞는지 틀리는지 생각해 보기로 마음을 여는 것 바로 그것입니다. 우리가 논의한 반복되는 문제들은 부분적으로는 오늘 이야기하는 상황 때문이라는 것이 저의 생각입니다. 따라서 우리가 이것을 작업해 내고 당신이 더 열린 마음을 갖도록 조금 더 지지할 수 있다면, 당신의 일은 잘 풀리고 덜 방해받을 것으로 느껴집니다.

클라이언트: 네, 저를 아시는군요. 저는 정말 이 문제를 해결하고 싶고, 제가 하는 어떤 방식에 문제가 있다면 비록 편하지 않더라도 그것을 기꺼이 찾아보고 싶습니다. 그럼 어떻게 하면 될까요?

계약(enrollment)

- 당신이 제공하는 것
- 클라이언트에게 요청하는 것
- 방해 및 장애 요인
- 성과에 대한 동의(코치와 클라이언트는 이것을 적는다.)

코치: 그것에 대해 이야기하기 전에 수잔, 내가 당신을 전적으로 지지한다는 것을 알아 주기를 바랍니다. 나는 당신이 굉장히 잘하고 있다고 생각합니다. 그리고 우리가 이야기하고 있는 이 변화를 위해 노력하는 동안에 내가 당신을 지지할 것이라는 것을 믿으셔도 됩니다. 당신을 위해 이런 이야기를 나눌 수 있도록 시간을 낼 것이고, 인내심을 가지고 당신이 학습하고 발견하고 변화하는 것을 함께할 것입니다.

클라이언트: 다행이군요. 월말까지 마감을 해야 할 일들로 바쁜데 빨리 더 나아지라는 압박은 내가 제일 바라지 않는 겁니다.

코치: 그래요. 무슨 말인지 잘 압니다. 우리는 서로 기꺼이 그렇게 하고자 하고, 그것이 중요하다는 것을 알기 때문에 함께 작업하는 것이 가능하다고 생각합니다. 제일 어려운 점은 시간 제약인데요, 함께 잘 풀어 갈 수 있을 것으로 믿습니다.

클라이언트: 네, 글쎄요. 장애물에 대해 이야기하라고 한다면, 사실 솔직히 코치님이 무슨 근거로 그런 말씀을 하는지 저에게는 명확하게 이해가 되지 않습니다. 하라고 하니 그냥 하는 것은 아닌 것 같고요.. 무슨 이야기를 하시는 건지 한 번 더 설명해 주실 수 있습니까?

연습(exercise)

- 관찰하는 연습 제공
- 질문에 답하기 / 우려하는 것을 다루기

코치: 내가 본 것을 말하기보다는 당신이 스스로 그것을 발견하는 것이 좋겠습니다. 이게 바로 제가 말하는 스스로를 잘 살피라는 것입니다. 예를 들어, 향후 약 2주간 발표를 할 때마다 혹은 누군가에게 기술적인 질문에 대해 답변을 할 때 당신 스스로를 잘 살피십시오. 특히, 당신의 기분에 특별한 주의를 기울이십시오. 제 말은 대화를 나눌 때, 상대방에게 얼마나 열려 있다고 느껴지는지를 말하는 겁니다. 무언가 가식적으로, 압박으로, 혹은 어떤 형태로든 위협으로 느껴지는지 주의를 기울이십시오. 또한 이러한 각각의 상황에서 결국 무슨 말을 하는지에 신경을 쓰십시오. 대화를 나눈 후에 잠깐 시간을 내서 당신이 주목한 것들을 빨리 적어 보세요. 그러고 나면, 당신과 내가 열흘쯤 지난 후에 당신이 발견한 것을 함께 점검하면서 내가 말한 것이 어떤 근거를 두고 있었는지에 대해 파악해 볼 수 있을 것입니다.

클라이언트: 들어 보세요. 뭘 하려고 하시는지 모르겠지만, 위협을 받는다고 느끼거나, 압박이나, 말씀하신 그런 느낌은 받은 적이 없습니다.

코치: 지금 결론을 내리기보다 시간을 좀 가지고 이 관찰 실험을 해 본 후에, 어떻게 되는지 봅시다. 제가 부탁드리는 것은 열린 마음을 가지고 자신에게 솔직하고, 이미 결론지어 놓은 쪽으로 가지는 말라는 것입니다.

지지(support)

- 어떻게 소통할 것인지
- 얼마나 시간을 낼 것인지
- 다음 회기 일정 잡기

클라이언트: 당신을 정말로 믿기 때문에 해 보겠습니다. 하지만 나도 기꺼이 해 보고 싶으니까 자리로 돌아가면 코치님의 일정을 내 컴퓨터 화면에 띄워 놓고 다음 주 후반에 시간을 내보도록 하겠습니다.

코치: 좋습니다. 중간에 뭐든 질문이 있으면 전화를 걸거나 이메일을 보내 주세요.

때로는 이렇게 논리적으로 순조롭게 흘러가지 않을 때도 있지만, 이 사례에서 볼 수 있듯이 관계의 힘이 이 작업을 가능하게 하였다. 다음의 대화는 약 열흘 뒤에 갖게 된다.

두 번째 대화(Conversation Number Two)

배경

이번 대화에서는 관찰 훈련에서 배운 점이 행위로 연결된다. 당신이 제공한 새로운 연습을 시작함으로써 당신의 클라이언트는 더욱 유능하게 될 것이다.

〈표 9-3〉 대화 #2 개관

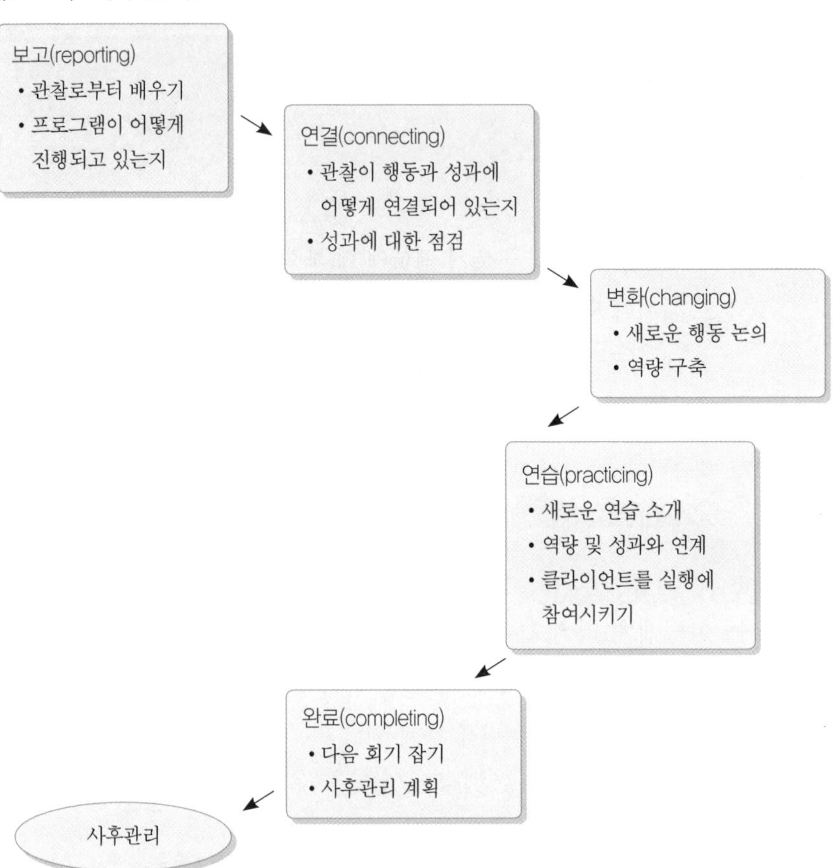

대개 대화는 클라이언트가 코칭 프로그램을 통해 어떤 일들이 발생하고 있는지에 대해 보고하면서 시작한다(〈표 9-3〉 참조). 이 대화는 어떤 측면에서는 회기 간의 사후관리의 연장선이기도 하다. 이제 어떤 우려나 질문, 좌절을 더 깊이 있게 다룰 시간을 갖게 될 것이다.

클라이언트가 보고하는 것으로부터 이어 나가라. 관찰한 것을 더 구체화하라. 관찰, 행위, 성과가 서로 어떻게 연결되어 있는지 함께 파악하라. 클라이언트가 보고하는 것을 활용하여 프로그램 계약을 강화하고, 어떤 진전이 만들어지고 있는지 성과를 점검하고, 함께 작업하는 것의 효과성을 점검하라. 클라이언트를 보다 잘 이해하고 그의 입장에 서 보기 위해 경청하라.

다음으로, 클라이언트가 성과를 가져올 수 있는 새로운 행동의 시도를 해 볼 수 있는지 논의하라. 관찰한 바를 토대로 당신의 클라이언트가 얼마나 더 제안할 수 있는지 살펴보라. 그런 행동을 성공적으로 수행하기 위해서 어떤 역량이 필요한지 말하라. 이런 대화는 자연스럽게 새로운 연습에 대한 이야기로 흘러간다.

당신이 설계한 새로운 연습들을 소개하라. 연습을 클라이언트가 성과를 얻는 데 필요한 역량 개발과 연계하고 클라이언트가 이를 실행하도록 하라.

대화는 다음 코칭 회기의 일정을 잡고(3~4주 후) 사후관리를 계획하는 것으로 마무리된다. 당신의 클라이언트는 이 단계에서 더 많은 지지를 요구할 수도 있다. 왜냐하면 새로운 실행은 종종 질문, 좌절, 행동 변화를 갑작스럽게 촉발하기 때문이다.

준비(preparation)

- 이번 회기에서 완수하고자 하는 것은 무엇인가?
- 코칭 프로그램이 어떻게 진행되고 있다고 평가하는가? 수정이 필요한 부분이 있는가?
- 당신의 클라이언트는 이번 회기에서 특히 새로운 실행과 관련하여 어떤 질문이나 우려를 가지고 있는가? 이러한 것들을 어떻게 다룰 것인가?
- 클라이언트에게 어떤 질문이 있는가?

- 당신의 클라이언트를 위한 연습을 설계하라[이 장의 끝과 부록 B에 있는 실행 연습(practice exercise)을 참조하라]

개요(outline)

소개 및 연결

- 관찰 연습에 대한 보고
- 프로그램이 어떻게 진행되고 있는가에 대해 결정
- 클라이언트가 관찰한 것이 행동과 성과에 어떤 영향을 미치는가를 보여 줄 것
- 모든 긍정적인 결과를 인정할 것
- 프로그램의 성과 점검

코치: 수잔, 우리가 나눈 간략한 대화들을 통해 어느 정도 파악은 되지만, 나는 당신이 자신을 관찰함으로써 배운 것을 지난번에 우리가 만났을 때 한 것처럼 요약해 주었으면 합니다.

클라이언트: 글쎄요, 제가 전에 수긍한 것보다 코치님이 보신 것이 더 맞았던 것 같습니다. 그리고 지금 꼭 그렇게 만족스럽지는 않습니다만 코치님이 말씀이 맞는 것 같습니다. 제가 긴장을 좀 더 풀고 사람들이 나를 압박하기 시작할 때, 너무 그렇게 불안해하지 않아야겠습니다. 그렇지 않으면, 내가 뭘하는 건지 나도 모르거나 무언가를 감추려는 것으로 보여지기 시작할 것입니다.

코치: 그게 바로 스스로를 관찰하도록 한 이유입니다. 그래야 당신이 당신 자신의 관찰에 기반을 두고 스스로 결정에 이를 수 있으니까요. 제가 무언가 조심하라고 한 것이 있습니다. 그

것은 이것을 어느 정도 하다 보면, 습관적인 반응이 되어 버립니다. 달랐으면 하고 바라기만 하는 걸로는 변하지 않습니다. 초점을 가진 결연하고 지속적인 노력이 필요할 것입니다.

클라이언트: 왜 코치님께서 무언가 명확한 생각이 있는 것 같죠?

변화 및 새로운 연습(changes and new practice)

- 새로운 행동을 해 볼 것에 대해 이야기하기, 성과를 향해 나아가기, 지금까지의 결과 위에 쌓아 올리기
- 새로운 행동을 하기 위해 필요한 역량
- 새로운 연습 소개
- 연습을 프로그램에 통합
- 질문과 우려에 대답하기
- 클라이언트를 연습에 참여시키기

코치: 그렇게 말씀하시니 우습네요. 제 생각은 이렇습니다. 당신이 새로운 방식으로 발표를 준비하기 시작하였고, 새로운 방식으로 그것을 실행하였습니다.

늘 하던 철저한 탐색 외에 회의에 참석하는 사람들의 목록을 살펴보고 이들이 어떤 질문이나, 반대 의견, 혹은 우려를 보일 것 같은지 스스로에게 물어보세요. 그리고 회의에 가기 전에 그러한 것들에 나만의 방식으로 답해 보세요.

두 번째로, 발표를 진행하는 동안이나 혹은 누군가와 기술적인 대화를 나누는 동안에 계속해서 당신이 했던 방식을 관찰해 보세요. 무언가 마음이 닫히려는 초기 조짐이 감지되어

가기 시작할 때, 한두 가지 질문을 스스로에게 던져 보세요. "나를 위협하는 것이 무엇이지?" "위협적으로 느낄 만한 실질적인 이유가 있나?" 스스로에게 이 두 가지 질문을 던짐으로써 의심할 여지없이 당신이 위협받고 있는 것이 아니라는 것을 알게 될 것입니다.

때때로 사람들은 당신을 이용하여 자신의 논지를 주장하거나 정치적인 의도로 이용하려고 할 수도 있지만, 어떨 때에는 진짜 자신이 무슨 말을 하고 있는지도 모르고 말하고 지나가 버리기도 합니다. 이런 질문들은 당신에게 그 모든 것을 상기시키고, 당신을 당신이 준비한 발표에 집중하게 할 것입니다.

드문 경우이지만, 이렇게 해도 안 될 경우에는 당신을 위협하는 것으로 느껴지는 사람에게 이렇게 말하세요. "나는 당신이 당신의 발언으로 무엇을 성취하려는 것인지 명확하게 이해가 되지 않습니다. 제가 더 잘 대답할 수 있도록 나에게 그것을 잠깐 설명해 주실 수 있으십니까?" 상대방이 당신의 질문에 대답하는 동안에 당신은 마음을 가다듬고 상대방의 반응을 잘 들으면 상대방이 무엇을 하려고 하는지에 대해 더 좋은 생각을 가질 수 있습니다.

지지(support)

- 다음에 말하는 일정 잡기
- 다음 회기 일정 잡기

클라이언트: 알겠습니다, 해 보겠습니다. 그 질문들을 내 노트의 매 페이지 상단에 적어서 필요할 때 말할 수 있도록 해 볼 수 있

을 것 같습니다. 특히, 코치님의 세 번째 포인트가 마음에 드는군요. 내가 공격적으로 말하기 시작하는 상대에게 방어적으로 들리지 않으면서 대화를 이어 나갈 수 있는 법 말입니다.

코치: 바로 그것입니다. 한 달 가량 이것을 시도해 보시면 어떨까요? 그러고 나서 어떻게 되었는지 만나서 볼까요?

클라이언트: 좋습니다, 코치님. 그렇게 하겠습니다.

세 번째 대화(Conversation Number Three)

배경

지금의 도전은 클라이언트가 자기수정적이고 자기발생적이 되도록(〈표 9-4〉 참조) 충분한 구조와 역량을 준비해 놓고 프로그램을 마무리하는 것이다. 이 부분에서 몇 가지 위험이 나타날 수 있다.

위험 #1: 관찰된 성과가 있음에도 불구하고, 클라이언트가 변한 것이 없다고 확신하거나, 사정 때문이었다고 생각하거나, 지속 가능하지 않을 것이라고 믿는 경우이다.

대책: 당신의 클라이언트는 몇 가지 역량을 입증했다. 지속적인 연습이 지속적인 개선을 가져올 것이다. 클라이언트에게 성과/역량과 부정적 평가/기분을 안 좋은 것과의 차이를 상기시키라.

위험 #2: 클라이언트가 당신과 코칭을 지속해야만 역량이 남아 있고, 성과가 계속 나타날 것이라고 느끼고/생각하고/결론을 내리는 경우이다.

대책: 무엇이 일어났는지를 클라이언트와 함께 점검한다. 클라이언트가 헌신하였고, 작업을 하였고, 변화를 만들어 냈고, 결과적으로 성과를 창조한 것이다.

위험 #3: 클라이언트가 아무것도 변한 것은 없다고 말하는 경우이다. 역량은 개선되지 않았고, 성과에 있어서도 어떠한 진전도 없었다. 당신에 대한 실망/좌절/체념 혹은 냉소/회의, 그리고 아마도 비난/적대감이 있을 수 있다.

대책: 열린 마음을 견지할 것이다. 방어적으로 대응할 필요가 없다. 무슨 일이 일어났는가를 살펴볼 것이다. 어떤 경우에도 무언가는 개선이 된다. 이는 개선의 속도이지 개선이 존재하는가의 문제는 아니다. 클라이언트에게 인내심을 가질 것을 요청할 것이다. 필요에 따른 추가적인 관찰 연습, 실행, 회기 등을 덧붙일 것이다. 극단적인 경우에는 당신과 클라이언트 모두가 프로그램을 통해 학습한 것을 가지고 첫 번째 대화(Conversation One)를 다시 시작할 것이다. 특히, 클라이언트에 대한 당신의 평가를 포함하여 모든 단계를 다시 실행할 것이다.

위험이 없다면, 혹은 위험을 다룬 후에 클라이언트의 삶의 모든 부분에서 이루어진 진전을 인정하고, 클라이언트에게 모든 영역에서 이루어진 새로운 역량과 성과를 보여 줄 것이다.

〈표 9-4〉 대화 #3 개관

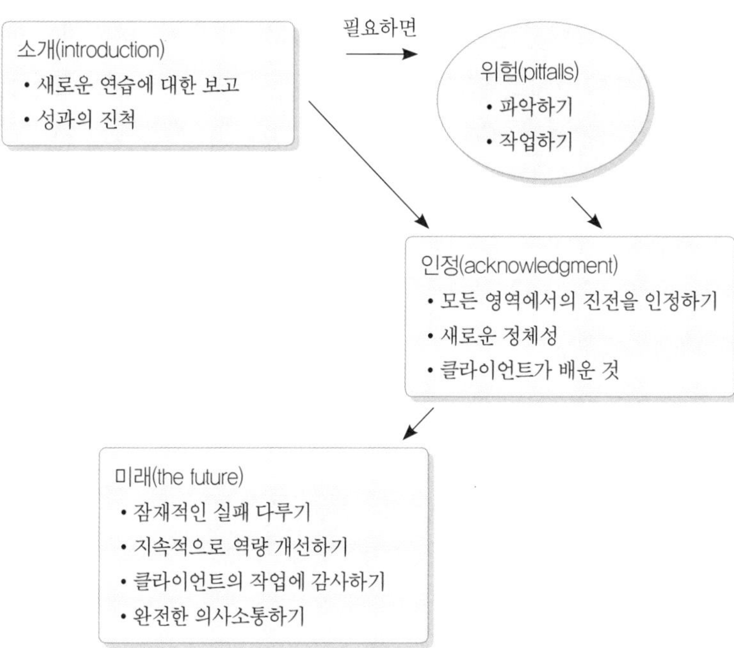

사람들이 당신의 클라이언트를 신뢰하고 의지할 수 있는 새로운 방법들에 대해 말하라. 다시 말하면, 클라이언트가 수립하기 시작한 새로운 정체성에 대해 이야기하라. 이로 인하여 클라이언트에게 어떤 새로운 가능성이 열릴 것인지에 대해 논의하라.

준비(preparation)

- 사후관리에 대해 나눈 대화 관련 기록을 다시 읽기
- 프로그램의 성과 점검
- 클라이언트의 새로운 역량들의 사례를 많이 확보할 것
- 요약 개요에 있는 질문들을 다루고 답해 보기

개요(outline)

예시된 사례에서는 개요의 목록에 있는 모든 것을 다루지는 않는다. 그것은 코치와 클라이언트가 이러한 주제들이 궁극적으로 논의되는 지속적인 관계를 맺게 되기 때문이다. 그날그날 연락이 없는 상황에서는 모든 영역에서의 '진전을 인정'하기, '미래'를 더 상세히 하기 등의 주제를 다루는 것이 아마 더 나을 것이다.

소개(introduction)

- 새로운 연습의 결과 보고
- 성과 관련 진전 상황
- 어떤 깨달음? 어떤 좌절?

위험(필요한 경우)

- 파악하기
- 클라이언트가 말하는 것에 열려 있기
- 성과에 대해 상기시키기
- 자기수정, 자기발생적이 되도록 하기
- 관찰 연습, 연습, 필요하면 회기를 추가하기
- 요구된다면 프로그램을 다시 시작하기

진전을 인정하기(acknowledging progress)

- 코칭 주제만이 아닌 모든 영역에서
- 클라이언트의 새로운 가능성
  - 새로운 관계?
  - 새로운 정체성?

  - 새로운 대화?
- 새로운 학습
  - 자신에 대한?
  - 타인에 대한?
  - 업무에 대한?
  - 능숙하게 되는 것에 대한?

미래(the future)

- 잠재적인 좌절 처리
  - 찾아봐야 할 것
  - 취해야 할 행위
- 지속적인 개선
  - 무엇에서의?
  - 새로운 연습?

세 번째 대화의 예(Example of Conversation Number Three)

세 번째 대화는 이런 식으로 진행될 수도 있다. 예시에서 위험 상황은 없으나 준비는 해 둘 필요가 있다.

코치: 글쎄요, 보내 주신 이메일 내용을 보자 하니 우리가 함께 생각한 것들이 잘 작동하고 있는 것 같군요.

클라이언트: 그렇습니다. 제가 망친 것 같은 경우도 있고요. 완벽하게 됐다고 할 수는 없습니다만, 대체적으로 75퍼센트 혹은 80퍼센트 정도는 개선이 있었습니다. 제가 여전히 알기 어려

운 사람은 케빈 브라운(Kevin Brown)입니다. 마케팅 부서의 대졸 신입사원 아시죠? 그는 내가 말을 걸 때마다 인간 불도저처럼 대답해요. '입 다물라.'는 신호를 지난 달에 몇 번 줬습니다.

코치: 제 충고는 이렇습니다. 그와 점심을 같이하면서 어떤 이야기를 가지고 있는지 알아보세요. 단지 그의 스타일인지, 그래서 모든 사람에게 그렇게 하는지 아니면 당신이 당신도 모르게 어떤 식으로든 그 사람을 기분 나쁘게 한 것이 있는지 말이죠. 아마 두 사람만이 통하는 어떤 신호를 만들어서 둘 간에 이야기가 어려워질 경우, 서로 만남을 끝나고 따로 이야기하기로 할 수도 있습니다.

클라이언트: 네, 해 보겠습니다. 하지만 그게 잘 안 되면 코치님이 그 사람과 이야기해 볼 수도 있을까요?

코치: 그렇게 해야만 한다면 할 수도 있겠죠. 하지만 그럴 필요까지는 없을 것으로 생각됩니다. 당신이 무난히 다룰 수 있을 거예요.

클라이언트: 저를 믿어 주셔서 감사합니다. 저도 요즘 곤란함을 만들지 않을 수 있다고 느낍니다. 혹시 제가 이런 것을 더욱 잘 해나갈 수 있는 방법에 대한 생각이 있을까요? 아니면 이 정도가 제가 할 수 있는 최선인 것인가요?

코치: 글쎄요. 아마 다음 단계로 시도해 볼 수 있는 것은 이런 질문을 스스로에게 던져 보는 것입니다. "내가 어떤 질문에 대답을 안 하고 있기에 이 사람이 계속 나를 압박해 오는 걸까?" 혹은 "내가 말하는 방식에 있어서 내가 받고 있는 상대방의 반응을 초래하는 것이 있는 건 아닐까?" 제가 강조하고 싶은

것은 당신은 대화 중에도 다른 사람의 관점에서 자신의 말을 듣기 시작할 수 있다는 것입니다. 그렇게 하면 대화 중에도 스스로를 바로잡을 수 있습니다.

클라이언트: 네, 지금까지 코치님이 말씀해 주신 것은 정말 좋습니다. 제가 이미 시작한 것들을 더 잘 다룰 수 있다고 느끼게 되면 이런 제안들을 실행해 보겠습니다.

요약(summary)

지금쯤 여러분은 이 모든 것이 어디에서 시작했었는지 잊었을 수도 있다. 그것이 코칭의 전제이다. 코칭의 원리는 클라이언트의 이해 구조를 변형하는 언어와 연습을 제공하는 것이다. 앞의 사례에서 코치는 그렇게 하였다. 때때로 코치는 그 이상을 하였고, 구체적인 활동에 대한 구체적인 가르침을 주기도 하였다. 클라이언트를 단지 당면 문제를 해결하는 수준을 뛰어넘어 보다 능숙해지도록 하려는 의도가 있었기 때문에 아마도 이러한 활동들도 코칭이라고 고려될 수 있을 것이다.

장기적 대화

첫 번째 유형과 두 번째 유형의 대화는 아마도 현업에서 겪는 대화와 유사할 수도 있다. 다음에 이어지는 밥(Bob)과의 코칭 상황은 세 번째 유형의 대화를 보여 주는 좋은 예시로 참조할 수 있다.

세 번째 유형의 대화는 업무 밖의 환경이나 업무 외적으로 만나는 관계가 깊은 사람들을 코칭할 때 사용하는 대화일 수 있다. 설계 요소들이 더 복잡하고, 더 많은 사고를 필요로 하지만 그로 인해 발생하는 변화는 더 깊고 오래 간다는 점에서 충분히 의미 있다고 하겠다.

1. 코칭 프로그램을 잘 실행했다는 것을 구체적으로 어떻게 알 수 있는가? 관찰 가능한 현상을 목록화하라.

관찰 가능한 현상들은 클라이언트와 코치가 관찰할 수 있고, 합의한 변화이다. 예를 들어, 회의에서 더 많이 발언하는지, 새로운 프로그램을 시작하는지, 프로젝트들을 기한에 맞추어 완성하는지 등이 될 수 있다. 명확하게 사고하기, 자신에 대해 더 좋게 느끼기, 더 확신을 갖기 등은 코치나 클라이언트에게 보여질 수 있는 현상은 아니며, 따라서 프로그램의 성과 목록으로 좋은 것이 아니다.

밥(Bob)의 경우, 프로그램은 다음과 같이 완성적이라고 볼 수 있다.

A. 그가 승진하였다.
B. 업무에서의 정치적 환경을 성공적으로 다루는 것에 능숙하게 되었다.
C. 직업상, 계속하여 성장해 나감에 있어 필요한 단계들을 취할 수 있다.
D. 가족이나 자기 자신의 행복 등 업무 외적인 책무들을 수행해 가는 한편, 이러한 모든 것을 처리해 낼 수 있다.

2. 이처럼 구체화된 성과를 이행하기 위해서 클라이언트는 어떤 차이를 통합해야 하는가?

이 문제를 다루기 위해 당신은 새로운 방식으로 생각해 봐야 할 것이다. 어떤 새로운 행위를 클라이언트가 취할 것인가를 파악하기 위해 시도하는 대신, 당신 자신에게 클라이언트가 이 새로운 행위를 하기 위해 무엇을 관찰할 수 있어야 하는지에 대해 물어 보라. 예를 들어, 클라이언트는 그가 언제 대화를 방해하고 있는지, 언제 행위를 취해야 하는 것을 계속 미루고 있는지, 혹은 언제 더 이상 듣지 않는지 등을 볼 수 있어야만 한다. '통합하다'는 단어는 단어 그 자체의 뜻으로는 그런 통합이 클라이언트의 일부가 되어야 한다는 것을 말한다. 이러한 차이들은 계속해서 반복적으로 실행하고 또 실행하여 습관의 일부가 될 때 통합이 이루어진다.

밥(Bob)의 경우, 중요한 차이는 다음과 같다.

A. 그는 회계 부서의 관리자가 아닌 그 조직의 리더의 관점에서 듣는다.
B. 일하면서 다른 사람들이 하는 말에 담겨 있는 의미의 수준과 명확하지 않은 의도를 감지할 수 있다.
C. 누가 믿을 수 있는 사람인지를 알아차릴 수 있다.
D. 자신의 의사소통이 언제 의도한 영향을 미치는가를 알 수 있다.
E. 삶이 균형을 잃게 되면 바로 알아차릴 수 있다.

3. 어떤 차이(예를 들어, 믿음, 두려움, 부정적 평가)를 버려야 하는가?

아마 이 점은 벌써 명확할 것이다. 하지만 성인 학습자의 경우, 가장 큰 어려움은 학습을 저해하는 것을 버리는 것이다. 코치로서 우리는 단지 새로운 차이, 새로운 실행, 새로운 행위만 강조하고, 이것을 관찰하고 행위로 옮기는 다양한 방법이 있다는 것을 잊어버리는 실수를 종종 범한다. 명확하게, 특정 클라이언트가 이러한 차이가 무엇인가에 대해 어느 정도 이해하기 위해서는 일정 기간 동안 관찰이 필요할 것이다.

밥(Bob)의 사례를 읽으면서 당신은 아마 '나도 이러는데' 라고 생각할 수 있다. 그럼에도 불구하고, 내가 느끼기에 그가 그만둬야만 하는 것들은 다음과 같다.

A. 일하면서 이미 벌어진 사건에 대한 해석보다 사실적 진실에만 강박적으로 사로잡혀 있는 것
B. 그저 일만 잘하면 그가 원하는 인정을 받게 될 것이라는 그가 느끼는 강한 의견
C. 사내 정치는 그에게는 저급하고 무시해도 된다라는 것
D. 모든 사람이 당연히 그의 좋은 의도를 알아야 하고, 그의 좋은 의도를 감사하게 여겨야 한다는 것

4. 어떤 생명의-세계 구조(습관, 관계, 실행 등)가 방해가 되는 분별을 유지해 왔는가?

프로그램의 성과를 내기 위해 클라이언트는 그것을 저해하는 구조를 해체해야 할 수도 있다. 예를 들어, 더 잘 경청하기 위해 작업하고 있는 클라이언트의 경우라면 회의 중에 컴퓨터 작업을 하던 습관을 버리거나, 동료와 이야기를 하는 중에 문자 메시지를 보내는 등의 습관을 버려야 할 수 있다. 이러한 것들은 사소한 예이지만

당신이 요점을 이해할 수 있다고 확신한다.

밥(Bob)은 자신의 진전을 위해서는 지금까지 자신을 지지해 온 이 생명의 세계 구조를 포기해야 할 수도 있다.

A. 부문을 관리함에 있어 너무 세부사항까지 관리하거나 모든 보고서의 숫자를 개인적으로 하나하나 확인해야 직성이 풀리는 것
B. 고위 경영진이 내린 결정에 대해 그런 의사결정이 내려질 수밖에 없었던 맥락을 보지 않고 불평만 하는 것
C. 회의를 할 때 본인은 조용히 있고 부하직원으로 하여금 그들 스스로 발언하도록 허용하는 것

5. 클라이언트로 하여금 이러한 구조와 분별을 관찰할 수 있도록 하기 위해 어떤 연습/실행을 부여할 것인가?

이것은 파괴를 설계하는 것이다. 프로그램의 중요성을 그 스스로 찾을 수 있도록 클라이언트에게 관찰하기 과제를 내 주어라.

다음은 밥(Bob)에게 6개월 프로그램 동안에 내가 요구하였던 자기관찰 연습의 일부이다.

초점: 강해지기 – 시작하기(initiating)

• 내적으로 자신을 구분하기로 선포할 것, 자신을 두 사람으로 나누어 보도록 할 것, 한 사람은 삶에서 반응/대응하는 나이고, 다른 한 사람은 수동적으로 이를 지켜보는 나이다.

- 다음과 같은 질문을 이용하여 당신 자신을 삶에서 바라보기 시작할 것, 조용히 그리고 수동적으로 지켜볼 것, 세상을 어떻게 보고 있는지 뿐 아니라 자신의 내적 상태를 관찰하기이다.
- 매일 하루를 마무리하기 전, 하루를 돌아보고 무슨 일들이 있었는지 그리고 어떻게 반응하였는지를 살펴볼 것, 기록을 통해 패턴이 있음을 알아차릴 수도 있다.
  - 어떤 행위, 대화, 관계를 시도하였는가?
  - 시도하고 싶었으나 하지 않은 다른 행위, 대화, 관계 등이 있는가? 어떻게 그것을 정당화하고 있는가?
  - 다음에는 어떤 행위, 대화, 혹은 관계를 시도하고 싶은가? 당신의 시도가 효과적이고 만족스럽게 하려면 어떻게 해야 하는가?
  - 당신 자신과 시도하기에 대해서 배운 점은 무엇인가? 당신이 학습한 것을 언제 어떻게 행위로 옮기겠는가?

초점: 강해지기 – 의사결정

- 내적으로 자신을 구분하기로 선포할 것, 자신을 두 사람으로 나누어 보도록 할 것, 한 사람은 삶에서 반응/대응하는 나이고, 다른 한 사람은 수동적으로 이를 지켜보는 나이다.
- 다음과 같은 질문을 이용하여 당신 자신을 삶에서 바라보기 시작할 것, 조용히 그리고 수동적으로 지켜볼 것, 세상을 어떻게 보고 있는지 뿐 아니라 자신의 내적 상태를 관찰하기이다.
- 매일 하루를 마무리하기 전, 하루를 돌아보고 무슨 일들이 있었는지 그리고 어떻게 반응하였는지를 살펴볼 것, 기록을 통해 패턴이 있음을 알아차릴 수도 있다.

이 연습은 두 부분으로 되어 있다. 매일 두 부분을 다 실행하라.

파트 1

1. 어떤 중요한 결정을 하였는가?
2. 그러한 결정을 어떻게 내렸는가?
3. 당신의 결정을 둘러싼 갈등은 없었는가? 그러한 갈등을 어떻게 다루었는가?
4. 오늘 내렸던 결정들에 대해 어떻게 느끼는가? 당신 자신과 당신의 결정에 대해 배운 점은 무엇인가? 당신이 학습한 것을 언제, 어떻게 행위로 옮기겠는가?

파트 2

1. 어떤 결정을 내리는 것을 피했는가? 결정을 피하는 데 어떤 합리화, 핑계, 혹은 이야기를 이용했는가?
2. 언제 결정을 내릴 것인가?
3. 내일은 어떤 결정들을 내릴 것인가? 목록을 적어 보시오.

의사결정을 지지하기 위해 파트 1과 파트 2 연습을 실행하시오.

초점: 강해지기 – 요청하기

- 내적으로 자신을 구분하기로 선포할 것, 자신을 두 사람으로 나누어 보도록 할 것, 한 사람은 삶에서 반응/대응하는 나이고, 다른 한 사람은 수동적으로 이를 지켜보는 나이다.
- 다음과 같은 질문을 이용하여 당신 자신을 삶에서 바라보기 시작할 것, 조용히 그리고 수동적으로 지켜볼 것, 세상을 어떻게 보고 있는지 뿐 아니라 자신의 내적 상태를 관찰하기이다.

- 매일 하루를 마무리하기 전, 하루를 돌아보고 무슨 일들이 있었는지 그리고 어떻게 반응하였는지를 살펴볼 것, 기록을 통해 패턴이 있음을 알아차릴 수도 있다.

이 연습은 두 부분으로 되어 있다. 매일 두 부분을 다 실행하라.

파트 1

1. 어떤 요청을 했는가?
2. 당신의 요청은 얼마나 성공적이었는가? (즉, 요청한 대로 되었는가?)
3. 무엇이 당신의 요청을 성공하게 하였는가?
4. 당신의 요청한 것들에 대해 어떻게 느끼는가? 당신 자신과 요청하기에 대해 배운 점은 무엇인가? 당신이 학습한 것을 언제, 어떻게 행동으로 옮기겠는가?

파트 2

1. 어떤 요청을 하기를 피했는가? 요청하기를 피한 것에 대해 어떻게 합리화하였는가?
2. 언제 그 요청을 할 것인가?
3. 내일은 어떤 요청들을 할 것인가? 목록을 적어 보시오. 당신의 요청이 성공할 가능성을 높이기 위해서 무엇을 할 수 있는가?

성공적으로 요청하기를 할 수 있도록 지지하는 파트 1과 파트 2 연습을 실행하라.

초점: 강해지기 – 거부하기(pushing back)

- 내적으로 자신을 구분하기로 선포할 것, 자신을 두 사람으로 나누어 보도록 할 것, 한 사람은 삶에서 반응/대응하는 나이고, 다른 한 사람은 수동적으로 이를 지켜보는 나이다.
- 다음과 같은 질문을 이용하여 당신 자신을 삶에서 바라보기 시작할 것, 조용히 그리고 수동적으로 지켜볼 것, 세상을 어떻게 보고 있는지 뿐 아니라 자신의 내적 상태를 관찰하기이다.
- 매일 하루를 마무리하기 전, 하루를 돌아보고 무슨 일들이 있었는지 그리고 어떻게 반응하였는지를 살펴볼 것, 기록을 통해 패턴이 있음을 알아차릴 수도 있다.

거부하기는 요청을 받아들이지 않거나, 공개적으로 다른 사람의 가정에 대해 의문을 제기하거나, 현재 제공된 것 대신 당신이 선호하는 것을 말하거나, 특징 지어지거나 분류되기를 거부하거나, 조작되는 것을 피하는 것을 말한다. 이 모든 것을 가능한 한 상대방에 대한 존중을 가지고 기교적, 기술적으로 해낸다.

1. 어떤 방식으로 관계, 대화, 회의 등을 거부하였는가?
2. 그렇게 함으로써 어떤 상황이 발생하였는가? 당신은 어떻게 느꼈는가? 그렇게 하는 것이 갈등을 유발하였는가? 그런 갈등에 어떻게 반응하였는가?
3. 거부하는 것처럼 느껴져서 하지 않았는가? 그것을 어떻게 합리화하였는가? 거부하지 않은 결과는 무엇인가? 특히, 당신의 감정, 기분, 에너지 관점에서 어떠한가?
4. 당신 자신과 거부하기에 대해 배운 점은 무엇인가? 당신이 학

습한 것을 언제, 어떻게 행위로 옮기겠는가?

초점: 나의 자원은 무엇인가?

이 평가는 약간 다르다. 이것은 관찰과 연구를 통해 스스로 쌓은 목록이다.

1. 업무적으로나 개인적으로 당신의 가장 큰 강점은 무엇인가?
2. 당신을 지지해 주는 네트워크에는 누가 있는가? 그 사람은 당신에게 어떤 지지를 제공하는가?
3. 당신이 하는 방식대로 살기 위해서는 무엇이 필요한가? 특히, 다음의 질문들을 생각해 보라.
    - 매달의 비용(재산세 등 일 년에 한 번 지급하는 비용도 12달로 나누어 포함할 것)
    - 일(이동, 출장 포함), 집에서까지 일하는 경우, 애인/배우자, 자식, 식사 준비, 청소, 집 관리, 옷, 자동차 등에 전념하는 시간
    - 감정적 에너지
    - 자신을 보살피는 데 쏟는 시간
    - 그 외에 다른 신체적 · 정신적 · 금전적 비용
4. 앞의 3번에서 묻는 모든 비용에 대해 어떤 자원을 가지고 있는가?
5. 이 연습을 통해 무엇을 배웠는가? 비용/자원 분석 결과는 당신이 무언가 변해야만 한다고 하는가? 당신이 발견한 것으로부터 어떤 새로운 행위를 취하겠는가?

초점: 내가 미래에 원하는 것은?

이 평가는 약간 다르다. 이것은 관찰과 연구를 통해 스스로 쌓은 목록이다. 이번 주에 다음의 질문들에 대해 답해 보라.

나열된 각 시간대에 대해 다음의 질문에 답해 보라.

시간 틀 (Time Frame)

6개월

1년

2년

5년

10년

20년

질문

1. 당신은 무엇을 하고 싶은가?
2. 당신의 삶에서 필요한 사람은 누구인가? 어떤 능력 면에서 필요한가?
3. 당신은 어떤 자원들을 갖고 싶은가?
4. 당신은 어떤 경험들을 하고 싶은가?
5. 당신은 어떤 방식으로 성장하길/배우길 원하는가?
6. 당신의 삶을 다른 방식으로 그릴 수 있다면, 어떻게 묘사할 수 있겠는가?

초점: 일에서의 성취감

- 선언(declaration)을 통해 당신 안에서 내적 분리를 만들어 내

라, 당신 자신을 두 개의 인격체로 구분하라, 하나는 삶에서의 행위자/반응자, 그리고 다른 하나는 관찰자 그리고 수동적인 사람으로 구분하라.

- 삶에서 당신 자신을 관찰하고, 다음과 같은 질문들을 활용하라. 조용히 그리고 수동적으로 관찰하라, 당신이 세상에 보여주는 것뿐만 아니라 당신의 내적 상태를 관찰하라.
- 매일 하루를 마무리하기 전, 하루를 돌아보고 무슨 일들이 있었는지 그리고 어떻게 반응하였는지를 살펴볼 것, 기록을 통해 패턴이 있음을 알아차릴 수도 있다.

1. 오늘 일에서 당신은 실제 무엇을 성취했는가?
2. 이러한 성취감을 앞으로 어떻게 전개해 나갈 것인가?
3. 이것을 성취하기 위해 당신은 어떻게 결정을 내렸는가?
4. 이러한 연습에서 당신이 관찰했던 것으로부터 당신은 어떤 행위를 취할 수 있는가?

초점: 일에서 타인들에게 도전하기

- 선언(declaration)을 통해 당신 안에서 내적 분리를 만들어 내라, 당신 자신을 두 개의 인격체로 구분하라, 하나는 삶에서의 행위자/반응자, 그리고 다른 하나는 관찰자 그리고 수동적인 사람으로 구분하라.
- 삶에서 당신 자신을 관찰하고, 다음과 같은 질문들을 활용하라. 조용히 그리고 수동적으로 관찰하라, 당신이 세상에 보여주는 것뿐만 아니라 당신의 내적 상태를 관찰하라.
- 매일 하루를 마무리하기 전, 하루를 돌아보고 무슨 일들이 있

었는지 그리고 어떻게 반응하였는지를 살펴볼 것, 기록을 통해 패턴이 있음을 알아차릴 수도 있다.

1. 오늘 당신은 누구에게 도전했는가?
2. 무슨 이유로 그러했는가?
3. 이러한 도전에서 얻은 성과는 모두 어떤 것들인가?
4. 이러한 연습에서 당신이 관찰했던 것으로부터 당신은 어떤 행위를 취할 것인가?

초점: 일에서 주장하기

- 선언(declaration)을 통해 당신 안에서 내적 분리를 만들어 내라, 당신 자신을 두 개의 인격체로 구분하라, 하나는 삶에서의 행위자/반응자, 그리고 다른 하나는 관찰자 그리고 수동적인 사람으로 구분하라.
- 삶에서 당신 자신을 관찰하고, 다음과 같은 질문들을 활용하라. 조용히 그리고 수동적으로 관찰하라, 당신이 세상에 보여주는 것뿐만 아니라 당신의 내적 상태를 관찰하라.
- 매일 하루를 마무리하기 전, 하루를 돌아보고 무슨 일들이 있었는지 그리고 어떻게 반응하였는지를 살펴볼 것, 기록을 통해 패턴이 있음을 알아차릴 수도 있다.

1. 오늘 당신은 무엇을 주장했는가?
2. 당신의 주장을 어떻게 정당화했는가?
3. 당신의 주장이 당신 자신에게 어떤 영향을 미쳤는가? 당신의 업무 관계에는 어떤 영향을 미쳤는가?

4. 이러한 연습에서 관찰된 것들로부터 당신은 어떤 행위를 취할 것인가?

6. 새로운 차이들(앞의 #2에서부터)을 구체화하기 위해 당신이 배정할 수 있는 실천들은 무엇인가?

실행법을 설계하는 것은 창의성이 필요하다. 만약 당신이 #2 질문을 제기하는 전체 작업을 완수했다면, 실행법을 설계하는 데 수월한 시간을 갖게 될 것이다. 실행법은 클라이언트에게 점차 더 새로운 차이를 만들어 낼 수 있는 기회를 주고, 이어서 새로운 관찰에서 흘러나오는 행위를 따라잡기 위해 의도되었다. 아마도 당신이 뭔가를 하는 법을 배운 것을 기억하면 실행법을 설계하는 데 도움을 줄 것이다. 자동차 운전을 배우면서 무슨 일들을 거쳤는가? 차를 모는 것은 분명히 단순하지 않은 것이다! 이 말이 어리석게 들릴지도 모른다. 그러나 몇몇 사람들은 운전을 잘하기 위해 필요한 단계를 밟기보다는 차라리 그냥 가서 해 보는 것으로, 실행을 그런 것으로 간주한다. 그것은 마치 타이핑 코칭을 받는 사람에게 그것을 할 수 있는 방법을 제대로 배우는 데 필요한 다양한 연습과 실습을 거치는 대신에 바로 앉아 타이핑을 시작해 보라고 말하는 것과 같다.

여기에 내가 밥에게 프로그램을 진행하는 동안 하라고 요청했던 주요 실천 방법들 중 한 가지 사례가 있다.

초점: 타인의 관심사를 발견하기

각각의 사람들을 위해 다음의 목록화된 질문들에 답해 보라. 답변들을 찾아내기 위해 연구하라, 오로지 당신 자신만 생각하지 마라, 그 대답들이 변화를 유지해 줄 것이라는 것을 기억하라. 연습을 함으로써 당신은 당신 자신을 위한 기본 정보(baseline information)를 제공하게 될 것이다. 게다가, 당신은 더 큰 맥락에서 생각하고 이로써 관찰할 수 있는 능력을 신장시키기 시작할 것이다.

사람

1. 당신의 동료
2. 당신의 상사
3. 당신의 상사의 상사
4. 당신에게 가장 중요한 세 명의 내부 클라이언트
5. 당신에게 가장 중요한 세 명의 외부 클라이언트
6. 당신의 부하직원들
7. 회사에서 당신의 부서를 담당하고 있는 임원
8. CEO
9. 회장, 그리고 두 명의 다른 이사회 위원
10. 당신이 다음에 원하는 직무를 맡고 있는 사람

질문

1. 이 사람에게 가장 중요한 세 가지 사업 관심사는 무엇인가?
2. (과거 그리고 미래에) 이 사람의 진로 경로는 무엇인가?
3. 사업 관계자에게서 이 사람의 가치는 무엇인가?
4. 이 사람의 다음 6개월, 12개월, 2년, 5년, 10년 후의 사업 의제는 무엇인가?
5. 이 사람의 일하기, 리더십, 의사소통 스타일은 무엇인가?

초점: 지지망을 구축하기

파트 1

이전 부분인 '타인의 관심사를 발견하기'에서 당신이 발견했던 것들로 다시 돌아가라. 열거된 각 사람들을 위해 (그리고 다음에 기록된 추가적인 사람들을 위해) 다음의 질문들을 자신에게 해 보라, 그 다음 당신의 지지망을 확대/확장하기 위해 적절한 실행을 취해 보라.

사람

1. 당신의 동료
2. 당신의 상사
3. 당신의 상사의 상사
4. 당신에게 가장 중요한 세 명의 내부 클라이언트
5. 당신에게 가장 중요한 세 명의 외부 클라이언트
6. 당신의 부하직원들
7. 회사에서 당신의 부서를 담당하고 있는 임원
8. CEO
9. 회장, 그리고 두 명의 다른 이사회 위원
10. 당신이 다음에 원하는 직무를 맡고 있는 사람

추가적인 사람들

- 회사의 다른 부서에 있는 당신의 사업 상대자들
- 사내 정치적 환경의 전문가들
- 업무에서 당신이 존경하는 사람들
- 당신의 경력에 대해 의사결정을 내리는 사람들

질문

1. 내가 이 사람을 위해 경감시켜 줄 수 있는 근심거리(걱정)나 좌절은 무엇인가?
2. 내가 이 사람을 위해 줄 수 있는 정보나 지지, 안내는 무엇인가?
3. 다른 방법으로 이 사람을 지지해 줄 수 있는가?

파트 2

당신의 지지망에 속할 수 있는 업무상 관련된 사람들의 목록을 만들어 보라. 당신의 생각을 자극시킬 수 있는 다음의 질문들을 활용하라. 새로운 사람을 포함하기 위해 항상 눈을 크게 뜨라.

1. 현재 누군가 나를 지지해 줄 수 있는 어떤 근심/좌절이 내게 있는가?
2. 누군가 나를 도와줄 수 있는 어떤 근심/좌절이 내게 생길 것으로 예상되는가?
3. 나의 현재 일을 보다 쉽게 만들어 줄 어떤 투입, 정보, 혹은 안내가 있는가? 나의 미래를 보다 투명하게 만들어 줄 것이 있는가?
4. 나는 누구의 행위를 이해할 수 없는가? 나를 위해 그들의 행위를 조망해 줄 사람은 누구인가?
5. 내가 미리 알고 싶어 하는 미래의 결정/정책은 무엇인가? 이와 관련하여 나를 도와줄 수 있는 사람은 누구인가?

초점: 큰 그림

다음의 질문을 제기함으로써, 당신은 당신 회사에서 큰 그림을 확고하게 이해하게 될 것이다.

1. 앞으로 당신 회사에 특정한 위협 요소가 될 만한 주요한 다섯 가지는 무엇인가? 내년은? 그 다음 5년은? 그 다음 10년은? 그 것에 대해 당신의 회사는 무엇을 해야만 하는가?
2. 내년, 향후 5년, 10년 내에 당신 회사에 가장 중요하게 영향을 미칠 수 있는 특정한 경제적 혹은 정치적 상황은 무엇인가? 전체적으로 당신 회사를 위해, 그리고 각 주요 사업을 위해서 이러한 질문에 답하시오. 그리고 지리학적인 부분(미국과 북미, 아시아, 유럽, 남미, 아프리카)에 따라서 그것을 행하시오. 어떤 영향을 미칠 수 있는가? 당신 회사는 이에 대처하기 위해 무엇을 할 수 있는가?
3. 당신 회사의 안팎 양면에서 어떤 사람이 회사에 가장 큰 영향을 끼칠 수 있는가? 그 영향은 어떤 것인가?

7. 당신의 클라이언트가 이러한 실천들을 실행해 나가는 데 있어서 잠재적으로 좌절할 수 있는 것들은 무엇인가?

이러한 실패(좌절)는 시간과 에너지, 우선순위, 자원 등의 현존하는 제약에서뿐만 아니라 신념과 감정에서도 생겨날 수 있을 것이다. 어떠한 잠재적인 실패가 일어날지를 알기 위해서는 다시 당신의 클라이언트를 시간을 두고 관찰해야 할 것이다.

밥에게서 예측할 수 있었던 실패 요소들은 다음과 같다.

A. 그는 변화에는 복잡성이 필히 따른다는 점에 실망스러워할 것이다.
B. 그는 프로그램이 얼마나 오래 지속되는지 참기 어려워할 것이다.
C. 그는 임원이 되는 데 필요한 기술과 성품을 자신이 갖지 못했다는 판단을 내릴 것이다.

8. 이러한 좌절들은 당신의 클라이언트에게 무엇을 보여 주는가? 당신은 그런 좌절이 일어나도록 방임해야 할 것인가, 아니면 예방하려고 시도해야 할 것인가?

실패(좌절감)는 나쁜 것이 아니다. 사실, 임원들에 대한 최근 조사에 따르면 리더들은 실패감 속에서 가장 많이 배운다는 것을 연구자들이 배웠다. 그렇지만 만약 실패감이 당신의 클라이언트에게 지나치게 파괴적인 것이라면, 그는 코칭 프로그램을 그만둘 수도 있다. 실패감이 주는 감정적 · 상황적 충격에 대비하여 드러날 수 있는 것의 이익들을 비교 검토하라.

나는 그와 프로그램을 함께하면서 밥이 계속 재계약하도록 해야 한다는 것을 잘 알고 있었다. 대체로 실패 시기 동안에 나는 그에게 프로그램의 목적을 상기시키고, 앞으로의 그의 발전을 방해하는 것을 구체적인 방식으로 찾아내는 것은 실제로 좋은 소식이라는 점을 지적해 주려 하였다. 비록 그가 이러한 발견들을 했을 때 불편할 수 있다고 할지라도, 바로 이런 통찰들이 그동안 방해가 되었던 것을 밥에게 보여 주고 그 결과로 적절한 행위를 취할 수 있게 하였다. 이런 실패들에 대한 나의 준비와 민감성이야말로 밥이 자신의 목표를 향하여 나아가리라는 점을 보장해 주었다.

9. 이 프로그램 동안, 특히 실패감을 겪는 동안에 당신의 클라이언트는 어떤 지지를 요구할 것인가?

당신의 클라이언트를 아는 것으로부터 시작해서 이 시점을 고찰할 계기를 가지라. 그리고 당신이 예상하는 실패와 예상치 않게 발생할 불가피한 실패 모두에 대비하라.

밥은 일지를 쓰는 것과 전화로 나와 이야기를 하는 것을 통해 자신의 많은 과정을 해냈다. 이러한 두 가지 활동은 밥을 지지하기에 충분해 보였다.

10. 누가 당신의 클라이언트를 위해 지지를 해 줄 수 있는가?

여기서 요점은 당신 이외에 다른 사람들이 당신의 클라이언트를 지지해 줄 수 있다는 것이다. 우리가 논의 중인 것과 같은 주요 프로그램은 도전하기를 요구할 것이다. 그것은 당신의 클라이언트의 오리엔테이션과 행동에 있어서 어려운 변화이다. 정보와 감정적 지지를 줄 수 있는 다른 사람이 있다는 것은 큰 의미가 있다. 나는 당신이 클라이언트의 심장과 폐와 같은 가치를 가진 존재가 되지는 말라고 권하겠다. 그렇게 하는 것은 당신의 클라이언트를 독립적으로 놔두지 못하며, 또 그것은 당신 자신의 행위의 자유를 불필요하게 제한하게 될 것이다.

나 이외에도 낸시(Nancy)가 밥을 지지해 줄 수 있었다. 그리고 그가 상위 경영자진과의 유대를 구축함에 따라 그 수준의 사람들도 그를 지지하기 시작했다.

11. 이 코칭 프로그램을 당신은 어떻게 구조화할 수 있는가?

- 코칭 프로그램의 기간은 얼마나 될 것인가?
- 당신과 당신의 클라이언트는 얼마나 자주 만날 것인가? 이러한 만남의 기간은 얼마나 걸릴 것인가?
- 이 프로그램은 당신의 클라이언트에게 얼마나 많은 시간을 요구할 것인가? 어떤 다른 자원들을 요구할 것인가?
- 당신은 얼마나 자주 소통할 것인가? 어떤 형식으로 할 것인가?
- 당신의 클라이언트에게 당신 자신을 어떻게 도움이 되게 할 것인가?

프로그램 설계에서 이 모든 사항을 다뤄야 한다. 그리고 당신이 클라이언트에게 이 프로그램을 제시하고, 프로그램이 진행되면서 무슨 일이 일어날지에 따라 그 사항들을 변화시키는 데 마음을 열어야 한다.

밥(Bob)의 프로그램은 6개월간 진행되었다. 우리는 반나절씩 여섯 번 만났고, 매주 전화로 서로 이야기를 나누었다. 내가 밥에게 요구한 연습은 아마 일주일에 두 시간 내지 4시간 정도 걸렸다. 나는 밥에게 우리의 즉각적인 관심을 요구하는 사안에 그가 부딪힐 경우에는 약속된 시간 이외에도 도움을 줄 수 있다고 말했다. 실제 그러한 일이 프로그램 동안에 몇 번 일어났었다. 나는 밥에게 하루 24시간 도움을 줄 수 있다고는 말하지 않았다. 다른 일 때문에 모든 경우에 즉각적으로 그에게 갈 수 없을 수도 있다고 미리 주의를 주었다. 그래도 그에게 문제는 없었다.

12. 당신의 클라이언트에게 프로그램의 성과를 보여 주기 위해 당신이 사용할 수 있었던 메타포는 무엇인가?

몇 가지 예를 당신에게 간단히 제시하고자 한다. 먼저 프로젝트를 완수함에 있어 아주 집중력을 잃어버린 누군가에게 당신은 '현재 당신의 작업은 느슨하게 조여져서 증기가 새어 나가는 바람에 장치의 힘이 줄어든 증기 파이프와 같다.'고 말할 수 있다. 코칭 후에 클라이언트의 작업은 더 이상 김이 새지 않는 파이프와 같은 것이고, 증기의 충분한 열기와 압력이 기계에 적용될 수 있을 것이다. 다음으로 질서가 무너져 있거나 매일 혹은 매시간 자신을 재조직해야 하는 누군가를 위해서는 어쩌면 당신은 한 권의 책을 읽는 메타포를 사용할 수 있다. 계획이 없다는 것은 한 페이지에서 몇 번이고 되풀이하는 것과 같은 것이고, 반면에 정리가 된 상태는 시간이나 노력의 손실 없이 어디서 하나를 고를 수 있다는 것이다. 또한 주장을 강하게 하지 못하는 클라이언트인 경우에는 아마도 당신은 먼지로 덮여 있는 다이아몬드와 같다는 메타포를 사용할 수 있다. 이것은 다이아몬드에는 아무런 문제가 없다는 것, 단지 다이아몬드가 진정으로 빛나게 할 수 있도록 깨끗하게 닦는 것이 문제라는 사실을 암시하는 것이다. 그 연결점이란 주장을 내세우지 못하는 것을 극복하는 것은 클라이언트의 적합성의 문제가 아니라 타인들과 조우할 때 그의 적합성의 방식에서 뭔가가 있다는 점이다. 메타포는 클라이언트에게는 매우 기억에 남는 것이 될 수 있으며, 클라이언트에게 프로그램에서의 성공이 어떤 것일지에 대해 직관적인 느낌을 주는 데 사용될 수 있다.

내가 밥에게 적용했던 필수적인 메타포는 그의 임원 잠재력은 땅 속 깊이 매장된 석유(oil)와 같았다. 그리고 그것은 표면 위로 끌어올려질 때에만 오로지 가치로울 것이다. 만약 그가 석유회사에 근무했다면, 이것은 그를 승진시켜 줄 수 있는 그 사람에 대한 그의 리더십 태도를 보여 주는 직무에 대한 적합한 서술이었다.

13. 어떤 서류 작업(달력, 작업일지 등)이 당신의 클라이언트를 지지해 줄 것인가?

당신이 클라이언트에게 더 많은 지지를 해 줄수록 좋다. 스스로 상기하고, 조직적인 태도를 유지하고, 작업에 계속 집중하기 위해 당신이 사용하는 것은 무엇인가?

나는 밥에게 이 모든 실행과 자기관찰 연습을 암기할 필요가 없도록 프린트된 양식으로 주었다. 나는 또한 프로그램의 목적을 위한 기록표와 그의 일지, 현재의 자기관찰, 현재의 실행, 기록들을 끼웠다 뺐다 할 수 있는 바인더를 그에게 제공했다.

14. 당신은 이 프로그램을 클라이언트에게 어떻게 제시할 것인가? 당신의 클라이언트가 할 것 같은 질문은 무엇인가? 어떤 고민인가? 어떤 이의인가? 당신은 이러한 것을 어떻게 다룰 수 있는가?

나는 가구가 멋있는 식당에서의 음식 맛이 더 나은지, 혹은 옷을 잘 차려입은 판매원을 우리가 정말로 신뢰하는지가 때때로 궁금하다. 어쨌든, 당신이 프로그램을 설계할 때 가지는 관심만큼이나 프로그램을 제시할 때에도 그 정도의 관심을 가져야 한다. 그렇게 함으로써 당신의 클라이언트가 마음을 열고 당신을 받아들이는 것을 보장할 수 있을 것이다.

내가 밥을 이해하게 됨으로써 나는 이 모든 작업을 하는 데 그를 계약할 수 있게 한 가장 중요한 측면은 나에 대한 신뢰성을 구축한 것임을 알았다. 그가 일을 성취하는 데 있어 내가 다른 사람들을 성공적으로 코치해 왔다는 것을 그에게 알린 것은 중요했다. 나는 다른 코칭 프로그램에 대한 이야기를 그에게 들려주었고, 때때로 그 이야기를 상기시킴으로써 코칭을 수행했다.

당신 자신을 코치로서 개발하는 데 있어 나는 당신이 첫 번째 유형의 대화로 시작하기를 제안한다. 그다음 점점 더 유능하게 성장해 나감에 따라 두 번째, 세 번째로 옮겨 가라. 뇌수술은 응급처치를 어떻게 하는지를 알고 나서 해라.

평가 연습

첫 번째 대화를 준비하는 데 다음의 질문들을 이용하라. 당신의 평가는 '실제 관찰'을 근거로 한다.

1. 코칭을 위한 시작으로 관찰한 것은 무엇인가?
- 실패감(구체화하기)
- 능력을 향상시키기(구체화하기)
- 클라이언트를 위한 새로운 가능성(구체화하기)
- 사회적 정체성에 대한 위협(구체화하기)

2. 앞의 1번에 서술된 상황에 대응하기 위해 당신의 클라이언트가 지녀야만 하는 새로운 역량 혹은 자질은 무엇인가?

3. 잠재적 클라이언트가 이 일을 수행하는 데 현재 어떤 능력이 필요한가? 당신의 평가를 증명하는 최소 세 가지 행동의 예를 적어 보시오.

최소 한 가지 모델을 활용하여 당신의 잠재적 클라이언트에 대한 해석의 구조를 결정하시오.

■ 5가지 요소 모델
- 당장의 걱정거리
- 헌신

- 가능성
- 기분
- 현재의 이야기

■ 능력 모델 영역
- 사실과 사건
- 타인과의 관계
- 자기관리

■ 만족/효과성 성분 모델
- 지능
- 감정
- 의지
- 맥락
- 영혼

자기관찰 연습

첫 번째 대화에서 클라이언트에게 보여 줄 관찰 연습을 설계하기 위해 다음의 질문을 이용하라. 예시 연습용 질문들은 다음과 같다.

1. 관찰해야 할 것은 무엇인가?
2. 실습 기간은 어느 정도인가?
3. 관찰 빈도는 어떠한가?
4. 이러한 연습에 대한 정확한 지침은 무엇인가?

자기관찰 연습 샘플

시작 일자: (오늘)

종료 일자: (오늘로부터 10일)

1. 선언(declaration)을 통해 당신 안에서 내적 분리를 만들어 내라. 당신 자신을 두 개의 인격체로 구분하라. 하나는 삶에서의 행위자/반응자, 그리고 다른 하나는 관찰자 그리고 수동적인 사람으로 구분하라.

2. 삶에서 당신이 어떻게 반응하는지 관찰을 시작하라. 삶에서 무슨 일이 일어나는지를 관찰하고, 이어 당신이 무엇을 하고, 말하고, 느끼고, 생각하고, 반응하는지 등을 관찰하기. 조용히 그리고 수동적으로 관찰하라.
   당신 자신, 타인, 삶에 대한 당신의 판단을 주목하라.
   당신이 세상에 보여 주는 것뿐만 아니라, 당신의 내적 상태도 관찰하라.

3. 하루가 끝날 때쯤, 당신의 하루를 다시 훑어보며 무슨 일이 일어났고, 어떻게 반응했는지 기록하라.

4. 이런 연습을 열흘 동안 하라.

실행 연습

두 번째 대화를 위해 클라이언트에게 제시할 실행을 설계하기 위해 다음의 질문을 이용하시오. 새로운 실행 연습은 행위와 반성의 조합이다. 반성은 학습을 파악하고 그것은 다시 행위로 연결시킨다. 그렇게 함으로써 역량이 증가한다. 실행의 사례는 다음에 있다.

1. 당신의 클라이언트는 역량을 증진시킬 수 있는 것으로 어떤 반복 행동을 할 수 있는가?
2. 그 행위들이 성공적인지 여부를 당신의 클라이언트는 어떻게 알게 될 것인가? 기준은 무엇인가?
3. 이런 실행을 하는 동안, 당신의 클라이언트에게 특히 무엇에 대해 성찰하고 있는지 물어볼 것인가?
4. 실행 기간과 구조는 무엇인가?
5. 이 연습을 위한 정확한 지침은 무엇인가?

비즈니스를 위한 실행 연습 샘플

목표

당신의 장점을 확인하고 시간을 좀 더 효율적으로 관리하도록 해 주는 관리 실행을 수립하고 유지하기

지시 사항

1. 당신이 현재 작업 중에 있는 모든 활동의 목록 만들기
   a. 활동을 범주 A, B, C로 나누는데, A는 사업 성공에 가장 중요한 것으로 하고, C는 가장 덜 중요한 것으로 한다.
   b. 각 범주 내에서 활동에 번호를 매기는데, 가장 중요한 것에는 #1로 한다.
   c. 각 활동 다음에 매주 혹은 경우에 따라서는 매달 그것을 행하는 데 당신이 얼마나 많은 시간을 쓰는지 기록한다.

2. 그 다음에는 자신에게 물어보기
   a. 나의 시간을 더 효과적으로 배당할 수 있는가? 어떻게 배당하는가?
   b. 다른 누구에게 어떤 활동들을 부여할 수 있는가?
   C. 회사에서 실제로 나의 업무는 무엇인가?

3. 업무에서 하고 싶었으나 하지 못한 활동들을 모두 목록화하기. 목록 작업은 남김없이 할 것
   a. 활동들을 범주별로 나누고 앞에서와 같이 우선순위를 매기시오.
   b. 각 활동 다음에 매주 혹은 매달의 활동을 완수하는 데 얼마나 시간이 걸릴지 기록하시오.

4. 그 다음에 자신에게 물어보기
   a. 이 활동을 하는 이득은 무엇일까?
   b. 이런 활동을 함으로써 나는 어떤 반복적인 실패들을 피할 수 있는가?
   c. 이 회사에서 나의 업무는 실제로 무엇인가?

5. 당신의 직원에게 1번에서 4번까지 모두 하도록 시킬 것. 그때 당신이 쓴 것을 공유하고 그들의 반응을 읽음으로써 당신 부서의 업무 체계, 책임 절차, 관리 체계, 보상 체계와 직원들의 훈련과 개발을 재조직하거나 재설계할 방안을 물어볼 것

6. 이렇게 함으로써 당신은 무엇을 배웠는가?

추천 도서

목록에 나온 책들은 코칭에 대해 많은 상이한 접근법을 제공한다. 모든 클라이언트에게 적용될 수 있는 것은 아무것도 없다. 각각의 클라이언트에게 개별적으로 도움이 된다. 많은 클라이언트에게 친숙해짐으로써 코치는 다양한 사람에게 성공적으로 작업을 할 수 있을 것이다. 단지 몇 개의 읽을거리에 관심을 가진 것이라면 나열된 순서대로 다음을 권한다.

1. 『Educating the Reflective Practiti-oner』, Donald Schön.
2. 『The Path of Least Resistance』, Robert Fritz.
3. 『Shambhala』, Chögyam Trungpa.

Adams, James L. *The Care and Feeding of Ideas*. Reading, MA: Addison-Wesley Publishing Company, 1986.

창의성과 혁신의 양성 및 지지 입문서

Anderson, Nancy. *Work with Passion*. New York: Carroll & Graf Publishers, Inc, 1984.

열정과 목표를 가진 경력을 발견하도록 독자를 인도하는 실용적인 안내서로서 연습과 사례를 가득 담고 있다.

Argyris, Chris. *Overcoming Organizational Defenses*. Boston: Allyn and Bacon, 1990.

저자는 조직 개발 규율의 창시자이다. 그는 매우 지적인 사람들이 하나의 집단 안에서 어떻게 어울리고, 그들의 지성을 반으로 줄이는 것이 어떻게 가능하지를 설명하고 있다. 게다가, 선한 의도를 가진 사람들로 채워진 조직들이 어떻게 변화로부터 그들 자신을 '보호'하는지에 대한 많은 사례를 보여 주고 있다. 자신의 경험에서 그는 그런 방어 기제를 극복할 수 있는 성과를 추천하고 있다.

Beckett, Liana, & Stephanie Covington. *Leaving the Enchanted Forest*. San Francisco: Harper & Row, 1988.

우리문화에서 낭만적인 사랑이 많은 사람들을 감싸왔다는 미신을 깨뜨리려는 의도를 가진 내용이다(솔로몬의 '사랑에 대하여'를 볼 것).

Bradshaw, & John. *Bradshaw On: The Family*. Beach, FL: Health Communications, Inc. Deerfield, 1988.

많은 감정적/심리적 문제가 가족관계의 역동성 안에 근원을 두고 있다고 제안한다. 가족 안에서 습득된 대응과 반응의 패턴은 확장된 코칭 프로그램의 어떤 시점에서 나타날 것이다. 이 책의 특징은 당신에게 그것들이 무엇인지에 대한 패턴을 깨닫도록 도와줄 것이다.

Burns, & David, D. *Feeling Good*. New York: Signet Classics, 1980.

인지치료개론서로서 사고가 감정과 기분을 이끈다는 전제를 기반으로 하고 있다. 자기-관찰연습을 설계하고, 이와 관련된 고민사례들을 다루기 위한 작업틀로서 도움이 될 수 있다.

Dail, & Lee, Hilda. *The Lotus and the Pool*. Boston: Shambhala Publications, 1983.

자신에게 맞는 (장기간의 경험에 기반을 둔) 진로를 찾아가는 과정을 보여준다. 이러한 접근법은 심층적인 인간적 가치를 기본으로 한다. 유용한 사례와 실용적인 조언을 담고 있는 책이다.

DePree, & Max. *Leadership Is an Art*. New York: Doubleday, 1989.

이 책을 읽는 것은 마치 아름다운 오아시스에 있는 야자수 밑에서 얼굴에 시원한 바람을 맞으며 앉아 있는 것과 같다. 매우 인간적이다. 저자의 부인할 수 없는 성공 경험 때문에 믿음이 간다. 그야말로 영감을 주는 책이다.

Fournies, & Ferdinand, F. *Coaching for Improved Work Performance*. Blue Ridge Summit,PA: Tap Books, Inc, 1978.

이 책에서 제시된 것과 같은 코칭에 대한 책은 아니다. 오히려, 타인의 행동을 조정하기 위해 어떻게 행동주의의 원칙을 적용할지에 대한 책이다. 왜 전문가들은 저자가 권하는 방식으로 대접받는 것을 용인하는가?

Fritz, & Robert. *The Path of Least Resistance*. New York: Ballantine Books, 1984.

성취를 지지해주는 구조와 목표를 만들기 위한 방법론을 제안하고 있다. 특히 사람들이 목표에 가까이 갔을 때 보이는 변명, 정당화, 자기 파괴적 행동을 예방하는 데 유용하다. 코치라면 누구에게든 가치 있는 배경지식이 될 것이다.

Goldstein, Joseph, & Kornfield, Jack. *Seeking the Heart of Wisdom*. Boston: Shambhala Publications, 1987.

인간이 처한 조건을 능숙하게 다룰 수 있는 방법을 알려준다. 살아가면서 적용할 수 있는 연습거리와 권장할 만한 사례들로 가득 차 있다. 글이 좋고, 친절하며, 독단적이지 않다.

Kinlaw, & Dennis, C. *Coaching for Commitment*. San Diego, CA: University Associates, Inc, 1989.

반영적 경청, 개방형 질문, 지지하기 등등의 최상의 기술들을 모아둔 책이다. 저자의 다양하고 광범위한 경험을 기반으로 했다. 설명이 명확하면서 체계적으로 잘 구성되어 있다.

Kornfield, & Jack. *A Path with Heart*. New York: Bantam Books, 1993.

저자는 임상심리학자이면서 명상지도사다. 이 책은 개인적 경험을 통해 그리고 수천명의 학생들과 더불어 작업하면서 배운 영적인 길에 대한 인정 깊은 나눔이다. 심리적 고통을 부정하거나 회피하기 위해 그 고통을 이용하는 학생들에서부터, 학생들을 이용하는 교사들에 이르기까지, 인생의 길목에서 마주하는 고난을 다룸에 있어서 꼼꼼하면서도, 이해할 수 있게, 숨김없이 다루고 있다. 각 장은 거듭되는 연습과 적용을 제안하였다. 귀중한 참고서다

MacIntyre, & Alasdair. After Virtue. London: Gerald Duckworth & Co.. reprint, Notre Dame, IN: University of Notre Dame Press, 1981.

역사적, 철학적 맥락에서의 도덕성에 대한 고찰. 코치에게 있어서 자신이 어떤 존재인지를 규정하는 연습들이 근본적으로 중요하다는 것

을 보여주는 매우 유용한 책이다.

Schön, & Donald, A. *Educating the Reflective Practitioner*. San Francisco: Jossey-Bass, Inc, 1987.

이 책(그리고 다음에 나오는 책 성찰적 실무자)은 전문가가 실제로 일하는 방식을 보여주는데, 공식을 적용하는 것이 아니라, 진행해 가면서 배우고 수정해 가는 방법을 보여준다. 저자는 다양한 학문을 연구함으로써, 어떻게 활동 중에 반성할 수 있는지, 그리고 어떻게 코치가 기여할 수 있는지를 보여준다. 유용하면서도 읽기 쉬우며 현실감 있는 책이다.

The Reflective Practitioner. New York: Basic Books, Inc, 1983.

Solomon, & Robert, C. *About Love*. New York: Simon & Schuster, 1988.

노래, 소설, 영화, 텔레비전에 의해 계속되는 자기패배적인 이야기를 넘어 로맨스를 이해하고 창조하는 방법을 제시하는 책이다. 재치, 통찰력, 온화함을 지닌 철학자에 의해 쓰여졌다. (베케트의 '매혹의 숲을 떠나며'를 볼 것)

Starcevich, Matt, M., & Stowell, Steven J. *The Coach*. Salt Lake City, UT: The Center for Management and Organization Effectiveness, 1987.

성공한 관리자들에 대한 연구에 기초한 코칭의 한 형태. 솔직하다. 현장에서의 상사/부하관계에 적용할 수 있다.

Trungpa, & Chögyam. *Shambhala*. Boston: Shambhala Publications, 1984.

개인적 변화를 가져오기 위한 티벳 전통의 고대의 강력하면서도 유용한 접근을 보여준다. 어려운 문제에 대한 지혜와 실용적인 해결책으로 가득 차 있다. 연민, 관대함, 수용력을 개발하는 방법을 보여주며, 여전히 일상생활로 이어질 수 있다.

Woodman, & Marion. *Addiction to Perfection*. Toronto: Inner City Books, 1982.

내적인 힘을 발휘하게 하는 융의 관점에 의해 쓰여진 도전적이면서도 밀도 있게 쓰여진 글이다. 이것은 많은 여성들을 신체와 행동에 있어 완벽해지고자 필사적으로 노력하게끔 몰아간다.

10

걸림돌

'걸림돌(stuck)'이라고 명명한 이 장에서 나는 두 가지 주제에 대해서 이야기할 것이다. 첫 번째는 클라이언트가 걸림돌에 걸려서 업무 혹은 일상생활에서 헤어 나오지 못하는 것에 초점을 맞추었다. 두 번째는 코칭 자체가 걸림돌에 걸린 상황이다. 클라이언트가 걸림돌에 걸린 것과는 별개로, 이런 경우가 코치인 우리 자신에게는 훌륭한 코칭으로 보일 수도 있다.

클라이언트의 걸림돌

우리의 클라이언트들은 대개 그들의 삶에서 뭔가 걸림돌에 막혀 있다는 느낌을 받았기 때문에 우리에게 오는 것이리라. '걸림돌', 즉 뭔가에 막혔다 혹은 걸렸다라는 단어가 지칭하는 현상들은 광범위하다. 클라이언트가 일상이 통 재미가 없고, 아무것도 배우지 않으며, 자신의 미래를 보지 못한다는 것을 의미할 수 있다. 혹은 무엇인가를 성취하고자 노력하였으나 성취하지 못했다는 것을 의미하기도 한다. 또 다른 경우를 보면, 직장에서 혹은 타인과의 관계에서, 혹은 자기 자신을 관리함에 있어서 쳇바퀴 돌듯이 같은 행동을 반복하고 있다는 것을 의미할 수도 있다. 그 단어는 실존적 두려움이나 불안, 클라이언트가 삶에서 기반, 지지, 의미를 느끼지 못하는 경험을 묘사할 때 사용되기도 한다.

코치가 제일 먼저 해야 할 일은 초기 질문을 통해서 클라이언트가 어떤 종류의 걸림돌을 의미하고 있는지 신속하게 알아내는 것이다. 자신이 걸림돌에 걸려 있다고 말하는 클라이언트들의 호소의 핵심은 경험의 내용에 상관없이 한결같다. 체험의 저변에는 공통적인 느낌, 즉 세상이 나를 잡아 주지 않고 있다는 느낌이 깔려있다고 나는 생각한다. 이런 느낌은 몸, 즉 신체가 느끼는 것으로서 이 세상에서 내가 존재할 장소가 없다는 느낌과 같은 것이다. 몸으로 느낀 것은 곧바로 감정과 사고로 이어지게 되어 있다.

불안감과 좌절감은 바로 그런 몸의 느낌으로부터 수반되는 감정인데, 이런 상태가 되면 사람들은 불안과 좌절감을 해소하기 위해 미친 듯이 노력하게 된다. 노력은 하지만 그들이 하는 행위는 요령이 없고 자해적이며, 심지어는 자기파괴적으로 변한다. 종종 그들은 스스로를 부정적으로 판단하고, 남들을 탓하며, 어떤 지지가 제공되든 냉소적으로 되받아치기까지 한다. 그들은 자기가 처한 상황은 특수하고 복잡하여서 자기만 그런 난관에 빠져 있다고 확신한다. 그들이 겪는 것을 다른 어느 누구도 그렇게 힘들게 겪지는 않을 것이라고 확신을 한다. 그런 상황으로부터 빠져나와야 한다고 생각은 하면서도 동시에 자기는 결코 그 상황에서 벗어날 수 없다는, 즉 빠져나갈 길이 없다는 확신을 가진다. (만약에 길이 있다면, 자기는 지금쯤 그 길을 알고 있어야 한다는 논리를 가지고) 바로 이 인지 감정상의 딜레마가 방금 전에 언급했던 좌절감의 원인으로 작용하며, 곧바로 불안감이 뒤따라서 발생한다. 같은 경험이 영원히 지속될 것만 같은 걱정을 시작하기 때문이다.

이 모든 것은 너무나 어렵고 드라마틱하게 들릴 것이다. 그러나 그 원인은 우리 자신이 스스로 그런 상태를 만들고 있기 때문이다. 앞에서 말했듯이, 근원은 우리가 세상으로부터 버림받았다는 느낌에서 비롯된다. 그러므로 나는 여기서 그런 일련의 체험이 어떻게 해서 전개되는지를 설명하고자 한다. (그렇게 하는 이유는 그런 체험 현상이 진행되면서 점점 더 복잡해지기 때문이다. 그런 까닭에 코치들도 겉으로 드러난 것뿐만 아니라 이면의 뿌리를 다룰 줄 모른다면 거미줄 같은 덫에 붙잡히게 되는 것이다.)

내가 누군가로부터 배척받는다는 아픈 느낌을 받았다고 가정해 보자. 나는 즉시 그리고 반사적으로 누가 나에게 그런 짓을 하는지 찾아보기 시작할 것이다. 우리는 그렇게 느끼게 한 사람을 비난하고, 그들에게 냉담하게 굴 것이다. 그게 아니라면, 나는 나 자신을 비난할 것이다. 그리고 이런 자기비난은 부정적인 자기평가로 이어지도록 하는 내면의 목소리를 증폭시킬 것이다. 우리는 고통에 대해서 제대로 탐색하는 방법을 모른다. 그것은 너무나 부담스러우며, 우리는 가급적 그것으로부터 빨리 도망하고자 한다. 이것이 우리의 광적(역자 주: 급작스럽게 반사적이라는 뜻을 과장함) 행동의 시작점이다.

코치는 이런 광적 행동으로부터 발생하는 모든 곤란한 것을 바로잡으려고 하기보다는 클라이언트로 하여금 자기가 버림받았다는 느낌이 어떤 체험인지 잘 살펴보게끔 해 주어야 한다. (그 체험은 외로움, 오해받음, 사랑받지 못함, 내 자리가 아님, 무시받음, 방치됨 등으로도 표현된다.) 내가 여기서 말하고자 하는 바는 트라우마나 학대로 인한 심리적 상태만이 아니다. 내가 강조하는 것은 삶을 바라보는 방식으로서 그것은 (역자 주: 최소한도 본인에게는) 전적으로 옳으며 타당한 것으로 보이는 성질의 것이다. 이것을 고치는 첫걸음은 삶을 바라보는 모든 관점에는 진실이 담겨져 있음을 깨닫는 것이며, 그 다음에는 그 관점이 여러 관점 중 하나의 관점임을 깨닫는 것이다.

코치는 클라이언트와 논쟁을 통해서 그의 관점이 잘못된 것임을 밝힐 필요가 없다. 클라이언트는 비록 지금 이 순간에는 자기가 바라보는 것이 전부로 보일지라도, 결국에는 그것이 전부가 아님을 알아내야 한다. 그리고 어떤 면에서는 실존주의 철학자들이 말한 대로 우리는 모두 혼자이다. 아무도 나를 대신해서 느끼지 못한다. 아무도 나를 대신해 겪을 수 없다. 아무도 나를 대신해 내 결정의 결과를 수용할 수 없다. 이것은 논쟁이 필요하지 않을 만큼 타당한 진리라고 나는 생각한다. 그러나 또 하나의 진리는 우리는 타인들과 함께 엮여서 산다는 것이다.

우리가 먹는 음식, 마시는 물, 입는 옷, 거주하는 집, 운전해 다니는 도로 등 이들 모두는 나와 타인들을 연결시킨다. 우리의 몸은 조상으로부터 온 선물이다. 우리가 사용하는 언어 덕분에 내가 지금 하고 있는 생각이 가능하게 된 것처럼 말이다. 우리는 이 세상으로부터 한 발짝도 밖으로 나갈 수 없다. 세상 밖으로 나간다는 것은 불가능하며, 사실 세상은 매 순간 우리를 붙잡아 주고 있다. 세상은 내가 숨 쉴 공기를 주며, 내가 딛고 서 있을 중력을 제공해 주고, 그늘로 삼을 나무를 제공해 주고, 내 주변의 가까운 타인들과 관계를 맺을 수 있게 해 주었다. 그런데 우리가 고통으로 인해 발을 헛디디는 순간에는 이런 사실들을 모두 잊어버린다. 그러고는 누군가 비난할 대상을 찾아 고통으로부터 벗어나려고만 한다.

지금까지 말한 것들을 기반으로 하여 이제부터는 코치가 해야 할 바를 제시하고자 한다.

첫째, 내가 앞에서 설명한 것들을 기억한다.

둘째, 클라이언트가 스스로 자기를 가장 잘 보호할 수 있는 실천 방안을 설계한다. 클라이언트와 함께 그의 모든 걱정거리를 탐색하고, 각 영역에서 그의 욕구가 현실적으로 충족될 수 있는 방안을 탐구한다. 개인이 막다른 골목에 갇히는 것은 종종 자기 자신의 행동에서 비롯된다. 예를 들어, 수면, 음식 섭취, 동료애, 자기표현, 운동, 심미적인 활동 등을 완전히 무시하고 사는 사람들이 그러하다. 이들은 자신의 삶이 왜 건조하다고 느끼는지, 버림받았다는 느낌이 왜 생기는지 단지 의아해할 뿐이다.

셋째, 클라이언트가 자신에 대한 기대 수준을 평가해 보도록 연습 과정을 설계한다. 우리 문화권 사람들은 '완벽한' 삶을 사는 사람들의 모습을 담은 영화나 잡지를 지나치게 많이 본다. 마케팅의 강력한 지지에 따라 우리의 삶이 영화나 잡지 속의 모습과 같아야 한다고 결론을 내린다. 심지어 나 자신도 마땅히 그럴 자격이 있다고 믿기까지 한다.

우리가 속고 있는 것이다. 그런 삶을 사는 사람은 없다. 영화배우들은 메이크업에 두 시간, 특수 조명 배치에 세 시간을 쓰기 때문에 그렇게 나올 수 있는 것이다. 막대한 부와 권력을 가진 사람들의 삶도 특별하게 행복하지는 않다. 단지 당신이 그들의 삶을 제대로 보지 못했을 뿐이다.* 이러한 신기루를 지나 삶의 참모습을 볼 수 있을 때, 클라이언트의 삶에 대한 기대는 현실적이게 된다. 올림픽 다이빙 경기를 시청하던 사람이 갑자기 "나도 저걸 해야 해."라고 하면서 10미터 높이의 다이빙대에서 점프를 한 뒤 공중에서 두바퀴 트위스트를 시도하였다면, 그 결말은 심각한 부상을 입는 것일 수밖에 없다. 이것은 너무나 명백하다. 그러나 사람들은 빌 게이츠의 부와 마이클 조던의 신체를 갖고자 애쓰며 인생을 망친다. 자신의 삶에서 충족시킬 수 없는 수준의 비현실적인 기대를 가지곤 했을 때 그 이후의 진행 상황에 대하여 생각해 보자. 세상이 우리를 실망시킨다고 느끼게 될 것이며, 내가 앞에서 설명한 각종 증상이 시작될 것이다.

반대로, 클라이언트가 자신의 진정한 욕구를 돌보고 현실적인 기대를 가지게 된다면 그의 삶은 아주 순조로워지고 타인들과의 관계 역시 조화롭게 변화할 것이다. 세상은 갑작스럽게 그 속에 숨어 있던 아름다움과 부드러움을 드러내어 보여 줄 것이다. 걸림돌의 뿌리가 풀려지면서, 걸림돌 자체가 사라질 것이다.

코치의 걸림돌

코칭 프로그램 자체가 막다른 골목에 갇혀 앞으로 나아가지 못하는 경우가 발생할 수 있다. 지난번 코칭 시간에 열성적이고, 진지하고 이해도가 높았던 클라이언트가 연습을 하나도 해 오지 않았

* 마틴 셀리그먼(Martin Seligman)의 『진정한 행복(*Authentic Happiness*)』을 읽어 보면 더 많은 이야기를 접할 수 있다.

는데, 그동안 배운 모든 것을 망각한 것처럼 보인다. 우리는 알고 있는 모든 것들을 시도하지만, 이런 일은 반복해서 발생하고 있다. 우리의 코칭에도 시간이 무제한으로 주어지는 것이 아니기 때문에 코치들은 압박감에 시달리게 되어 있고, 창의성은 구름에 가려지게 된다. 바로 이 대목에서 코치들은 쉽게 클라이언트를 비난하려 들며, 실로 그런 비난의 행동은 곧바로 발생하기도 한다. 코치들은 이런 클라이언트를 '코칭을 받을 수 없는' '절박함이 부족한' 혹은 '아직 충분히 고통을 받지 않은'이라는 단어로 분류를 하면서 코칭을 중단하기도 한다. 나의 관점으로는 바로 이 최후의 순간에 우리 코치들이 무엇인가를 학습해야 한다는 것이다. 바로 이 시점이 클라이언트에게는 발전을 위한 일종의 돌파구가 되는 최대의 기회라는 것을 코치들은 깨달아야 한다.

언제라도 코칭은 중단될 수 있지만, 그에 대비해서 코치들이 노력해야 할 것들이 많이 있다. (세심한 독자라면, 앞에서 예로 든 걸림돌에 대한 코치들의 반응을 주시했을 것이다. 바로 앞 문단의 예이다.) 나는 여기서 코칭 프로그램이 걸림돌에 걸릴 수 있는 가능한 이유를 전부 다 열거하지는 않겠다. 그 대신, 나는 다음의 열거를 통해서 우리 코치들이 그런 상황에서 코칭 프로그램이 발전할 수 있도록 무엇을 시도할 수 있는지, 그리고 우리가 자신에 대해서 무엇을 배울 수 있는지에 대해서 서술하고자 한다.

1. 클라이언트와 가졌던 첫 회기의 면담 내용을 다시 검토하라. 당신은 어떤 가설을 세웠었는가? 그리고 그런 가설에 도달하였던 근거는 무엇이었나? 당신의 평가가 얼마나 근거 있는 것인가? 클라이언트의 어떤 행위들이 해석하기가 곤란했었나?

만약 첫 회기 면담을 다시 할 수 있다면 무엇을 어떻게 달리 시도할 것인지 생각해 보기 바란다. 그것에는 클라이언트와 같은 부서에서 일하는 동료 혹은 같이 생활하는 가족이나 지인들을 만나 보는 것까지 포함한다. 당신이 무언가를 놓쳤거나 잘못 이해했을 확률이 크다.

2. 혹시 클라이언트가 코치인 당신의 '섀도(shadow)'에 일치하는 방식으로 행동하지는 않는지 검토하라. 섀도는 당신이 의식 밖으로 밀어내 왔던 원치 않는 특성이다. 우리는 때로 내 안의 무엇인가를 타인들한테 '투사'하는 경우가 있는데, 바로 이 때 우리는 섀도를 알아차릴 수 있다. 클라이언트가 우리의 섀도와 일치하는 방식으로 행동했을 때, 그것을 이해하는 것은 매우 어려우며, 그것을 다루는 것 역시 불가능하다. 코치인 당신이 클라이언트의 행위에 대해서 강한 감정을 느끼거나 사적인 무엇인가를 느낀다면 확실히 알 수 있다. 상대방은 단지 행위를 했을 뿐인데 당신은 두려움을 경험하거나 그 두려움이 우리 내부의 감정 파수꾼들을 일깨워서 비명을 지르게 하는 방식으로 발생하는 것이 통상적인 기제이다. 이럴 때에는, 당신을 잘 아는 누군가와 대화를 해 보라. 그가 예민한 관찰자라면 더욱 바람직하다. 당신에게서 그런 경험을 일으키는 클라이언트의 행동에 대해서 친구에게 이야기해 보라. (물론, 클라이언트에 관한 비밀 유지 규칙을 지키는 선에서) 그것이 당신에게 섀도로 작용한다고 생각하는지 물어보라. 만약 그렇다고 한다면, 당신은 다른 전문가를 찾아가서 당신이 그 문제를 잘 다룰 수 있도록 도움을 받고, 그다음에 클라이언트에게 그 문제를 이야기해야 한다.

3. 클라이언트가 코칭 프로그램을 수행할 수 있는 충분한 자원을 가지고 있는지 검토하라. 클라이언트에게 신체적으로 충분히 에너지가 있는지, 감정적인 기반은 튼튼한지, 인간 관계는 안정적인지 등을 알아보아야 한다. 만약 그렇지 못하다는 것이 밝혀진다면, 당신은 그 이후의 코칭 프로그램을 지속할 것인지 여부를 주요 안건으로 다루어야 한다.
4. 코칭을 수행하는 장소를 바꾸어 보라. 밖에서 산책을 하면서 코칭을 할 수도 있다. 해변에 앉아서 할 수도 있다. 숲을 걸어 볼 수도 있다. 환경을 바꾸면 새로운 주제가 의식 세계로 들어올 수 있다. 그런 일은 종종 일어난다. 몸을 움직이는 것도 고정적인 사고방식에서 벗어나게 해 준다.
5. 코칭 회기 중에 코칭에서 요구하는 활동을 수행하게 하라. 몸을 움직이는 운동을 숙제로 주지 않고, 그 자체를 회기 중에 할 수도 있다. 헬스장에 가서 웨이트 트레이닝을 하라고 숙제를 주는 대신에 다음 회기의 코칭 장소를 헬스장으로 바꾸는 것이다. 회기 중에 실행 펌프가 한 번 작동하면 이후에도 그것이 지속될 가능성이 높아진다. 이런 일은 종종 있는 일이다.
6. 클라이언트와 협조 체제를 형성하여 그동안 그와 해 온 모든 일에 대하여 기록을 검토하라. 모든 회기에서의 각종 대화, 모든 숙제를 꼼꼼하게 살펴보라. 무엇이 언급되지 못했고, 전달되지 못했고, 이해받지 못했고, 다루어지지 못했는지를 검토하라.
7. 당신이 수행한 코칭에 의해서 클라이언트가 과거에 겪었던 학대 경험이 수면 위로 떠올려진 적은 없는가? 이론적으로 설명하는 것은 어렵지만 그런 학대 문제가 논의가 될 때에는 특

유의 감정적 · 신체적 감각이 느껴진다. 만약 당신이 그런 것을 눈치챈 경우에는, 클라이언트를 다른 유능한 믿을 만한 학대 문제 전문 치료사에게 의뢰를 하라. 그렇게 되면 당신의 코칭은 당분간 중단되어야 할 것이다. 혹은 그 치료사와 협조관계를 맺어서 두 가지 작업을 동시에 수행할 수도 있다. 만약 이런 절차에 대해서 확신이 서지 않으면, 그 문제에 대해서 클라이언트에게 물어보되, 섬세하면서도 여유가 있는 방식을 취해야 한다.

8. 코칭 시작 후 당분간은 클라이언트가 코칭 때문에 경험하는 감정에 대해서 대화 및 자기관찰의 방법을 동원하여 검토하여야 한다. 감정은 행위와 직결되기 때문이다. 많은 클라이언트는 자신의 감정을 모른 척 하거나 억압해 버리기 때문에 새로운 (변화된) 활동을 시도하지 못하는 수가 있다. 코칭의 첫 몇 주일 간은 클라이언트가 자신의 감정 상태에 대해서 시간 간격으로 면밀하게 체크하는 작업을 할 수도 있다.
9. 어떤 클라이언트는 상호 모순되는 말을 내뱉는 수도 있다. 예를 들어, 직장에서 진급을 원하면서 동시에 일하는 시간을 좀 더 줄이고 싶어 할 수 있다. 케간(Kegan)과 레이히(Lahey)의 책을 보면 클라이언트가 빠져 있는 이런 자기모순을 밖으로 드러내고 그 문제를 적시(摘示)하여 코칭하는 방법을 연습할 수 있도록 아주 잘 설명을 해 주고 있다.**
10. 코칭의 내용을 급격하게 바꾸어 보라. 예를 들어, 만약 인지적인 내용이라면 그것을 신체의 영역으로 바꾸어 본다. 혹은

** 이 연습에 대해서는 다음 책을 참조 바람. *How the Way We Talk Can Change the Way We Work*(말하는 방식은 일하는 방식을 변화시킬 수 있다.)

그것이 감정에 관한 것이라면, 당분간은 그것을 새로운 생각을 배우는 쪽으로 전환시킨다. 당신의 창의성을 확대시키고 실천의 폭을 넓히라. 당신의 클라이언트에게 그림을 그리게 하거나, 미술관에 가 보게 하거나, 여행을 하게 하거나, 새로운 음악을 들어 보게 하라. 클라이언트로 하여금 새로운 정체감을 가지고 서 있도록 해 주는 것이다. 적어도 그런 훈련을 하는 동안 만큼은 말이다.

이 열 개의 목록은 시작에 불과하다. 내가 의도하는 바는 당신의 창의성을 자극하는 것이다. 앞에서 말했듯이, 클라이언트가 막다른 골목에 갇혔을 때가 바로 뭔가를 학습할 수 있는 가장 좋은 기회이다. 만약 당신의 클라이언트 모두가 쉽게 움직이는 사람들이라면 당신 역시도 현실에 쉽게 안주하게 되고, 심지어 자만에 빠질 것이다. 때때로 실패하더라도 최선의 노력을 다하고 우리 자신을 새롭게 만드는 것이 우리의 성장에 중요하다. 우리는 클라이언트들에게도 바로 이 점을 요구하고 있지 않는가?

코치로서의 가장 중요한 임무는 우리 자신을 유연하게 유지하는 것이다. 우리 자신, 타인, 그리고 삶에 대하여 이해하고 있는 것이 딱딱하게 고정되어서는 곤란하다. 기원전 500년 경, 그리스 철학자 탈레스(Thales)는 "삶은 물이다."라고 말하였다. 대부분의 현대인은 그가 물리학을 제대로 알지 못한다고 말하지만, 이는 그의 말을 정확히 이해하지 못한 것이다. 그가 진정으로 말하려고 하였던 것은 삶은 움직이는 것이고, 흐르는 것이며, 하나의 과정적인 것이라는 뜻이다. 우리가 유동적일 때 우리의 삶은 조화로울 것이며, 우리의 생각이 정해지면 곧바로 우리는 굳어지고 열의를 상실하게 될 것이다. 코칭이 걸림돌에 걸렸다는 것은 어느 시점에선가 우리 자신에게 굳어졌다는 것을 의미한다. 즉, 코치가 할 일이 정확히 무엇인지 붉은색으로 지적해 주는 것이다. 코칭을 계속할 의향이 있는가?

코치로서의 일을 오래하면 할수록 코칭 실무의 폭이 넓어지고 역량도 발전하게 되어 있다. 코치로서 당신이 어떤 점을 보지 못하고 있는지 발견하려는 노력을 지속하라. 사람들과 일하는 새로운 방법론에 대한 공부를 지속하라. 코치로서 당신은 빛나는 업적을 이루는 순간을 맞이할 수 있다. 그러나 그 순간에도 당신은 어떤 클라이언트와 막다른 골목에 갇히게 될 수도 있음을 잊지 마라. 바로 그때 당신은 코칭 일을 제대로 수행하는 당신을 발견하게 될 것이고, 스스로를 게을리하지 않았음에 대하여 감사하게 될 것이다. 이 책의 마지막 장에서는 이 주제에 대해 계속 다루며, 독자들이 사람과 세계에 대한 시야를 확장하도록 권장한다.

추천 도서

이 책들은 당신 자신이나 당신의 클라이언트가 막다른 골목에 갇혔을 때 어떻게 코칭할 것인지에 대하여 여러 각도에서 살펴볼 수 있게 해 줄 것이다.

Gerrish, Michael. *When Working Out Isn't Working Out*(열심히 노력하여도 일이 안 된다는 것). New York: St. Martin's Griffin, 1999.

심리치료사이자 운동생리학자가 쓴 독창적인 책이다. 우리가 발전하지 못하게 가로막는 장애물들을 극복하도록 다양한 방법을 보여 준다.

Kegan, Robert and Lisa Laskow Lahey. *How the Way We Talk Can*

Change the Way We Work(말하는 방식은 일하는 방식을 변화시킬 수 있다). San Fransisco: Jossey-Bass, 2001.

모순적인 생각들을 겉으로 드러내고 해소시키는 분명하고, 완벽하고 그리고 완성도 높은 절차를 보기 좋게 (다른 많은 보석 사이에서) 제공한다. 걸림돌을 치우는 고강도 레이저 기술처럼 보인다.

Lasater, Judith. *Relax and Renew* (이완과 혁신). Berkeley CA: Rodmell Press, 1995.

저자는 독자들을 요가의 세계로 천천히, 평화적으로 이끌어 준다. 독자는 깊은 휴식을 얻고 신경 조직은 속도가 느려져서 생기를 되찾게 된다. 많은 사진, 명쾌한 설명, 아름다운 레이아웃이 돋보인다. 힘든 이를 위한 고전적인 책이다.

Loeb, Paul Rogat. *The Impossible Will Take a Little While* (불가능한 것은 시간이 더 걸린다). New York: Basic Books, 2004.

현대의 영웅들로부터 듣는 영감 어린 말들이다. 우리의 심장과 마음에 그대로 꽂힌다. 도저히 변화할 줄 모르는 힘들 [차별, 공산주의, 인종분리주의(apartheid)]에 대항하기 위한 감정적 · 인지적 접근을 보여 준다. 통찰이 빛난다.

Mellin, Laurel. *The Pathway* (길). New York: HarperCollins Publishers, 2003.

저자는 심각한 인생의 걸림돌에 막힌 사람들(과식, 일 중독, 과잉 구매 행동 등)과 20년 이상을 일하였다. 이런 자기파괴적이고, 강박적이고, 고쳐지지 않는 행동들의 뿌리를 찾아서 그것들을 제거하는 과학적 연구의 한 검증된 방법들을 바탕으로 소개한다. 강력 추천한다.

Schwartz, Barry. *The Paradox of Choice* (선택의 역설). New York: HarperCollins, 2004.

우리가 갖고 있는 몇 가지 복잡한 심리적 결절을 풀어 준다. 우리는 예컨대 선택지가 많으면 많을수록 좋다라든지, 우리는 자신을 행복하게 해 주는 것이 무엇인지 알고 있다라든지 등의 믿음을 가슴 깊이 간직하고 있는데, 이 책은 그런 믿음에 도전한다. 단순하게 생각하고 단순하게 행동하는 것의 이득을 보여 주는 멋진 도구이다.

Wilson, Timothy D. *Strangers to Ourselves* (스스로에게 이방인이 되다). Cambridge, MA: Harvard University Press, 2002.

이 책은 우리가 자기 자신을 얼마나 모르고 사는지(자신을 알 방도 자체가 없다.) 명확하고 설득적으로 쓴 책이다. 30년 이상 축적된 실험과 연구의 결과를 기반으로 하였으며, 전문 용어를 사용하지 않아 누구나 다가갈 수 있다. 지나쳐서는 안 되는 책이며, 다른 이들에게 읽기를 권할 만한 책이다.

11

변화의 조건

코칭은 문제의 심각성을 완화시켜 주는 효과적인 개입이 될 수 있다. 코칭이 그런 역할을 못한다면 그것은 클라이언트가 코칭에서 다루는 내용을 이행할 만한 여건이 안 되기 때문인 경우가 많다. 삶은 충만하다는 것, 우리 몸은 스트레스를 받고 있고, 관계는 자주 소홀하게 취급되며 전세계로부터 끊임없이 많은 정보를 얻을 수 있다는 이야기는 이제 더 이상 새롭지 않다. 코칭을 시작할 때 클라이언트가 가진 변화 역량에 관심을 기울이면, 코치로서의 좌절을 쉽게 피할 수 있고 클라이언트에게 보다 원활한 경험을 제공할 수 있다. 이 장에서는 이러한 조건에 부합하는 상황을 만들고, 클라이언트의 변화 역량을 파악하기 위한 평가 질문을 제공한다. 그리고 준비 상태를 향상시킬 수 있는 방안을 제시한다. 그러나 이러한 방안은 코치가 자신의 삶을 클라이언트와 동일한 조건에 놓고 바라볼 수 있을 때 실제로 수행될 수 있다.

일정 기간 코칭을 해 온 사람이라면 클라이언트가 자신이 원하는 것을 발견하고, 코치가 그 목표에 도달하는 길을 안내하는 과정에서 클라이언트가 문제인 경우는 거의 없다는 것을 안다. 실제로 코칭을 진행하다 보면 예상하지 못했던 굉장히 난해하고 복잡한 장애물을 만나게 된다. 그럴 때, 우리는 다음의 3단계 중 하나를 취할 수 있다. 첫째, 클라이언트가 실제로 목표를 진심으로 충분히 원하는지를 탐색하는 것이다. 명확함과 강렬한 욕망은 성공의 원동력이기 때문이다. 둘째, 코치는 계획에 대해 질문할 수 있다. 혹시 너무 어렵고 지루하거나 클라이언트와 보조를 맞추기가 어려운가? 셋째, 코치와 클라이언트는 불일치(incompatibility)에 대해 함께 이야기할 수도 있다. 어쩌면 코칭 프로그램이 큰 효과를 발휘할 만큼 둘 사이에 충분한 화학작용이 일어나지 않아서 코칭 프로그램이 큰 효과를 발휘하지 못했을 수도 있다.

다른 세 가지 요소를 포함하는 또 다른 범주가 있다. 이 상황에서 코치는 클라이언트를 코칭하기 어렵다(uncoachable)고 말한다. 대부분의 클라이언트는 코치의 이 말을 자신에게 문제가 있다는 이야기로 받아들인다. 여기서 추가적인 문제가 발생하게 되는데, 클라이언트는 이러한 코치의 말에 어떻게 반응해야 할지 모른다는 것이다. 그러면 클라이언트는 스스로에게 질문한다. '코칭이 가능해지려면 내가 무엇을 해야 할까?' 결론적으로 이것은 코칭의 생산적인 결말이 아니다.

이 장은 코칭 프로그램이 추동력을 얻지 못하는 상당히 흔하면서도 가능성 있는 요인을 알려 준다. 읽다 보면 당신은 "맞아. 그렇지."라고 스스로 말하게 될 것이다. 그럼에도 불구하고, 평상시 이러한 점들을 신경 쓰고 돌보는 코치는 매우 드물다.

변화에 필요한 것은 무엇인가

내가 제안하는 코칭의 첫 번째 설계 단계는(첫 회의, 접수 면접, 설계 전 분석 시간) 코칭을 받기 위한 클라이언트의 현재 역량을 확인하는 것이다. 클라이언트는 코칭에 올 때 쉴 틈 없이 바쁜 삶, 경쟁적인 업무, 스트레스의 압박, 때로는 코칭 자체에서 유발된 신경쇠약으로 매우 힘든 상태일 수 있다. 그런 상황에 처한 사람에게 어떤 이야기를 하고 무엇을 주더라도 그 효과는 길게 가지 못한다. 비록 클라이언트가 극심한 고통 속에서 프로그램의 모든 요소를 수용하고 행동으로 옮기더라도 곧 더 많은 스트레스를 받을 것이다. 일상생활을 유지하기 어려울 것이며, 미래는 더 어두워 보일 것이다. 현재 상황보다 지나치게 큰 변화를 하도록 고무하는 코치들은 코칭이 끝나는 시점에서 클라이언트를 매우 힘든 상황에 처하게 만든다.

코칭의 성과는 클라이언트가 장기적으로 탁월해지고(excellent), 자신을 교정하며(self-correct) 창조해 내는(self-generate) 사람이 되는 것이라는 점을 다시 한번 기억하라. 이 세 가지 성과의 기본 원칙은 클라이언트가 더 많은 역량을 구축했다는 것이다. 이는 즉각적인 목표를 위해 무리하게 성과를 짜내는 것과는 다르다.

코치의 중요한 역할 중 하나는 클라이언트의 상황에 대해 보다 넓은 시각을 가지는 것이다. 여기에는 클라이언트의 삶에 존재하는 가능한 한 많은 사정을 고려하는 것뿐만 아니라 장기적인 안목을 가지는 것이 포함된다. 이것은 문제 상황이 오래 지속되거나, 클라이언트의 역량을 구축하는 과정에 긴 시간이 소요될 때보다 중요한 의미를 갖는다. 물론 즉각적인 결과를 얻는 것은 중요하므로 클라이언트로부터 약간의 압력을 받을 수 있다. 하지만 프로그램 존재의 초점을 단지 초기 문제 증상을 완화시키는 것만이라고 결론 내리지는 말자.

이러한 관점을 통해 코치는 클라이언트의 삶을 현실적으로 바라보고 평가할 수 있다. 평가는 변화를 일으키고 유지하기 위해 필요한 기본적인 요소가 현재는 존재하지 않는다는 것을 보여 준다. 그것은 마치 누출이 심한 배에 다량의 화물을 적재하려고 시도하는 것이나 낡은 다리를 가로질러 몇 톤의 트럭을 운반하려는 것과 같다. 어느 쪽의 노력도 처음에는 괜찮아 보일지 모르지만 곧 진정한 한계를 드러낼 것이다.

변화의 조건에 있다는 것은 클라이언트가 코칭에 관심을 기울이고, 신체적 · 정신적 에너지와 사회적 지지를 가지고 있음을 의미한다. 우리가 21세기를 살아가는 방식은 이러한 자원의 구축을 매우 어렵게 만든다. 대다수는 개인적으로 혹은 사업, 관계, 재정 영역에서 심한 압박감을 느낀다. 외부 환경으로부터의 압력이 없어도 최대한 많은 일을 해야 한다는 압박을 스스로 느낀다. 그래서 주말이나 월말이 되면 모두 소진되고 아무것도 남아 있지 않다. 그러면 무언가 잘못되거나, 또는 잠재적인 새로운 가능성에 끌리게 되면서 코칭을 고려하게 된다. 어쨌든 우리는 코치가 현재의 나쁜 상황을 좋게 바꿀수 있는 무언가를 알고 있다고 생각한다.

현재의 클라이언트가 변화에 필요한 역량을 얼마만큼 보유하고 있는가를 고려하지 않은 채 마치 코칭이 효과적으로 적용되고 의도한 결과를 가져올 것처럼 행동할 때, 우리는 코치로서 클라이언트를 제대로 도울 수 없다(불행히도 일부 코치들은 자신의 성격, 명쾌한 통찰력 혹은 현명한 동기부여만으로도 현실을 움직일 수 있다고 믿는다).

그런 척 가식적으로 행동하기보다는, 첫 번째 설계 단계에서는 다음과 같은 질문을 하는 것이 좋다. 클라이언트가 어떤 활동을 그만두는 것이 타당한가? 어떤 관계가 가장 잘 변화하는가? 클라이언트의 자기관리는 어떻게 해야 하는가? 충분한 준비 상태를 구축하기 위해 어떤 추가적인 지지가 필요한가? ([그림 11-1] 참조).

일부 코치들은 이러한 접근이 너무 느리고 지루하다고 생각할 수 있다. 그러나 이것은 여전히 실용적이고 현실적이며 필요한 부분이다. 이 단계는 클라이언트가 계획했던 진전을 보이지 않을 때나 클라이언트나 코치 스스로를 비난하거나 좌절에 빠트리는 상황으로부터 벗어나게 해 줄 수 있다. 클라이언트가 자신의 건강, 정신상태, 기분 또는 관계에 손상을 주지 않으면서 현재의 능력 이상의 노력을 지속하는 것은 어렵다. 앞서 언급한 관점을 가져올 때 이러한 모든 요소를 포함해야 한다.

장기적인 관점에서 볼 때, 모든 조건이 서로 조화를 이루지 않는 한, 그 어떤 것도 뿌리를 내릴 수 없다. 천천히 기본에 충실하면서 인내심을 가지고 프로그램을 시작하는 것은 하나의 도전일 수 있다. 이것은 가라데(karate)를 연습하는 것과 같다. 첫날, 일주일, 한 달 또는 일 년 학생들은 벽돌을 부수거나 세 사람의 공격을 동시에 격퇴하는 것은 하지 않는다. 허벅지 스트레칭, 엉덩이 펴기, 집중력 배우기, 반복적인 연습을 통해 힘을 기른다. 이소룡은 하루 아침에 만들어 지지 않는다.

독자들은 이러한 기본 활동을 지속하는데 필요한 결정권을 클라이언트가 가지고 있지 않는 것에 항의할 수 있다. 따라서 코치들은 조급함을 따라야 한다. 대신 코치들은 초기 단계에 클라이언트에게 지속 가능한 변화에 필요한 요소들이 무엇인지 전달하고 교육을 할 수 있다. 아마도 우리 중 많은 사람은 한 여성이 300파운드의 과체중으로 시작하여 올림픽 다이빙 챔피언으로 끝나는 영화를 한 번쯤은 보았을 것이다. 그러한 변화는 우리가 살고 있는 현실 세계에서 가능하긴 하지만, 상당히 긴 시간이 걸릴 것이고, 완전한 삶의 변화가 필요할 것이다.

정직하고, 성실하며, 진정성 있는 코치가 되기 위해서는 영업 기술이 아닌 견고한 원칙에 기반해야 한다. 우리 중에는 실제로 성과를 나타내고 결과물을 얻는 압박스런 상황에 클라이언트를 들여놓기 위한 방법을 찾는 코치들이 있다. 그들은 장기적인 관점을 등한시하고 다음과 같은 점을 놓치고 있다. 클라이언트가 스스로를 교정하는 상태에 이르지 못했다는 점, 내적인 힘이나 외부의 지지와 같은 자기만의 (자기교정) 요소를 찾지 못했다는 점, 스스로 발전하는 상태에 이르지 못했다는 점이다. 점점 더 빠르게 돌아가는 세상에서 인간성을, 그리고 우리가 기계적인 존재가 아닌 생물학적 존재라는 사실을 잊어서는 안된다.

클라이언트의 준비 상황 평가하기

누군가 변화할 준비가 되었다는 것을 어떻게 평가하는가? 상황을 정확하고 분명하게 파악하는 것은 열정을 다해 헌신하는 것과 마찬가지로 도움이 된다. 물론 이것만으로는 충분하지 않다. 마라톤의 마지막 지점에 있는 사람들을 본 적이 있는가? 열정을 가진 사람들조차도 생리적으로 무너지면 더 이상 마라톤을 지속할 수 없지 않은가? 그리고 어떻게 해서든 경주를 완주하기 위해 스스로 힘을 다하는 사람들조차도 마라톤이 끝난 후에는 좋은 컨디션을 유지하기가 힘들다. 그런 상황에서 장기적인 훈련만큼 도움이 되는 것은 없다. 우리의 일상생활은 코스가 계속 변화하고 거리가 끊임없이 바뀌며, 우리를 지지하거나 방해하는 것 또한 지속적으로 변하기 때문에 실제로는 마라톤을 완주하는 것보다 더 복잡하다.

클라이언트의 준비도를 파악하기 위해 클라이언트의 개방성, 상호 관계의 깊이, 참여 기간을 고려하여 다음의 도구를 활용할 수 있다. 이 장의 마지막에 제시된 참고문헌에는 여기서 다루고 있는 모든 주제에 대한 정보와 자원이 있다.

클라이언트의 자기평가(Client's Self-Assessment)

- 클라이언트는 스트레스와 긴장을 어느 정도 호소하는가?(혹은 이것이 정확하게 느껴지는가?)
- 클라이언트는 금전적, 관계적, 또는 고용의 압박을 느끼는가?
- 클라이언트는 자신의 일에 만족하는가?
- 클라이언트의 직업적 삶은 얼마나 복잡하고 불안정한가? 개인적인 삶은 어떠한가?
- 클라이언트는 자신이 사용 가능한 주의와 에너지, 창의력을 어느 정도라고 이야기하는가?
- 클라이언트는 자신의 정서적 상태에 대해 전반적으로 어떻게 보고하는가?
- 클라이언트는 자신의 건강과 행복을 전반적으로 어떻게 평가하는가?

전반적인 웰빙(General Well-Being)

다음의 질문은 클라이언트가 자기 스스로를 얼마나 잘 돌보고 있는지를 파악하는 데 도움이 된다.

- 하루 수면 시간은 얼마나 되는가?
- 일주일에 몇 시간 운동하는가?
- 보통 아침 식사로 무엇을 먹는가? 식사하는 데 걸리는 시간은 얼마나 되는가? 점심과 저녁은 어떤가?
- 평균 근무 시간은 얼마나 되는가? 일주일에 며칠 쉬는가? 휴가의 기간과 빈도는 어떠한가? 스스로를 재충전하기 위해 무엇을 하는가?
- 담배를 피우는가?
- 매주 술은 어느 정도 마시는가?
- 카페인 섭취량은 어느 정도인가?
- 하루 동안 얼마나 많은 외부 자극을 받는가? (예를 들어, 전자메일, 문자를 비롯한 각종 연락, 트위터, 음악, 회의, 인터넷 또는 기타 미디어).
- 주당 통근 시간은 얼마나 되는가?
- 마지막 종합 검진은 언제였는가? 마지막 치과 검진은 언제였는가?
- 한 달에 몇 번이나 집이 아닌 곳에서 잠을 자는가?

관계(Relationship)

- 클라이언트의 인적 네트워크는 얼마나 깊고 친밀한가?
- 클라이언트는 누구의 건강과 행복을 책임지고 있는가?
- 일과 관련 없는 대화를 일주일에 어느 정도 하는가?
- 클라이언트가 자신을 개방하고, 약한 모습을 보일 수 있으며, 다른 관계와는 달리 방어적이 되지 않는 특정 사람은 누구인가?
- 클라이언트에게 해가 되는 사람은 누구인가? 이 사람과의 접촉을 줄이거나 없애기 위해 할 수 있는 일은 무엇인가?

기타 스트레스/회복의 원천(Others Sources of Stress/Renewal)

- 얼마나 자주 자연 속에 있는가? (골프 코스는 포함하지 않음)
- 언제 아름다움을 만나는가? (이것은 자연스럽거나 예술적인 표현일 수 있음)
- 업무나 개인적인 환경에 얼마나 많은 혼란과 무질서가 존재하는가?
- 업무와 관련한 독서 이상의 교육을 받기 위해 하는 것은 무엇인가?
- 자신이나 가족의 생존을 넘어 누구 혹은 무엇을 위해 헌신하는가?
- 창의력을 계발하기 어떤 활동을 하는가?
- 지지와 회복을 줄 수 있는 조직(교회, 지역사회, 집단 등)에 속해 있는가?

해야 할 일들

다음은 클라이언트를 돕기 위해 사용하는 몇 가지 전반적인 원칙이다. 코칭이 성공할 수 있는 강력한 기반이 될 것이다.

- 가능한 한 생활을 간소화하라(실질적으로 이것은 많은 혼란과 해로운 것을 제거하고, 자원과 돌봄을 받는 것을 의미한다).
- 규칙적으로 수면, 식사 및 운동을 하도록 강력히 지지하라(이것은 집중력을 키우고 새로운 일을 시작할 때 마주할 수 있는 장애물을 효과적으로 다루면서, 도전에 직면했을 때 탄력성을 유지할 수 있는 능력을 향상시킨다).
- 강력한 지지 네트워크를 구축하기 위해 클라이언트와 협력하라. 만약 현재 없다면, 동료 및 친구 목록을 작성하는 것부터 시작해서 클라이언트가 필요할 때 지지를 받을 수 있는 상황을 마련하라.
- 클라이언트는 겉으로 보이는 육체 이상의 존재임을 기억하라. 따라서 클라이언트에게 자신의 영혼과 마음을 새롭게 하는 활동을 강력히 제안하라. 아름다운 자연 속에서 음악을 듣는 것이 다시 주목받고 있다(특히, 모차르트와 바흐의 음악은 두뇌 활동에 이로울 수 있다).
- 주변 자극이 지나치게 많은 경우에는 화학 및 전자 자극을 줄이는 것도 도움이 된다. 주변이 점점 더 조용해지고, 자극이 없다 보면 잠시 불편하게 느낄 수도 있다. 하지만 이러한 전환을 통해 좀 더 평온하고 자원이 풍부한 상태로 돌아갈 수 있다

고 클라이언트를 격려하라.

- 클라이언트의 마음 관리를 돕는 것은 매우 중요하다. 여기서 마음 관리란 반복적으로 하게 되는 불안한 생각과 최악의 시나리오를 상상하는 패턴으로부터 벗어나는 것을 의미한다.
- 초기 대화에서 코칭을 위한 시간을 만들기 위해 무엇을 포기하거나 줄일 수 있는지 물어보라(수면, 식사, 중요한 관계 또는 회복 시간 제외).
- 클라이언트에게 자신에게 중요한 것으로 돌아가는 것을 상기시킬 만한 물건을 보여 달라고 하라. 클라이언트 주변에 존재하는 아름다운 것들(예를 들어, 자연을 표현한 그림, 살아 있는 식물이나 꽃, 사랑하는 사람들이 그려진 그림, 카드 또는 화면 보호기 형태의 것 등)로 당장 눈 앞에 보이는 활동 이외에 더 깊고, 큰 세계를 떠올릴 수 있도록 하라.

〈표 11-1〉 변화를 위한 조건으로 들어가기

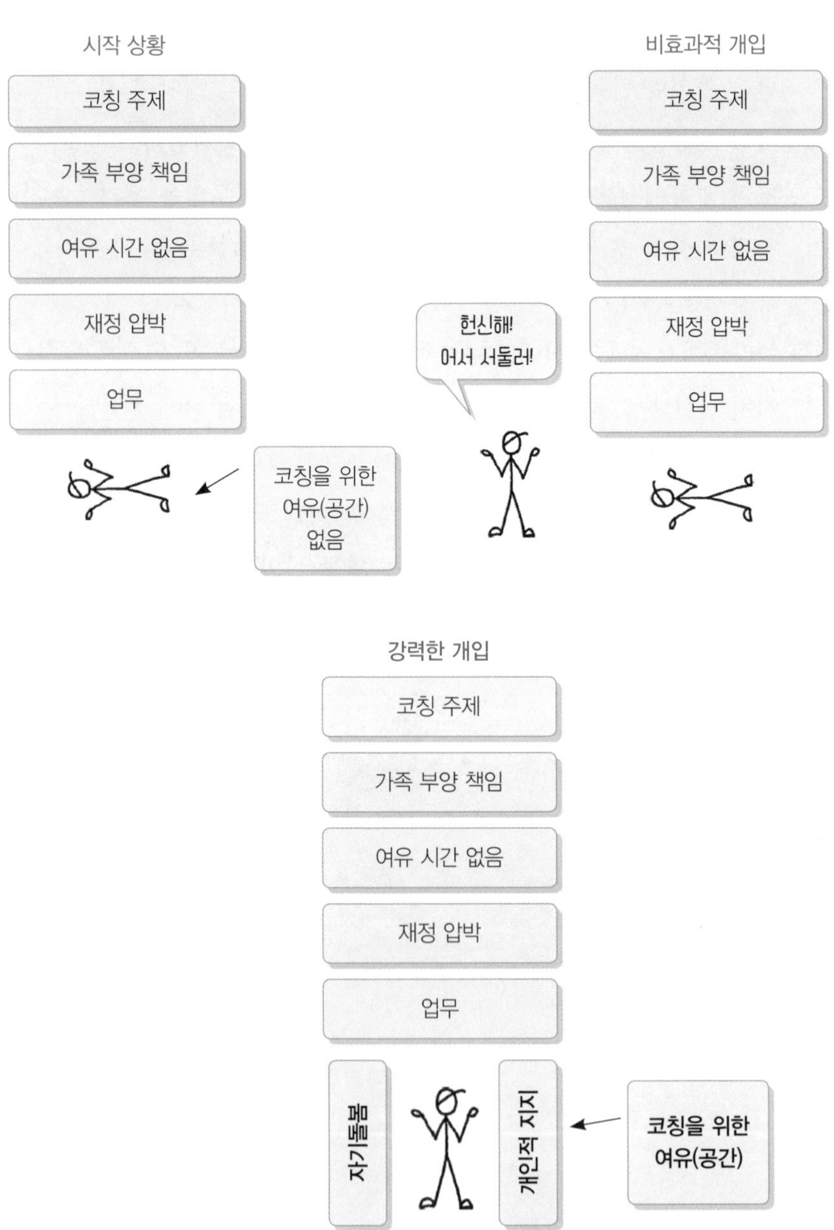

사례

사례 1

나는 샌프란시스코에 본사를 둔 국제 건축 회사의 경영 파트너와 함께 작업했다. 그는 미국, 파리 및 일본 전역의 프로젝트에 참여한 사람으로, 30년의 경력을 통해 기술을 갈고 닦았지만 신기술이 끊임없이 등장하고 있었다. 그는 최고 경영자로 발탁되면서 자신을 계발할 시간이나 여력이 없었다.

그는 따뜻하고 개방적이며 친절했다. 내가 느끼기엔 이러한 훌륭한 자질들을 조화롭게 발휘하는 모습이 사람과 일에 대한 과도한 책임감으로 보였다. 나는 그가 리더로서 다음 단계의 커리어를 수행하려면 자신의 비전과 열정을 새롭게 하고, 고객과 업체, 직원과 기존과는 다른 관계를 구축하는 것이 필요하다고 말했다.

바쁜 사람에게 존재하는 일반적인 딜레마가 있다. 새로운 무언가를 시작할 여유가 없을 때, 어떻게 해야 하는가? 내 해결책은 두 가지의 아주 작은 시도—결과적으로 아주 중요한 연습이 되는—로 시작하는 것이었다. 첫 번째 연습은 그에게 회사 건물을 벗어나 10분 정도 걸어 예전에 근무했던 샌프란시스코 시내 근처로 가도록 하는 것이었다. 그는 이 산책로를 걸으며 건축과 도시 환경에 대한 그의 열정을 재발견했으며, 짧은 시간이었지만 머리도 맑아지고 하루 중 발생하는 위기도 넘길 수 있었다.

두 번째 연습은 그동안 잘 모르고 지냈던 젊은 직원들과 일주일에 두 번 점심 식사를 하는 것이었다. 이 간단한 실천을 통해 그는 사무실에서 벗어나 함께 일하고 있는 직원들의 재능과 헌신을 알게 되었고, 그것에 감사할 수 있었다. 또한 갈등의 긍정적인 기능과 미개발된 창의력이 가진 근본적인 힘을 발견했다. 점심을 마칠 때쯤이면 그는 자기 안에 사람들과 어울리고 싶은 열망과 회사의 미래에 헌신하고자 하는 마음이 커짐을 느꼈다.

그는 이런 활동을 한 달 남짓 하면서 새로운 역할을 해낼 만한 충분한 에너지를 얻게 되었다. 그는 현재의 삶에 새로운 스트레스 없이, 중요한 사람들을 소홀히 하지 않으면서도 일을 해낼 수 있었다.

사례 2

나의 클라이언트는 실리콘 밸리의 첨단 기술의 한 가운데 살았다. 그는 반도체 회사의 고위 관리자이고, 기술적인 문제해결에 관해서는 최고의 전문가였으나 12년 동안 같은 자리에서 일을 담당했다. 3년마다 로테이션 되는 조직에서 이런 상황은 꽤 낯설었다.

아마도 여기까지 읽은 코치들은 어느 정도 상황을 예측할 수 있을 것이다. 클라이언트는 하루하루 정신없는 일상을 살아가고 있었다. 그러다 보니 꿈꾸던 임원 승진에 필요한 충분한 통찰력이나 비전, 시간이 없었다. 그는 업무 처리의 마지막 단계에서 위기를 만나고, 새로운 제품라인에 발생하는 문제를 극적으로 해결하는 것을 미덕으로 여겼다. 그의 회사는 단기적이고, 예측 불가능하며, 끝이 없는 제품 생산 사이클을 운영했다. 이것이 그의 개인적인 성향과 재정적 · 기술적 · 시간적 압박과 결합되면서 코칭 프로그램의 시작조차도 어렵게 만들었다.

기본적이고 필수적인 첫 단계는 시간과 에너지를 내는 것이었다. 나는 그에게 매주 참석했던 회의 리스트를 적고, 참석 이유를 이야기해 보도록 했다. 이유 중 40%는 '만약을 위해서'였다. 이러한 이유 뒤에는 팀에 대한 불신과 자신을 대체할 만한 사람이 없다는 과도한 신념이 자리 잡고 있었다.

그는 2주 동안 이런 회의에 참석하지 않는 실험을 해 보았다. 결과적으로 매주 10~12시간이 절약됐다. 위기는 발생하지 않았다. 팀원들은 중요한 정보와 위험을 포착하고 그에게 보고하는 일을 유능하게 잘 해냈다. 이런 과정을 통해 확보된 시간 동안 조직이 앞으로 나아가야 할 비전과 반복적으로 발생하는 프로세스의 결함을 해결할 방법을 수립했다. 그리고 전형적인 제품 주기를 뛰어넘을 새로운 아이디어를 찾았다. 그는 직무와 관련된 첨단 기술과 전 세계 비즈니스 트렌드에 관한 교육을 받았다. 그는 새로운 논제를 제시했고, 제안을 만들어 냈으며, 과거보다 상위 리더십을 가지고 회의에 참석하기 시작했다.

한편, 조직은 원활하게 운영되었다. 그는 권한을 위임하지 않는 것이 자신의 삶을 얼마나 바쁘게 하고 팀원들의 역량을 충분히 발휘하지 못하게 하는지 알게 되었다. 클라이언트는 더욱 강력한 내부 지지 네트워크를 구축하고, 공급 업체에 보다 신중하게 접근함으로써 새롭게 주목받는 기술이 무엇인지도 알게 되었다. 그는 점차 운동도 시작했고, 스트레스를 줄이면서 일에 더 집중하게 되었다.

이러한 모든 변화는 C단계의 리더들에게 알려졌고, 그는 유능하고, 통찰력 있으며, 활기 넘치는 리더로 인식되었다.

사례 3

나는 샌프란시스코에 소재하는 기술 검색 회사의 창립자를 코칭하게 되었다. 그녀는 20년 전에 회사를 설립했고, 크게 번창시켰다. 그녀는 2000년의 닷컴 붕괴의 불황을 쉽게 헤쳐 나갈 만큼 똑똑했다. 그러나 2008년에 시작된 경제 침체는 조금 다른 문제였다. 여기에서 자유로운 회사나 분야는 없었다. 장기간 관계를 유지해 온 고객들은 그들의 사업 모델을 바꾸고, 더욱 신속한 업무처리를 요구했으며, 훨씬 공정한 관리를 하면서 동시에 더 낮은 수수료를 지불하고 있었다. 그녀는 모든 방향에서 압박감을 느꼈다.

이외에도 클라이언트는 친구들, 자선 행사, 파티 등 분주하고 복잡한 사교 모임을 가지고 있었다. 그녀는 눈앞에 닥친 상황을 직접 해결할 정신적 에너지가 없었다. 일상에 휩쓸려서 순간의 위기만을 해결하고, 그 다음 일을 준비하는 것처럼 보였다. 그녀가 하고 있던 모든 일은 매우 중요하고 흥미로워 보였다.

그녀는 긴 시간 동안 상황이 나아지기를 바랐다. 그러나 변화는 없었고, 그럴수록 더 불안해졌으며, 일을 더 많이 함으로써 현재의 상황에 창의적으로 반응할 에너지는 더욱 줄어들었다.

두 번의 작은 개입은 그녀가 마주한 도전에 대처하기 위한 주의와 에너지를 끌어올리는 데 큰 도움이 되었다. 첫 번째로 그녀는 보통 정도의 강도로 지속적으로 할 수 있는 운동 프로그램을 선택했다. 그녀는 동네를 걷거나 런닝 머신 위를 걷는 것이 불안 패턴을 감소시킨다는 것을 발견했다. 심장 박동을 높이고 근육을 움직이는 것은 그녀를 더욱 긍정적으로 만들었다. 이 두 가지가 결합되면서 그녀는 오랜 관점을 쉽게 내려놓고는 다른 회사들과 경쟁적이지 않으면서 여전히 검색에 좋은 속도를 내고 있는 두 개의 새로운 비즈니스 라인을 열었다.

그녀가 실행한 두 번째 활동은 관계를 정리하는 것이었다. 그녀 자신에게 독이 된다고 느끼는 사람들과 보내는 시간을 줄이고, 몇몇의 관계는 완전히 끊었다. 독이 되는 관계란(toxic relationship) 불안을 높이고, 자신감을 약화시키며, 같이 시간을 보내고 나면 신체적으로나 정서적으로 지치게 되는 사람들을 의미한다. 이 사람들과의 만남을 제외하자 더 많은 시간이 남았다. 그 중 일부는 운동을 하는 데 썼고, 일부는 새로운 시장에 대한 연구에 할애했다. 그리고 나머지 시간은 새로운 고객 관계를 구축하는 데 사용했다. 그녀는 이러한 일들을 매우 잘 해내고 있었다.

다른 사례들과 마찬가지로 그녀는 이 새로운 활동들을 열정적으로, 편안하게 받아들였다. 억지로 힘을 낼 필요가 없었다. 재정적으로도 더 안정되었으며, 20년 동안 발전시켜 온 회사의 미래에 현실적인 확신을 가지게 되었다.

맺는 말(Some Concluding Remarks)

일부 독자는 여기서 읽은 내용을 확신하지 못할 수도 있다. 물론 그들을 설득할 수는 없다. 그러나 여기서 제안하는 것을 실험해 볼 의향이 있으신 분들은 초대한다. 아마도 여러분은 이 장에서 다룬 모든 차원에서 여러분 자신의 행복을 위한 무언가를 시도할 때, 어떤 일이 일어나는지 확인할 수 있을 것이다. 그런 다음 예상치 못한 일을 시도하려는 개방성과 의지를 가진 클라이언트와 함께 이 장에서 제시하는 초기 단계를 시도해 볼 수 있을 것이다.

마지막으로 위기를 겪고 있거나 스트레스를 받는 상황에서 여러분이 원하는 사람의 모습을 생각해 봤으면 한다. 여러분은 침착하게 지금 현재에 충실하면서 자신의 능력에 대한 자신감을 가진 사람을 원하는가, 아니면 걱정이 많고 불안해하면서 정신이 하나도 없는 사람을 원하는가? 조종사가 조종석에서 빨간색 불이 깜빡이거나 당신이 사고를 당해서 구조대원들이 올 때, 그들이 어떤 마음의 틀과 감정을 가지고 있기를 원하는가? 나에게 2008년과 2009년의 경제 위기는 수년간 스트레스 속에서 살던 사람들이 극심한 압력 아래에서 내리는 결정이 누군가에게는 나쁜 결과를 초래한다는 것을 충분히 보여 주었다.

밥(Bob)은 오랫동안 직장 밖에서의 삶을 소홀히 했다. 그는 전부터 스트레스를 많이 느꼈고, 열정과 능력을 가지고 더 많은 일을 수행했다. 그러나 새로운 일을 맡을 때면 스트레스가 너무 많고, 집중력이 떨어지며, 때로는 죄책감을 느끼고 화가 나는 자신을 발견하게 되었다. 하지만 그 순간 그가 할 수 있는 유일한 일은 자신을 게으르다고 질책하면서 더 긴 시간 일을 하는 것뿐이었다. 밥의 해결책은 현재 상황에서 느끼는 압박감을 이겨내기 위해 스스로에게 더 강한 압박감을 가하는 것이었다.

사실 우리 모두가 그렇게 한다. 문제에 대한 우리의 일반적인 해결책은 문제를 발생시킨 그 일을 반복하는 것이다. 바로 여기가 코치의 개입이 도움이 되는 지점이다. 우리는 특정 행동이 성공적이었던 시기와 현재는 명백히 다름에도 불구하고 그 행동을 너무 쉽게 반복한다.

밥과 함께했던 주된 일은 오랫동안 소홀했던 직장 밖에서의 인간관계를 다시 회복하는 일이었다. 그는 많은 설득과 약속을 통해 아이의 학부모들과 대학 친구들에게 연락을 했다. 저녁 식사와 운동 모임에 참석하고, 조깅과 골프를 함께하면서 밥은 오랫동안 느끼지 못했던 새로운 경험을 했고, 생기를 되찾았다.

일에 대한 창의성, 호기심, 집중력은 자연스럽게 회복됐다. 그는 자신을 즐겁게 하고, 다른 사람들을 챙기며 휴식을 취하면서도 일을 잘할 수 있다는 것에 매우 놀라워했다. 똑똑하고 적응력 있는 밥은 이러한 활동을 빠른 속도로 습관화했고, 삶의 필수적인 요소로 만들었다. 그렇게 함으로써 임원에게 요구되는 자기관리의 필수적인 지지와 요소를 갖추게 될 거라고 확신했다.

추천 도서

Chek, Paul. *How to Eat, Move and Be Healthy!* San Diego, CA: Chek Institute, 2006.

이 책은 건강한 생활 방식의 모든 요소를 제시하고 있다. 저자는 세계적으로 유명한 트레이너이며 스트레스가 많은 삶을 효과적으로 살아가기 위하여 스스로를 강화하고 집중시킬 수 있는 운동과 일상을 제공한다. 적당한 양의 도전이 될 수 있다.

Eliot, T.S. *The Four Quartets*. San Diego, CA: Harcourt Brace & Company, 1971.

삶이 끝나 갈 무렵, 우리의 인생이 어떻게 전개되는지에 대해 그가 배웠던 것을 요약한, 아주 현명한 시인의 성찰이 담겨 있다. 기억에 남는 문구들과 감동적인 이미지가 많이 수록되어 있다. 단순하지만 깊이가 있다.

Kodish, Susan Presby, and Bruce I. Kodish. *Drive Yourself Sane: Using the Uncommon Sense of General Semantics*. Pasadena, CA: Extensional Publishing, 2001.

종종 우리가 하는 생각은 우리 자신을 힘들게 만든다. 우리는 가능한 상황을 상상하고 일어나지 않은 일을 걱정하며, 끊임없이 스스로를 판단한다. 저자는 인지 과정과 습관이 행복, 관계 및 의도로 이어질 수 있도록 좋은 정신 상태를 유지하는 방법을 보여준다. 놀랍게도 즉각적으로 효과가 나타난다.

Lesser, Marc. *Less: Accomplishing More by Doing Less*. Novato, CA: New World Library, 2009.

이 책은 복잡성과 빠른 속도를 특징으로 하는 현대 생활에서 우리에게 평온함을 가져다 줄 방법을 보여준다. 역설적이게도 적게 하는 것이 우리의 삶을 온전하게 유지하면서 더 많은 것을 성취하기 위한 유용한 방법임을 보여준다. 읽기 쉽고 경험이 풍부한 실용적인 노하우로 가득 담겨 있다.

Lowen, Alexander. *Fear of Life: A Therapy for Being*. Alachua, FL: Bioenergetics Press, 1980.

제목은 Lowen의 신경증에 대한 정의이다. 그의 사례 연구는 우리 인간이 삶에 관여하는 것을 막음으로써 스스로를 패배시키는 많은 방법들을 보여 준다. 이 책은 용기를 불러일으키고 극복할 수 있는 것에 대한 영감을 준다.

McCall, Timothy. *Yoga as Medicine*. New York: Bantam Books, 2007.

통증이 있거나 피로하고 기분이 우울할 때에도 약에 손을 뻗을 필요가 없다. 대신에 요가 전통에서 5000년 동안 모은 지혜를 이용할 수 있다. 저자는 의사로서, 아름다운 삽화, 명확한 지침, 그리고 우리 시대의 신체적, 정서적인 문제를 다루는 유용한 범주를 제시하고 있다.

Mingyur Rinpoche, Yongey. *The Joy of Living: Unlocking the Secret & Science of Happiness*. New York: Harmony Books, 2007.

저자는 신경 과학을 연구 한 티베트 승려이다. 그는 두 가지 전통에서 배운 것을 우리의 삶에 행복을 가져 오는 방법으로 조화시킨다. 따뜻하고 친절하며 설득력이 있다.

Putnoi, Johanna. *Senses Wide Open: The Art & Practice of Living in your Body*. Berkeley, CA: Ulysses Press, 2000.

우리 스스로에게 긴장을 풀라고 이야기하는 것만으로는 효과가 없다. 클라이언트에게도 마찬가지이다. 이 책에는 많은 연습과 지도가 있어서 어떻게 우리의 몸을 돌보고, 좀 더 삶을 편안하게 하며 혼란 속에서도 활기 차게 사는지를 배울 수 있다. 즉시 적용해 보기에 유용하다.

Roizen, Michael F., and Mehmet C. Oz. *You: The Owner's Manual*. New York: HarperResource, 2005.

저자 두 명은 모두 저명한 의사로서, 유머러스한 방법으로 인간의 생리와 웰빙에 관한 최신 정보를 제시하고 있다. 퀴즈, 그림 등을 풍부하게 담고 있어 유익하다.

– *You: On a Diet*. New York: Free Press, 2006.

영양, 식이 요법, 운동 분야에는 모순된 정보가 많다. 저자들은 연구와 발견, 임상 경험에 기초하여 정보를 제공한다. 과학의 엄격함을 유지하면서 동시에 일반 독자들이 이해할 수 있도록 돕는다. 우리가 음식에 대해 알아야 할 모든 생리적, 심리적인 정보들은 이 책 한권에 모두 담겨 있다.

Siegel, Daniel J. *The Mindful Brain*. New York: W.W. Norton & Co., 2007.

저자는 하버드 의대를 졸업하고 뇌 과학을 전공한 정신과 의사이자 연구원으로 명상이(우리가 하는 일에 깊이 주의를 기울이는 것) 뇌의 화학과 생리학에 어떤 영향을 미치는지에 대한 많은 연구 결과를 제시하고 있다. 이러한 효과들은 우리의 행복감, 타인에 대한 관심, 그리고 우리의 일상적인 행복을 영구적으로 바꾸어 준다. 훌륭한 예시를 제공하며, 명확한 문체로 쓰여 있다.

12

코치의 자기 계발

당신의 코칭 기술과 자질을 평가하고 향상시키기 위한 프로그램을 설계할 기회가 여기 있다. 또한 당신의 학습을 포착하고, 계속해서 코치로서 성장하도록 이끌어 줄 일련의 질문들을 접하게 될 것이다.

우리는 1장에서 클라이언트를 코치하는 동안에 우리 스스로를 계속해서 발전시켜야 하는 중요성에 관해 이야기했다. 이렇게 함으로써 우리는 변화를 위해 실제로 필요한 것들에 대해서는 아무런 경험이 없으면서 단지 충고와 의견을 전달하는 전문가가 되려는 유혹에서 벗어날 수가 있다. 또한 우리는 코칭 노력이 실패했을 경우에 그것이 클라이언트가 지닌 한계 때문일 수도, 우리의 역량 부족 때문일 수도 있음을 고려해야 한다. 또한 클라이언트는 코치인 우리에게 계속해서 새로운 질문과 좌절, 도전을 제기한다. 따라서 우리가 그들에게 도움이 되려면 우리가 계속해서 유능해지는 것이 중요하다. 이 모든 것 이외에도, 두 번째 트랙에 관여한다면 우리에게 코칭은 지금까지 우리가 수없이 해 왔던 기계적이고 판에 박힌 무미건조한 반복이 아니라, 살아 있고, 생동감 있는, 그래서 성장하는 일이 될 것이다.

나는 다른 어떤 교재에서도 코칭의 이런 측면을 찾아볼 수 없었다. 그러나 자기계발은 코칭의 분명한 요소로 보인다. 나는 당신이 코치를 할 때 당신 자신과 일하는 것 이외에도 동료, 친구, 또는 당신을 지지할 수 있는 다른 코치를 찾아보라고 권한다. 정신과 의사, 내과 의사, 교사, 변호사들은 모두 어려운 사례를 다룰 때 동료, 멘토와 상의할 수 있다. 나는 코치 또한 예외가 아니라고 생각한다.

이 장에서 나는 코치들이 계속해서 성장할 수 있는 방법을 제시할 생각이다. 첫 번째는 당신이 코칭을 제공하면서 스스로에게 던질 질문들인데, 이를 통해 당신이 지금 무엇을 배우고 있고 배우면서 무엇을 향상시키고 있는지 이해할 수 있을 것이다. 그 다음은 성공적인 코치가 되는 데 필요한 기술과 자질을 향상시키기 위한 활동계획을 세우는 것이다.

자기 점검 질문

다음에 일련의 질문이 제시되어 있는데, 당신이 코칭을 제공할 때 스스로에게 질문하기를 권한다. 질문들은 연대기적인 순서로 제시되어 있다. 먼저 제시된 것들은 코칭 프로그램의 초기에 더 적절한 것들이고, 나중에 제시된 질문들은 프로그램의 종결 시점에서 가장 적합한 것들이다.

1. 나는 코칭을 하면서 나 자신과 다른 사람들에 대해 무엇을 배우고 있는가?
2. 내가 하는 코칭을 강력하게 만드는 것은 무엇인가?
3. 코칭에서 나를 가장 불편하게 만드는 것은 무엇인가?(아마도 이 시점에서 가장 큰 성장이 일어날 수 있다.)
4. 코칭을 하면서 사람들과 관련해서 점점 더 신비롭게 느껴지는 것이 있다면 무엇인가?
5. 나는 사람들과의 관계에서 무엇을 발견하고 있는가?
6. 코칭 프로그램에서 나의 어떤 생각들이 도전받고 있는가?
7. 코칭 프로그램에서 나의 어떤 기분이 가장 효과적인 것 같은가?
8. 클라이언트에 대해 내가 이해하지 못하는 것은 무엇인가? 이것은 나 자신에 대해 무엇을 의미하는가?
9. 지금 하고 있는 코칭을 나중에도 할 것인가? 그렇지 않다면, 나는 이것을 어떻게 정당화할 수 있는가?

코칭 프로그램의 말미에 할 질문은 다음과 같다.

10. 코칭을 통해 나는 무엇을 배웠는가?
11. 코치로서 나의 역량에 대해 배운 것은 무엇인가? 내 강점은 무엇인가? 어떤 부분에서 성장할 수 있는가?
12. 나를 놀라게 한 것이 있다면 무엇인가?
13. 나는 어떤 것들에 있어서 유연했나? 어떤 것들에 대해 완고했나? 이것은 나 자신에 대해 무엇을 의미하는가?
14. 다음 번 코칭 프로그램에 무엇을 가지고 갈 수 있나?

코치의 기술과 자질

다음에서 당신은 한 과정을 보게 될 텐데, 코치로서 필요한 기술과 자질을 지속적으로 향상시키는 데 활용할 수 있다. 이것은 또한 클라이언트와 일을 할 때 당신이 활용할 수 있는 일종의 방법론이기도 하다. 간단하고, 계속 반복해서 사용할 수 있다.

우선 각각의 기술과 자질을 서술하고, 자기평가를 할 수 있는 간단한 방식을 제시할 것이다. 마지막으로, 당신 스스로를 위한 코칭 프로그램을 설계하는 데 사용할 수 있는 구조를 제공할 것이다. 다른 어떤 코칭 프로그램에서처럼 다른 코치와 협력할 때 가장 잘 설계할 수 있다. 그리고 두 번째 트랙을 밟아 가면서 어느 시점에서는 누군가로부터 도움을 구하고 싶을 수 있다. 이 과정은 강력하고 유용한 것으로 입증되어 왔다. 따라서 나는 당신이 그것을 시작하기를 권하고 싶다.

기술

말하기

앞서 언급한 것처럼, 코치로서 당신이 하는 주요 행동은 클라이언트와 이야기를 하는 것이다. 이야기를 하는 것은 클라이언트가 새로운 관찰을 할 수 있도록 특징 또는 차이점(distinctions)을 지적하는 것을 의미한다. 코치는 가끔 클라이언트에게 영감을 줘서 새로운 가능성을 보게 하고, 장애물을 극복하게 하며, 예상보다 천천히 진행되는 프로그램에 계속 머무르도록 이야기해야만 한다.

말하는 형식은 의도한 것을 명료하게 이야기하는 것만큼 중요하지는 않다. 어떤 이야기를 하고 있을 수 있고, 어떤 사례들을 언급하고 있을 수 있으며, 당신 자신에 대해 이야기하고 있을 수 있다. 계속 코치를 하면서 당신 자신의 목소리를 발견하게 될 것이다. 중요한 것은 당신이 새롭게 구분해 가면서, 그리고 당신의 클라이언트를 고무하면서 당신 자신의 역량을 계발해 가는 것이다.

경청하기

가끔 사람들은 경청하는 것을 단순히 녹음하는 것이라고 생각해서, 들었던 것을 다시 반복해서 말할 수 있다면 경청을 잘하는 것이라고 생각한다. 어떤 사람들에게는 이렇게 하는 것이 경청하는 방법을 배우는 유용한 첫 걸음일 수 있다. 코치로서 경청한다는 것은 상대방의 말을 듣는 것을 포함하지만, 경청은 그 이상의 것을 필요로 한다.

경청할 때에는 두 가지 의도를 포함하고 있는데, 하나는 클라이언트와 상황의 독특성을 이해하는 것이고, 또 다른 하나는 근원이 되는 원인을 구분하는 것이다. 아마도 경청할 때 가장 큰 관건은 충분히 조용해야 하고, 클라이언트가 말하고 행하는 것에 민감하게 영향을 받을 수 있도록 우리 자신을 충분히 개방하는 것이다. 클라이언트가 사용하는 단어에 따라 우리의 이해가 달라질 수 있지만, 이야기하는 동안에 취하는 전체 행위(자세, 억양, 얼굴 표정 등) 역시 영향을 준다. 이외에도 코치는 클라이언트를 관찰할 때마다 개방적인 경청의 자세를 취해야 한다.

좌절 해결하기

사람들을 코치하고자 한다면, 좌절을 다뤄야 한다. 좌절을 해결하는 데 있어서 주요 과제는 당신의 감정적 반응에서 한 걸음 물러서는 것이다. 당신 스스로가 당황해하고 좌절하며 화나고 후회한다면, 좌절을 해결하기 위해 어떤 것도 하지 못할 것이다.

응급실에 방문했을 때 의사가 상처 입은 아이의 부모 만큼이나 당황해하는 것을 상상할 수 있는가? 그 순간에 가장 중요한 것은 침착함이다. 그렇지 않으면 판단이 흐려지고 분산될 것이다. 두 번째로 중요한 것은 가능한 한 많은 대안을 생각해 내는 것인데(많을수록 좋다.), 이미 클라이언트는 그 중 많은 것을 생각해 보고 외면했다는 점을 기억하기 바란다.

평가하기

평가하기란 특징이나 차이점(distinctions)을 고려하면서 관찰하는 것을 의미한다. 유능한 평가자가 되기 위해서는 시간을 들여 관찰하고, 기준이 무엇인지 알고, 가능한 한 당신의 편견을 제거해야 한다. 그것은 매우 섬세한 일로서 우리가 관찰한 것과 관찰한 것에 대한 우리의 해석을 구분하는 것이다. 예를 들어, 언성을 높이면서 두 사람이 이야기하고 있는 것을 관찰했다면 우리는 한 사람이 점원을 괴롭히고 있거나, 또는 비서를 학대하고 있다고 해석을 할 수 있다. 이 상황의 전체 맥락을 충분히 이해하지 않았다면 그와 같은 결론에 이를 수 없었을 것이다. 반면, "나는 누군가가 큰 소리로 말하는 것을 관찰했어."라고 말하는 것은 일반적으로 코칭에서는 별 도움이 되지 않는다.

코칭과 관련된 평가를 하기 위해서는 우리가 관찰하고 있는 사람이 무엇을 성취하려고 노력하는지, 그러한 성취가 어떤 의미인지, 어떤 행동을 했는지, 그리고 행동의 성과가 무엇인지 이해해야 한다. 이렇게 네 가지 관점을 정확하게 다룸으로써 당신이 가지고 있는 편견을 최소화하고, 필요할 경우에는 클라이언트에게 공정한 방식으로 당신이 한 평가를 제시할 수 있을 것이다.

설계하기

설계하기란 현실과 코칭 프로그램에서 기대하는 성과를 연결 짓는 것을 의미하는데, 이는 코칭 프로그램이 단 한 번의 대화로 이루어진 경우에도 해당된다. 설계 시 첫 단계는 클라이언트의 현실, 즉 평가의 중요성을 이해하는 것이다. 그런 다음 코칭을 마무리하는 시점에서 클라이언트가 갖추어야 할 역량을 기술한다. 예를 들어, 클라이언트가 습득할 새로운 행위는 무엇인가? 클라이언트가 할 수 있는 더 좋은 결정은 무엇인가? 그의 판매 노력은 어떤 방식으로 개선될 것인가? 클라이언트와 코치 모두 관찰할 수 있는 방식으로 성과를 기술한다.

마지막 요소는 클라이언트를 이해하고 바람직한 성과를 얻는 것 사이의 경로를 설계하는 것이다. 그러한 경로는 세 가지 요소로 구성된다. 즉, 클라이언트가 할 연습, 클라이언트가 연락할 수 있는 지지망(network of support), 그러한 성과가 발생하는 데 소요되는 시간이 그것이다.

자질

엄격함

엄격하다는 것은 전통에 대한 가장 최고의 기준을 유지하고 기준을 공정하게 적용하는 것을 의미한다. 수학자나 과학자는 성공하기 위해 엄격해야 하는 사람들이다. 이런 분야에서는 우수성의 기준이 잘 세워져 있고, 예외 없이 새로운 발견에 기준을 적용한다. 수학자와 과학자는 그들이 평가하는 것이 친구의 것이든, 적의 것이든 기준을 변경하지 않는다.

우리는 코치로서 엄격해야 하는데, 그래야만 주도면밀하게 공정하고 가장 최고의 기준에 몰입할 수 있다. 그러나 우리가 코치로서 단지 엄격하기만 하다면 많은 잠재적인 클라이언트가 우리와 함께 일하는 것을 단념하게 될 것이다. 만약 우리가 특정 분야에서 최고의 코치라면 클라이언트들은 높은 수준의 엄격함을 견뎌야 한다. 예를 들어, 만약 우리가 이 세상에서 가장 뛰어난 바이올린 교사라면 클라이언트(이 영역에서는 보통 학생으로 부르지만)는 우리와 함께 일하기 위해 심지어 오디션을 봐야 할지도 모른다. 하지만 대부분의 상황에서 당신은 코치로서 이런 사치를 경험하지는 않는다.

직장에서 당신은 사람들을 인계받았음을 알게 될 것이다. 당신이 부모라면 열정적인 지지자들 중에서 자녀를 고르지 않을 것이다. 학교 교사에게는 매년 학급이 무선으로 배정된다. 결국, 우리는 엄격함과 그 밖의 다른 자질, 예를 들어 인내와 유연성과 균형을 이뤄야 한다. 당신 스스로를 평가하면서 등식의 어느 부분에서 균형이 필요한지 알아야 한다. 당신은 지나치게 엄격하고 심지어 가혹하기까지 한지, 아니면 지나치게 참을성 있고 때로는 싱겁기까지 한 사람인가?

인내

인내는 불평하지 않으면서 기다리는 것을 의미한다. 코칭에서의 변화는 전자기기에 나타난 시간에 따라 나타나는 것이 아니라 생물학적 시간에 따라 나타난다는 점을 기억해야 한다. 지금처럼 컴퓨터가 강력한 힘을 발휘하는 시대에는 1초가 지나기 전에 화면이 문서로 채워지지 않으면 마음이 조급해진다. 우리는 일생을 통해 돌진한다. 그러나 삶이 아무리 빨리 진행되더라도, 우리가 사람에게 접근할 때에는 늘 생물학적인 현상과 일하게 된다.

'기회'에 관한 장에서 언급했던 것처럼, 우리가 습관적으로 하는 행위는 우리 몸 안에 있는 신경근육 구조를 취하고 있다. 중장기적인 변화가 일어나려면 이런 구조를 다뤄야 하는데, 이 과정은 즉각적으로 나타나지 않는다. 심지어 심오한 통찰이나 변혁적인 영감을 경험하더라도, 이러한 변화를 삶에 통합시키기 위해서는 시간이 필요하다. 그렇지 않다면, 변화의 순간은 하룻밤 사이에 힘차게 성장했지만 뿌리가 없어서 그 다음 날 햇볕의 강렬함에 사라지는 버섯과 같을 것이다.

이 모든 것 이외에도 불평하는 것은 코칭에 도움이 되지 않는다. 조급해지면, 그러한 조급함이 당신의 기대를 충족시키지 못하는 클라이언트 때문인지, 얼마나 시간이 걸려야 한다고 생각하는지 당신 스스로에게 질문해 보기 바란다. 당신이 같은 것을 하려면 얼마나 시간이 걸릴지 스스로에게 질문하라. 우리 대부분은 잘 참지 못한다. 그러나 사람이 변하기 위해서는 실제로 얼마나 많은 것을 필요로 하는지를 이해하고, 습관을 바꾸려는 우리 자신의 노력을 돌아봄으로써 우리는 보다 현실적으로 생각할 수 있다. 인내는 이런 생각 안에 뿌리를 둘 수 있다.

일치성

클라이언트에게 적용하는 기준을 우리 스스로에게도 적용한다면, 우리는 '일치한다'고 말할 수 있다. 불일치한 것보다 코치로서의 신뢰를 더 빨리 무너뜨리는 일은 없을 것이다. 아마도 이런 사례들을 매우 많이 목격했을 것이다. 조직의 지도자가 부하 직원들에게는 어떤 과정을 주도적으로 하라고 지시하면서 스스로는 따르지 않는 것을 얼마나 자주 목격했는가? 이때 사람들은 자신이 들었던 것을 외면하게 되고, 대신 행위로 보여 준 것들을 따르게 된다.

1대1로 코칭할 때 클라이언트가 가까이에서 면밀히 살펴보는 것을 피할 수는 없다. 이는 클라이언트가 한 행위를 우리가 똑같이 해야 한다는 것이 아니라, 코치로서 클라이언트에게 적용하고 있는 바로 그 높은 기준을 우리 자신에게도 동일하게 적용해야 한다는 것을 의미한다. 어떤 개인적인 힘도, 조직의 힘도, 일치해야 할 필요성을 대신하지는 못한다.

창의성/유연성

아무리 코칭을 잘 설계했다 하더라도, 계획만큼 실현되는 경우는 거의 없다. 이때 창의적이고 유연할 필요가 있는데, 어떤 식으로든 높은 기준을 클라이언트에게 맞출 수 있는 방법을 찾는 것이 중요하다. 어린이 야구단 코치가 되어 일곱 살, 여덟 살 소년들에게 빅 리그에 있는 올스타처럼 플레이하도록 요구한다고 상상해 보자. 왜냐하면 이 분야에서는 결국 올스타가 우수함의 기준이기 때문이다.

아마도 우리 중 누구도 그렇게 하지 않겠지만, 만약 클라이언트에게 즉각적이고 무조건적으로 전문가처럼 행동하라고 말한다면 비슷한 것을 요구하고 있는 것이다. 무엇이 부족하고, 무엇이 잘못되었고, 무엇이 부적절한지 지적하기만 한다면 유사한 행동을 하는 것이다. 사람들은 서로 다른 속도로 서로 다른 방식으로 배운다. 따라서 우리가 코치로서 성공하기 위해서는 성과에 대한 우리의 헌신을 희석시키지 않으면서 (클라이언트에게) 적합한 코칭 방식을 찾아야만 한다.

자기 계발의 방법

지금까지 언급한 기술 및 자질을 가지고 당신 자신과 일하는 법을 다뤄 보자. 첫째, 앞에서 설명한 것들을 가지고 스스로를 평가해 보자. 1점부터 5점까지 분포하는 척도를 만들고, 행동 용어를 사용해서 5점이 무엇을 의미하는지 기술하고, 그러한 기술이나 자질을 5점 수준에서 가지고 있는 누군가를 떠올려 본다. 성공하기 위해서는 목표를 가능한 범위에 두어야 한다. 당신 자신에게 엄격하면서도 동시에 유연해야 한다.

예를 들어, 인내심에 관해 평가할 때 테레사 수녀와 같은 분들이 5점에 해당된다고 가정해서는 안 된다. 그렇게 하면 1점과 2점 사이가 지나치게 멀거나 또는 당신에게 해당되는 점수가 존재하지 않을 수 있다. 각각의 기술과 자질에 대해 스스로를 평가했다면, 그 다음 단계로 이동하라.

그 다음 단계는 해당 기술과 자질에 대해 당신의 현재 상태를 서술하는 것이다. 즉, 특정 기술이나 자질에 대한 당신의 역량 수준을 나타내는 구체적인 행위에는 어떤 것들이 있는가? 또한 당신의 성장을 가로막는 장애물이 있다면 무엇인가? 무엇이 방해가 되는가?

세 번째 단계는 당신이 **의도하는 성과**를 서술하는 것인데, 이 경우에도 행동 용어를 사용해서 서술한다. 당신이 원하는 만큼 유능해진다면 특정 기술이나 자질과 관련해서 어떤 행위를 할 것으로 생각하는가? 네 번째 단계는 현재 실제와 의도하는 성과 사이의 **경로를 설계**하는 것이다. 이 경로는 연습, 지지망, 기간으로 구성되어 있다.

연습은 마음에 기준을 두고 계속해서 반복적으로 하는 행동을 의미하는데, 연습의 목적은 기술이나 자질을 향상시키는 데 있다. 연습이 성공적이기 위해서는 모든 구성요소가 함께 존재해야 한다. 단순히 어떤 행동을 반복해서 하는 것만으로는 누군가가 유능해질 것이라고 확신할 수 없다. 이를 닦는 행동과 관련해서 당신은 진정으로 더 유능해지고 있는가? 또한 자신의 행동을 기준으로 관찰해야 하고, 계속해서 행동을 수정함으로써 점점 더 기준에 가까워진다. 우리가 더 유능해지기를 원한다 하더라도 관찰할 수 있는 기준에 따라 우리의 행위를 수정하지 않는다면, 우리는 결코 성장할 수 없을 것이다.

지지망(network of support)은 우리에게 정보와 감정적 지지를 제공하고, 좌절해서 지지가 필요할 때 연락할 수 있는 사람들을 말한다. 어떤 일을 혼자서 숙달한 사람은 아무도 없다. 피카소에게는 브라크가 있었고, 엘리엇에게는 에즈라 파운드가 있었다. 코칭 프로그램을 진행하면서 어느 지점에서 막히고 좌절하거나, 심지어 무엇을 하고 있는지 잊어버릴 때가 있다. 이 순간에 당신에게 지지망이

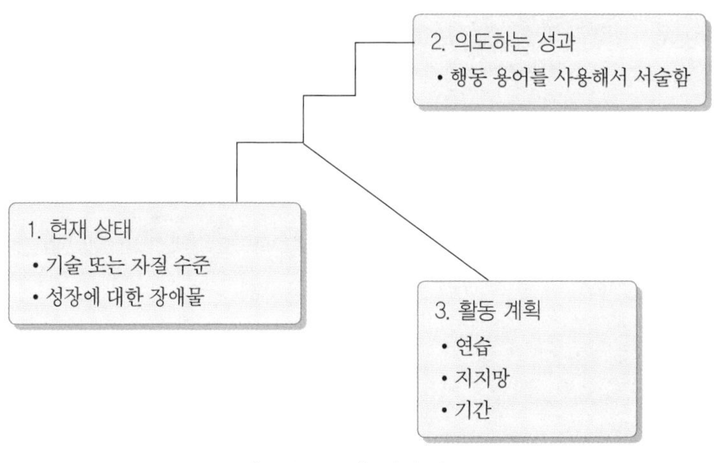

[그림 12-1] 발달 경로

필요하다.

기간(time frame)은 당신 프로그램에 충분한 구조와 엄격함을 제공하기 때문에 앞으로 진전한다는 감각을 가질 수 있다. 프로그램을 시작할 때 얼마나 시간이 걸릴지 예측해야 한다. 필요하다면 당신의 지지자들과 상의해서 기간을 수정한다. 이 사람들은 당신이 프로그램에 성공하는 데 헌신해 온 사람들이기 때문에 당신이 스스로를 기만하거나 끝도 없이 미루는 것을 어렵게 할 것이다. 다음에 제시된 사례는 이 과정을 어떻게 활용했는지 잘 보여 주고 있다([그림 12-1] 참조).

사례

사례를 제시하기 위해 경청을 예로 들었다. 피터 코치는 1점부터 5점까지 분포하는 척도를 사용해서 자신을 2수준으로 평가했다.

현재 상태

현재 상태에 대한 서술

- 다른 사람이 말하는 중간에 끼어듦
- 어떤 질문에 대한 답을 가지고 있을 때 경청하기를 중단함
- 얼마 동안인지는 모르지만 도중에 '멍해 있음'

장애물

- 직장에서는 이 기술(경청)을 향상시키기 위한 시간이 충분치 않음
- 지금까지 문제를 빠르게 해결하고, 질문에 빠르게 답변하는 전문가로 살아옴

의도하는 성과

- 나와 이야기하는 사람들은 내가 그 사람들의 말을 듣고 이해하고 존중하고 있다는 느낌을 갖는다고 말한다.
- 만남 중에는 주의를 기울이고 집중한다.
- 누군가 한 질문에 답을 가지고 있거나 문제에 대한 해결책을 가지고 있더라도 계속해서 경청한다.

계획

연습

- 말한 것을 되풀이함: 다른 사람이 나에게 말하고 있는 내용을 스스로에게 조용히 말하되, 가급적 다른 사람이 말한 후 즉시

말을 한다. 이때 기준은 내가 한 말이 정확해야 한다는 것이고, 즉시 말하게 되면 더 쉬울 것이다. 이렇게 하면 모임 중에 집중할 수 있다.

- 사람들과 대화가 끝났을 때, 잠시 시간을 갖고 대화를 나눈 사람에게 내가 무엇을 이해했는지, 그 사람이 말한 것을 감사해 한다고 말하는 시간을 갖자. 이때 기준은 나와 이야기를 나눈 사람이 내가 올바르게 이해했다는 데 동의할 때까지 내 말을 계속 수정하는 것이다.
- 경청 일지를 작성하는데, 일지에는 경청에 성공한 것과 실패한 것을 기록한다. 하루에 여러 번 일지에 다음과 같은 질문을 하고 답한다.
  1. 나는 언제 주의를 기울여서 경청했나? 어떻게 알 수 있나?
  2. 나는 모임이나 대화 도중에 언제 경청하는 것을 멈췄나?
  3. 대화나 모임 도중에 경청하는 것을 방해한 것은 무엇이었나?

일지를 보면 패턴을 발견할 수 있는데, 예를 들어 어떤 사람들을 경청하지 않는지, 어떤 주제에 관해 경청하지 않는지 알 수가 있다. 결국, 경청하지 못하는 사람과 대화를 하거나 경청하기 어려운 주제로 대화를 나눌 때 경각심을 갖게 될 것이다. 이때 기준은 패턴을 인식하고 그와 같은 패턴을 반복하지 않는 것이다.

지지망

- 지지망은 내가 신뢰하고 존경하는 세 사람인데, 내가 혼자서는 패턴을 깰 수 없을 때 또는 내 프로그램에서 무엇을 해야 할지 알지 못할 때 연락할 수 있는 사람들이다.

기간

• 기간은 3개월이다.

한 번에 한 가지 기술 또는 자질을 다루는 것이 좋다. 당신이 코치로 발달하기 위해 가장 시급하다고 생각하는 한 가지를 선택하라. 다른 기술이나 자질을 다루려면 이 과정을 반복하면 된다. 이때 이 장 앞부분에서 제시했던 질문들을 활용하면 코치로서 경각심을 잃지 않을 것이다. 코칭이 당신에게 학습 경험이 되고, 계속해서 코치로서의 역량이 개선되기를 기원한다.

종종 초보 코치들에게는 연습을 계획하는 것이 큰 도전이 된다. 연습을 계획하는 것과 관련해서 도움이 될 만한 질문들을 다음에 제시하였다.

1. 관찰 가능한 행동 중에 어떤 것을 연습할 것인가?
2. 행동 수행의 기준은 무엇인가?
3. 당신은 클라이언트가 얼마나 잘 수행하고 있는지 알 수 있도록 클라이언트에게 무엇을 관찰하라고 요청할 것인가?
4. 당신은 클라이언트가 얼마나 자주 연습하게 할 것인가? 매 회기는 어느 정도 시간이 소요되는가?
5. 연습은 얼마나 오래 계속될 예정인가?
6. 클라이언트는 얼마나 자주 경과를 평가할 것인가? 경과를 평가하기 위한 기준은 무엇인가?

용어 정의

연습

나아지려는 의도를 가지고 계속해서 또다시 하는 행동이다. 마음속에 기준을 갖고 행하며, 그런 기준에 따라 수정한다.

구조

구조는 다음과 같이 구체화한다.

- 언제 연습할 것인가
- 각 회기의 지속 시간
- 언제 경과 상태를 평가할 것인가

피드백

성찰 및 자기평가를 위한 시간이다. 기준과 일정을 토대로 스스로에 대해 무엇을 관찰해야 할지 서술한다. 그런 다음 행동을 통해 수정한다.

지지망

질문이 있을 때 또는 좌절했을 때 연락할 사람 또는 조직

기간(timeline)

이 과정이 얼마나 오래 걸리지를 의미하는데, 현재 상태와 예상되는 성과 사이에 존재하는 격차를 의미한다. 중간 목표(이정표) 또한 포함한다.

밥에게 어떤 변화가 일어났나

밥(Bob)은 9장에 제시된 자기관찰 활동을 연습했는데, 10개월 동안 코치와 일한 후 본인 회사에서 미래의 경영자 중 한 명으로 선발되었다. 이후에도 자신의 역량을 향상시키기 위해 자신만의 연습을 실시하였다.

자신의 프로그램에 엄격히 몰두함으로써 밥은 자신의 목표를 달성했고, 그 이상으로 스스로 교정하고 스스로 만들어 내는 뛰어난 실행자가 되었다. 밥은 코칭의 힘을 보여 주는 모범이 되었다.

추천 도서

코치가 자신과의 작업을 진행할 때 활용할 수 있는 책을 다음에 제시하였다. 이 책들은 공통적으로 코칭의 원리와 가치에 주의를 기울이면서 이에 집중하려면 어느 정도의 엄격함이 필요한지 설명하고 있다. 몇 권의 책을 골라야 한다면, 다음과 같은 순서로 읽어 보기를 추천한다.

1. 『The Human Condition』. Hannah Arendt
2. 『The 7 Habits of Highly Effective People』. Stephen Covey
3. 『Care of the Soul』. Thomas Moore

Abrams, Jeremiah, and Connie Zweig, eds. *Meeting the Shadow*. Los Angeles: Jeremy P. Tarcher, Inc., 1991.

인간 본성의 어두운 단면을 드러내는 수필집으로, 교육적이고, 계몽적이며, 자아를 위축시킨다. 전인성과 평온함에 이르는 길을 제공할 듯싶다. ("나는 선하기보다는 차라리 전인적이 되고 싶다." – Carl Jung)

Almaas, A. H. *Spacecruiser Inquiry*. Boston: Shambhala Publications, 2002.

Hameed Alis(필명 Almaas)의 구독 가능한 저술로, 개인적인 변혁과 발달을 위한 다이아몬드 접근을 소개하고 있다. 심오한 심리학(특히 대상관계이론)과 영성(특히 이슬람 신비주의와 불교)을 독특하게 결합했다.

Arendt, Hannah. *The Human Condition*. Chicago: University of Chicago Press, 1958.

한 인간으로 존재하는 커다란 주제를 다루고 있는 고전적인 책으로, 강렬한 통찰과 뛰어난 분석을 담고 있어서 인용할 가치가 크다. 이 책에 제시된 생각들은 두고두고 고민해볼 만하다.

Bateson, Mary Catherine. *Composing a Life*. New York: Atlantic Monthly Press, 1989.

저자는 마가렛 미드와 그레고리 베이트슨의 딸로서, 한 대학의 학장을 역임했고 인류학자이다. 저자는 자신의 삶에 대해, 그리고 다른 5명의 여성 친구들의 삶에 대해 적고 있는데, 저자는 의미와 배려로 가득한 삶을 살아가는 그들의 모습을 어떤 강요나 이기심 없이 아름답게 그려내고 있다.

Covey, Stephen R. *The 7 Habits of Highly Effective People*. New York: Simon & Schuster, 1989.

개인적인, 공적인 승리를 부르는 (코칭의 맥락이라면 실천이라고 불릴 수 있는) 7가지 습관을 제시하고 있다. 쉽게 읽히고, 사례가 풍부하며, 각 장은 실천을 위해 추천하는 내용을 담고 있다.

Dass, Ram, and Paul Gorman. *How Can I Help?* New York: Alfred A. Knopf, Inc., 1985.

자신의 삶을 봉사에 헌신해온 사람들을 위한 실제적인 지침서로, 온 마음을 다해 글을 써 내려가고 있다. 활동의 중심에 서지 않으면서, 또는 고갈되고 환멸을 느껴 소진되는 일 없이 봉사할 수 있는 맥락을 제시하고 있다.

Fischer, Norman. *Taking Our Places: The Buddhist Path to Truly Growing Up*. New York: HarperCollins Publishers, 2003.

전직 선종 주지 스님이자, 시인이며, 10대들의 아버지이자 멘토인 저자가 쓴 진정한 성숙에 이르는 지침서이다. 풍부하고, 친절하며, 지혜롭고, 영감으로 가득하다.

Goldstein, Joseph. *The Experience of Insight*. Boston: Shambhala Publications, 1976.

명상으로 초대하는 흠결 없는 보석과 같은 책으로, 명쾌한 강의와 유용한 힌트, 전통적인 강의법을 소개하고 있다.

Gutman, Huck, Patrick H. Hutton, and Luther H. Martin, eds. *Technologies of the Self: A Seminar with Michel Foucault*. Amherst, MA: University of Massachusetts Press, 1988.

푸코의 마지막 저서로서 한 세미나에서 다룬 내용을 소개하고 있다. 사람들이 자신의 발달을 위해 노력하는 전통적인 방법들을 설명하고 있는데, 역사적인 관점과 힘을 느낄 수 있고, 사고 및 믿음과 관련된 동향을 잘 추적하고 있다.

Levine, Stephen. *Guided Meditations, Explorations and Healings*. New York: Anchor Books/Doubleday, 1991.

저자는 죽음, 질병, 고통, 중독 등 인간의 고뇌와 관련해서 위로와 평온, 치유를 제공하는 글과 명상법을 제시하고 있다. 인간의 조건을 능숙하고 공감적으로 다루는 데 없어서는 안 될 명저다.

Mezirow, Jack, and Associates. *Fostering Critical Reflection in Adulthood*. San Francisco: Jossey-Bass, Inc., 1990.

책 제목에 표현된 목표를 달성하기 위한 매우 다른 방법들을 제시하는 수필들을 담고 있다. 이 책에서 제안하고 있는 한 개 이상의 실천들을 이행할 경우 코치는 좀 더 능숙하게 자기반성과 비판적 사고를 할 수 있다.

Moore, Thomas. *Care of the Soul*. New York: HarperCollins, 1992.

일상의 활동과 일에 어떻게 깊이와 의미를 가져올 수 있는지를 시적으로, 은유로 가득 표현하고 있는 책이다. 영혼은 자신의 언어를 가지고 있는데, 이 책은 이러한 사실을 독자들에게 알리면서 영혼의 언어에 귀를 기울이라고 초대하고 있다.

Nicoll, Maurice. *Psychological Commentaries on the Teaching of Gurdjieff & Ouspensky, Volumes1-5*. Boston: Shambhala Publications, 1984.

개인적 자각을 불러일으킴에 있어서 자기관찰이 중요하다는 것을 멋지게 소개하고 있다. 단호하면서도 자기 의견이 강하지만 공감적이다.

Nozick, Robert. *The Examined Life*. New York: Simon & Schuster, Inc., 1989.

삶에서의 중요한 이슈들, 예를 들어 사랑, 감정, 행복 등을 소크라테스 방식으로 다루고 있는 수필들을 담고 있다. 저자는 철학자로서, 이 책은 가끔 꼭 사야 할 것 같은 느낌을 준다. 자신의 관점을 검토하는 데는 유용하지만, 아마도 저자의 관점들을 수정해서 사용하기 위한 목적으로는 그렇게 도움이 되지 않을 것 같다.

Palmer, Parker J. *Let Your Life Speak*. San Francisco: Jossey-Bass, Inc., 2000.

지금 전개되고 있는 소중한 삶에서 우리가 무엇을 하도록 소명을 받았는지 조용하고 끈기 있게 귀를 기울임으로써 우리의 직업을 발견하는 데 도움이 되는 매우 좋은 책이다.

Riso, Don Richard, and Russ Hudson. *The Wisdom of the Enneagram*. New York: Bantam Books, 1999.

우리 자신을 이해하고 계발하기 위한 강력하고 포괄적이며 일관된 전통적인 방법인 에니어그램을 멋지게 소개하고 있다. 유용한 차트와 질문들, 연습 과제로 가득하다. 일류다.

Trungpa, Chogyam. *Cutting through Spiritual Materialism*. Boston: Shambhala Publications, 1973.

인생에서 앞지르기 위해 영적 가치나 힘을 사용하는 것에 대해 치명타를 날리고 있다. 자기중심적인 사람들과 공감적인 사람들을 예리한 면도날로 분리하고 있다.

Zimmerman, Michael E. *Eclipse of the Self*. Athens, OH: Ohio University Press, 1981.

진정성에 대한 하이데거의 생각을 철학적으로 검토하고 있다. 자신의 가치와 삶의 기본을 탐색할 좋은 기회가 될 것이다.

글을 마치며

이 책의 내용을 다시 요약하는 대신에 여기서 나는 이 책을 집필하게 된 동기에 대해서 간단하게 적으려 한다.

이 책에서 나의 입장은 이렇다. 인생이란 무엇인가 공헌을 하려고 길을 찾는 것이라고 말하고 싶다. 많은 이는 이미 어린 시절부터 그런 길을 가지 못하게 가로막히기도 한다. 게다가, 어떤 이들은 무엇인가 공헌을 한다는 것은 불가능한 일이라고 이미 결론을 짓고 있다. 특히, 비즈니스 세계에서는 더 그러하다. 그러나 나는 이미 10여 년 전부터 그건 사실이 아니라는 걸 알고 있었다.

실로, 이 책을 집필하는 나의 목적은 다음의 질문에 대답을 하는 것이었다. "무엇인가에 공헌을 하는 방법은 무엇일까?" 이 질문을 지속해서 던짐으로써 코치로서의 우리의 정체성과 역량은 쉼 없이 펼쳐질 것이다. 독자들께서도 스스로를 개방하여 이 책이 당신에게 공헌을 할 수 있도록 한다면, 이는 필자인 나에게 하나의 선물이 될 것이다. 그렇게 된다면 나는 당신에게 감사를 할 것이다.

부록 1

자기관찰

모든 변화는 자기 관찰과 더불어 시작된다. 사람들은 자기관찰을 자기판단과 혼동한다. 판단은 자기관찰에는 없는 비판적인 요소를 포함한다.

많은 사람은 끊임없이 자기들에게 지껄이는 내면의 목소리를 가지고 있기 때문에 자기관찰에 아주 재능이 있는 것처럼 느낀다. 즉, "아, 그건 어리석었어!" "넌 그것보다 더 잘할 수 있어." "난 이건 좋아하지 않아." 하는 식으로 말이다. 자기를 관찰한다는 것이 뜻하는 것은 우리 경험의 어떤 내용에 집착하지 않게 되거나 동일시하는 것을 뜻하는 것이 아니라, 기민하게 개방적으로, 수동적으로 바라보는 것을 뜻한다. 많은 미국인은 '수동적으로'라는 단어를 싫어한다. 특히, 자립적인 작가나 변호사들이 그렇다. 어떤 활동도 자기관찰이 일어나게 허락하지 않는다. 수동성의 요점은 사고, 행위, 발언을 기계적으로 함에 있어 얼마간의 조정하는 힘을 갖는 것이다.

자기관찰을 위한 일반적 지침은 당신 자신을 두 사람으로 나누는 것인데, 하나는 살아가면서 활동하는 자이고, 다른 하나는 관찰하는 자이다. 어쩌면 이 말이 당신에게는 단순하게 들릴 것이다.

하지만 실제에서는 아주 다르다는 것을 발견하게 될 것이다. 우선, 거의 모든 이가 자기관찰하기를 망각하고 있다. 그런 이유로 상기시키는 것들을 주변에 남겨 놓는 것이 의미가 있다. 당신을 계속하여 자기관찰로 돌아가도록 하기 위해 거울이나 컴퓨터 화면에 기록을 남기는 것이다. 다음에서 당신은 클라이언트들이 수년에 걸쳐 실행했던 자기관찰 연습의 사례들을 발견할 수 있을 것이다. 그것은 사업, 대인관계, 개인이라는 세 가지의 주된 범주로 나누어져 있다. 그것은 이 영역들이 서로 영향을 준다고 생각하지 않는다는 것이 아니다. 오히려 한 사람의 일생을 세 가지 범주로 나눔으로써 관찰하기가 더 용이하다는 말이다. 당신의 거의 모든 코칭 노력에서 자기관찰을 이용하길 권한다. 그것은 당신의 클라이언트를 위해 강력한 통찰을 제공할 것이고, 당신이 코칭을 이끌어 나갈 더 많은 정보를 줄 것이며, 계속해서 당신에게 코칭 프로그램의 중요성을 보여 줄 것이다.

주어진 사례들은 당신이 사용할 수 있는 하나의 형식을 예시하고, 또 당신 자신의 창의성을 촉발하기 위하여 의도되었다. 질문들이 적용될 것 같아 보이는 클라이언트를 찾게 되거든 자유로운 마음으로 그 질문들을 이용하라. 각각의 연습의 서두에 목록으로 제시된 목표는 독자를 위한 설명이다. 클라이언트의 연습에서는 이것을 생략하고 지시사항들을 가지고 시작하면 된다.

자기관찰 사례 1: 사업

목표

내 인생의 현재의 위상을 더 잘 알아차리기

하루에 한 번 하는 질문들

날마다 15~20분의 시간을 갖고 다음의 질문들을 던질 것

1. 내 인생은 오늘날 어떤 방식으로 균형이 잡히고 있는가? (혹은 그렇지 않은가?)
2. 오늘 나는 어떻게 나 자신을 돌보았는가?
3. 오늘 나는 어떻게 나의 배우자를 돌보았는가?
4. 오늘 나는 무엇에 관심을 두었는가?
5. 현재 나의 좌절은 무엇인가? 그 좌절을 해결하기 위해 어떤 행위를 할 것인가?

일주일에 한 번 하는 질문들

매주 15~20분의 시간을 갖고 다음의 질문들을 던질 것

1. 이번 주에 나는 나 자신에 대해 무엇을 배웠는가?
2. 이번 주에 나는 무엇을 성취했는가?
3. 이번 주에 나는 내 인생의 어떤 부분을 무시하거나 회피했는가?
4. 이번 주에 나는 어떤 분야에 더 유능해졌는가?
5. 이번 주에 나는 내 책무의 어떤 부분을 저버렸는가? 그렇게 함으로써 무엇을 배웠는가?

자기관찰 사례 2: 사업

목표

근무일 동안 내가 어떻게 느끼고, 또 하루하루 무엇을 성취하는지 더 잘 알기

지침

매일 두 번씩 멈출 것—한낮, 그리고 하루가 끝날 때—그리고 다음의 질문들을 당신 자신에게 던지라. 하루 전체에 걸쳐 당신 자신을 관찰하는 것을 통해 이 연습을 먼저 예상하기를 권한다. 당신의 일기에 당신의 대답들을 기록해도 좋다.

1. 오늘 업무에서 내게 가장 힘을 준 것은 무엇인가?
2. 오늘 업무에서 나를 가장 힘 빠지게 한 것은 무엇인가?
3. 앞의 1번과 2번은 내가 시간을 쓴 방식에 어떤 식으로 영향을 주었는가? 나는 무엇을 성취했는가?
4. 이런 연습에서 내가 관찰하는 것으로부터 나오는 패턴들은 어떤 것인지 보이는가? 내가 관찰한 것에 대해 나는 어떤 행위를 취할 것인가?

자기관찰 사례 3: 사업

목표

근무일 동안에 느끼는 나의 감정에 대해 더 잘 알기

지침

매일 두 번씩 멈출 것—한낮, 그리고 하루가 끝날 때—그리고 다음의 질문들을 당신 자신에게 던지라. 하루 전체에 걸쳐 당신 자신을 관찰하는 것을 통해 이 연습을 먼저 예상하기를 권한다. 당신의 일기에 당신의 대답들을 기록해도 좋다.

1. 실행하는 것에서, 그리고 말하는 것에서 내가 불편하다고 느낀 것은 무엇인가? 그 이유는 무엇인가?
2. 나에게 가장 강하게 드는 감정이나 느낌은 무엇인가?
3. 내가 두려움을 경험하는 것은 언제인가?
4. 내가 두려움을 느끼는 동안 나는 어떤 생각들이 드는가?
5. 관찰한 것으로부터 나는 어떤 행위를 취할 것인가?

자기관찰 사례 4: 사업

목표

근무일과 동안에 내가 무엇을 달성하고 있는지와 또 달성하고 있지 못한지에 대해, 왜 성취하지 못할 수도 있는지, 그리고 어떻게 실패를 정당화할지에 대해 더 잘 알기

지침

매일 두 번씩 멈출 것—한낮, 그리고 하루가 끝날 때—그리고 다음의 질문들을 당신 자신에게 던지라. 하루 전체에 걸쳐 당신 자신을 관찰하는 것을 통해 이 연습을 먼저 예상하기를 권한다. 당신의 일기에 당신의 대답들을 기록해도 좋다.

1. 나는 무슨 특정한, 관찰 가능한 성과를 생산했는가?
2. 내가 생산한다고 말했던 성과를 생산하지 못한 것에 대해 나는 무슨 변명과 사연과 정당한 이유들을 가지고 있는가?
3. 어떤 사건들, 사람들, 혹은 개인적인 한계들이 이런 성과에 방해가 되는가?
4. 내가 여기서 관찰한 것에 대한 나의 느낌은 어떠한가?
5. 내가 관찰한 것으로부터 나는 어떤 행위를 취할 것인가?

자기관찰 사례 5: 사업

목표

도전적인 행동과 그 행동의 결과들에 대해 더 잘 알기

지침

하루 2번(점심, 저녁) 스스로에게 다음의 질문을 하라. 하루 전체에 걸쳐 당신 자신을 관찰하는 것을 통해 이 연습을 먼저 예상하기를 권한다. 당신의 일기에 당신의 대답들을 기록해도 좋다.

1. 오늘 나는 누구에게 도전했는가?
2. 그 이유는 무엇인가?
3. 그 도전의 성과는 모두 어떠한 것들인가?
4. 내가 관찰한 것으로부터 나는 어떤 행위를 취할 것인가?

자기관찰 사례 6: 사업

목표

내가 고집스레 주장하는 것은 무엇인지, 그리고 그것은 어떻게 나의 업무와 업무 상의 인간관계에 영향을 미치는지에 대해 알기

지침

하루 2번(점심, 저녁) 스스로에게 다음의 질문을 하라. 하루 전체에 걸쳐 당신 자신을 관찰하는 것을 통해 이 연습을 먼저 예상하기를 권한다. 당신의 일기에 당신의 대답들을 기록해도 좋다.

1. 오늘 내가 주장한 것은 무엇인가?
2. 나의 주장을 어떻게 정당화하였는가?
3. 나의 주장이 나 자신에게 끼친 영향은 무엇인가? 나의 업무관계에 끼친 영향은 무엇인가?
4. 내가 관찰한 것으로부터 나는 어떤 행위를 취할 것인가?

자기관찰 사례 7: 사업

목표

업무 중에 나의 느낌들에 대해 더 잘 알기(또 다른 버전이 조기에 나타난다. 각 버전은 특정 클라이언트를 위해 설계되었다.)

지침

하루 2번(점심, 저녁) 스스로에게 다음의 질문을 하라. 하루 전체에 걸쳐 당신 자신을 관찰하는 것을 통해 이 연습을 먼저 예상하기를 권한다. 당신의 일기에 당신의 대답들을 기록해도 좋다.

1. 오늘 업무 중에 내가 느낀 가장 강한 느낌은 무엇이었는가?
2. 이 느낌을 촉발한 것은 무엇인가?
3. 이 느낌에 대해 나는 어떻게 응답하거나 반응했는가?
4. 내가 관찰한 것으로부터 어떤 행위를 취할 것인가?

자기관찰 사례 1: 대인관계

목표

남자들에게 내가 촉발시킨 반응과 그 남자들에 대한 나의 판단에 대해 더 잘 알기

지침

A. 이 연습을 매일 두 번씩 할 것: 한 번은 한낮에 첫째 질문 세트를 이용해서, 그리고 또 한 번은 하루가 끝날 때에 두 번째 질문 세트를 이용해서 하라. 하루 전체에 걸쳐 당신 자신을 관찰하는 것을 통해 이 연습을 먼저 예상하기를 권한다.
B. 다음 질문들을 당신 자신에게 던지라. 당신의 일기에 당신의 대답들을 기록해도 좋다.

질문 : 세트 1

1. 타인들에 대해, 특히 남자들에 대해 나는 어떤 판단을 내렸는가?
2. 나의 판단의 근거는 무엇이었는가?
3. 나의 판단들은 어떻게 나의 대인관계, 특히 남자들과의 관계를 만들었는가?
4. 이 연습에서 내가 관찰한 것으로부터 나는 어떤 행위를 이끌어 낼 것인가?

질문 : 세트 2

1. 나는 남자들에게 무슨 반응이나 응답을 촉발했는가?
2. 이런 반응이나 응답을 일으키려고 내가 의도했는가? 만약 그렇다면, 어떤 목적 때문이었는가?
3. 이런 반응이나 응답을 촉발하려고 나는 무엇을 했는가?
4. 이 연습에서 내가 관찰한 것으로부터 나는 어떤 행위를 이끌어 낼 것인가?

자기관찰 사례 2: 대인관계

목표

나의 관계들에 대해 더 잘 알기

지침

A. 이 연습을 매일 두 번씩 할 것: 한 번은 한낮에, 또 한 번은 하루가 끝날 때
B. 다음 질문들을 당신 자신에게 던지라. 당신의 일기에 당신의

대답들을 기록해도 좋다.

1. 다른 사람들에 대해 나는 어떤 특정한 기대들을 가졌었나?
2. 누군가에게 내가 충분히 전달할 수 없었던 것은 무엇인가?
3. 현재 나로부터 사랑받고, 인정받고, 보살핌을 받고 있다고 느끼는 자는 누구인가?
4. 나는 현재의 어떤 상황, 근심, 사정, 관계 혹은 좌절을 해결할 수 없는가?
5. 바로 지금 나는 나 자신에 대해 어떻게 느끼고 있는가?

자기관찰 사례 3: 대인관계

목표

나는 나 자신과 그리고 대인관계에서 어떻게 상호작용하고 있는지에 대해 더 잘 알기

지침

A. 이 연습을 매일 두 번씩 할 것: 한 번은 한낮에, 또 한 번은 하루가 끝날 때
B. 다음 질문들을 당신 자신에게 던지라. 당신의 일기에 당신의 대답들을 기록해도 좋다.

1. 나 자신에 대해 나는 어떤 판단들을 내렸는가?
2. 어떤 면에서 나는 나 자신에게 실망했는가?
3. 누군가의 말을 듣는 것을 나는 언제 중단했는가?

4. 어떤 면에서 나는 내가 만났던 다른 사람들보다 나았는가?
5. 어떤 면에서 나는 나 자신을 불신했는가?
6. 이런 관찰들로부터 나는 무엇을 배웠는가? 그리고 그것에 대해 무엇을 할 것인가?

자기관찰 사례 4: 대인관계

자신의 주요 대인관계 상태에 대해 더 잘 알기

지침

A. 이 연습을 매일 두 번씩 할 것: 한 번은 한낮에, 또 한 번은 하루가 끝날 때
B. 당신의 가장 중요한 대인관계에 대한 다음의 질문들을 당신 자신에게 던지라. 당신의 일기에 당신의 대답들을 기록해도 좋다.

1. 완벽하지 못한 것은 무엇인가? 그것을 완수하기 위해 나는 무엇을 택할 것인가?
2. 내가 아쉬워하는 것은 무엇인가?
3. 내가 후회하는 것은 무엇인가?
4. 내가 더 많이 했으면 하는 것은 무엇인가? 내가 덜 했으면 하는 것은 무엇인가?
5. 그 사람에 대해 나는 어떤 판단들을 내렸는가? 나 자신에 대해서는 어떤 판단들을 내렸는가?
6. 나는 은밀히 무슨 일이 일어나기를 바라고 있는가?

7. 내가 화가 나는 것은 무엇인가? 슬픈 것은 무엇인가? 미해결된 것은 무엇인가? 두려운 것은 무엇인가?
8. 포기하고픈 마음이 들지 않았던 것은 무엇인가?
9. 계속해서 느껴지는 기분은 무엇인가?
10. 지속하고 싶은 것은 무엇인가?

자기관찰 사례 5: 대인관계

목표

우리 몸과 우리가 듣는 방식 사이의 연관성을 찾고 생각해 보는 것

지침

A. 오전 중반(9~10시 전후), 정오(12시), 오후 중반(3~4시 전후), 하루를 마칠 때에 다음 사항을 숙지하라.
B. 이 기간 동안 자신의 패턴을 알아차릴 수 있도록 메모를 하라.

1. 누구 말을 듣기를 거부했는가?
2. 이때 당신 몸에서 어떤 반응이 일어났는가? 어떤 긴장감과 기분을 느꼈는가?
3. 숨 쉬는 것이 어떻게 느껴졌는가?
4. 이 연습으로 배운 것 중에서 앞으로 실천해 볼 행위는 무엇인가?

자기관찰 사례 6: 대인관계

목표

우리 몸과 우리가 말하는 방식 사이의 연관성을 찾고 생각해 보는 것

지침

A. 오전 중반(9~10시 전후), 정오(12시), 오후 중반(3~4시 전후), 하루를 마칠 때에 다음 사항을 숙지하라.
B. 이 기간 동안 자신의 패턴을 알아차릴 수 있도록 메모를 하라.

1. 당신이 말하지 않았다고 말하고 싶었던 것은 무엇인가?
2. 이때 당신 몸에서 어떤 반응이 일어났는가? 어떤 긴장감과 기분을 느꼈는가?
3. 숨 쉬는 것이 어떻게 느껴졌는가?
4. 이 연습으로 배운 것 중에서 앞으로 실천해 볼 행위는 무엇인가?

자기관찰 사례 1: 개인

목표

생각과 판단을 더 잘 인식하고 이 두 가지가 목표에 대한 명확성과 행위에 미치는 영향을 알아차리는 것

지침

A. 존 브래드쇼(John Bradshaw)의 『Bradshaw On The Family』

(1988)를 읽으라.

B. 하루 2번(점심, 저녁) 스스로에게 다음의 질문을 하라. 당신의 일기에 당신의 대답들을 기록해도 좋다.

1. 어떤 생각이 나를 지배하고 있는가?
2. 나 자신에 대해 어떤 판단을 내렸는가?
3. 가깝게 느껴지는 사람은 누구인가? 그 이유는 무엇인가?
4. 현재 가장 중요한 목표는 무엇인가? 그 이유는 무엇인가?
5. 이 연습을 통해 나는 무엇을 배웠는가? 배운 것을 어떻게 행위로 연결할 것인가?

자기관찰 사례 2: 개인

목표

자신의 감정과 생각, 반응에 대해 더 잘 이해하게 되고, 이를 행위로 연결시키는 것

지침

하루 2번(점심, 저녁) 스스로에게 다음의 질문을 하라. 당신의 일기에 당신의 대답들을 기록해도 좋다.

1. 어떤 일을 끝냈는가? 이 일을 끝내는 것이 왜 중요한가?
2. 끝내지 못한 일은 무엇인가? 끝내지 못한 이유는 무엇인가?
3. 현재 어떤 일을 끝내야 한다고 느끼는가? 그 이유는 무엇인가?
4. 만약 이 일을 끝내지 않으면 어떻게 될 것인가?

5. 이 연습에서 무엇을 배웠는가? 배운 것을 어떻게 행동으로 연결할 것인가?

자기관찰 사례 3: 개인

목표

습관을 더 잘 알아차리는 것

지침

A. 바꾸고 싶은 습관을 모두 적어 보라.
B. 매일 습관 하나를 선택하고, 다음 질문에 답하라. 질문에 대한 답을 적어 두라.

1. 습관을 유발하는 것은 무엇인가?
2. 이 습관을 실행할 때 어떤 느낌이 드는가?
3. 이 습관을 실행할 때 다른 사람들은 어떻게 느낄까?

자기관찰 사례 4: 개인

목표

강한 정서 반응을 일으키는 요인을 찾고, 중재하는 것

지침

A. 오전 중반(9~10시 전후), 정오(12시), 오후 중반(3~4시 전후), 하루를 마칠 때에 다음 사항을 숙지하라. 이 기간 동안 자신

의 패턴을 알아차릴 수 있도록 메모를 하라.

B. 이 기간 동안 당신이 화(또는 슬픔, 두려움, 경직된)가 나기 직전에 무슨 일이 일어났는가? 예를 들어,

1. 어떤 대화, 어떤 활동을 했는가?
2. 어떤 생각, 결정 또는 결론을 내렸는가?
3. 어떤 신체 감각, 자세의 변화, 호흡의 변화가 관찰되었는가?
4. 이 연습으로 배운 것 중에서 앞으로 실천해 볼 행동은 무엇인가?

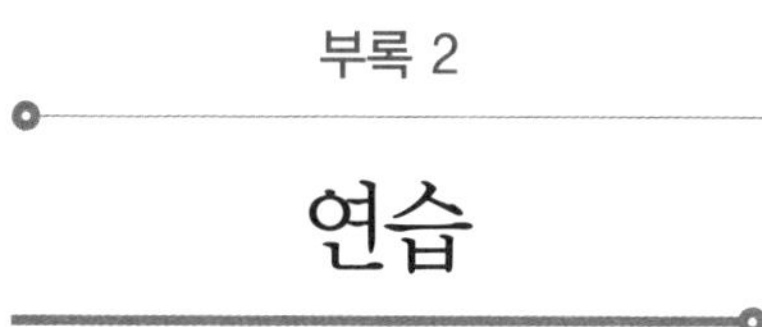

부록 2

연습

연습에 자연스럽게 따라오는 것은 자기관찰(self-observation)이다. 연습은 자질과 역량을 향상시키기 위해 반복적으로 하는 행동을 의미한다. 개선을 위해서는 자신의 수행을 관찰하고 필요한 경우 수정해야 한다. 자기관찰은 우리가 하는 모든 연습의 일부이다. 다음은 클라이언트가 수년 동안 시도한 사례들이다. 충분한 시간을 들여 목표행동을 어려움 없이 원활하게 수행하게 되면, 연습은 더 이상 필요하지 않게 된다. 예를 들어, 우리 중 많은 사람이 우회전을 연습했지만, 어느 누구도 출근길에 의식적으로 우회전을 연습하지는 않는다. 우리는 충분한 연습을 통해 어려움 없이 우회전을 하게 되고, 우회전은 자연스럽게 운전의 일부가 된 것이다. 다음의 예시들을 보면서 연습의 의도를 기억하라. 부록 A(자기관찰)와 마찬가지로, 사업, 대인관계, 개인에 대한 연습이 제시될 것이다. 당신 자신이나 클라이언트에게 작업하기 용이하도록 원하는 대로 변형하여 자유롭게 사용할 수 있다.

연습 사례 1: 사업

목표

자유 시간을 늘리고 스트레스를 덜어 줄 관리 방안을 수립하고 유지하는 것

추천하는 행위

즉시 시작하라. 이것이 습관이 되어 다른 사람들도 진지하게 받아들이는 데에는 시간이 소요될 것이다. 인내심을 가지고 일관성을 유지하라.

• 파트 1: 일정 잡기

회의 및 약속

1. 매주 금요일에 담당 직원과 함께 다음 주 일정을 검토한다.
2. 회의가 가능한 시간을 직원에게 알려 준다. 당신 시간의 50%는 다른 일을 하는 데 쓸 수 있도록 확보해 둔다(다음 참조).
3. 회의에 참석하길 바라는 사람들이 누군지, 회의에 할애할 시간은 어느 정도인지 이야기한다.
4. 당신의 승인 없이는 다른 일정을 잡지 않도록 요청하라. 직원은 매일 당신에게 회의를 요청한 사람들의 목록을 제공하고, 당신의 승인을 얻도록 한다.
5. 회의를 승인한 후에는 직원이 회의를 요청한 사람에게 직접 연락하여 회의를 확정하도록 한다.
6. 예정된 모든 회의나 약속이 원활하게 진행되도록 직원에게

회의 전날에 확인 전화를 하도록 한다.

• 파트 2: 시간 계획

1. 매주 일할 수 있는 최대 시간을 정한다. 그리고 그 시간을 초과하는 활동을 취소함으로써 실패를 방지하고, 최대한 확보한 시간 안에서 움직일 수 있도록 한다.

2. 다음과 같은 비율로 일정을 진행한다.
   15 % 계획 수립
   15 % 행정 업무
   50 % 약속 및 회의
   20 % 문제해결

매 주마다 시간을 분석하고 일정을 수정하라.

• 파트 3: 의사소통

1. '참조' 형태의 정보는 우선 순위를 고려하여 멈추게 한다. (예를 들어, 참조로 전달된 음성 메시지의 경우, 그런 형식의 보고는 이메일이나 메모를 통해서만 수락한다는 내용을 담아 다시 돌려보낸다)
2. 우선 순위가 높은 일에만 음성 메일, 일대일 회의 및 직원 회의 같은 방식을 사용한다.
3. 자신이 모든 의사소통의 통로가 되기보다는 사람들을 서로 연결하고, 문제가 생겼을 때에는 그들이 직접 해결하도록 한다.

• 파트 4: 기타(그러나 중요한)

도시락을 준비해 오라. 패스트푸드에 의지하지 않고 건강한 음식을 먹을 수 있다.

연습 사례 2: 사업

목표

부하 직원의 경력 개발 계획을 향상시키기

지침

부하 직원을 분기별로 만나라.

배경

부하 직원의 경력 개발 계획을 수립하고 지지하는 것은 경영 책임의 중요한 부분이다. 당신의 역할은 수행에 대한 피드백을 제공하고, 다음 경력 발달 단계를 제안하며, 그 개발을 위해서 업무를 할당하는 것이다([그림 B-1] 참조).

준비하기

1. 이 직원의 장점은 무엇인가? 세 가지 예를 들어 보라.
2. 수행과 관련하여 이 직원의 가장 큰 쟁점은 무엇인가? 세 가지 예를 들어 보라.
3. 이 직원을 가장 강하게 만드는 과제는 어떠한 유형인가?

개발 계획

이름	역량/개발중인 자질	개발 과제	배정된 날짜	업데이트 날짜

[그림 B-1] 개발 계획

후속 조치

진행 상황을 관찰하면서 계획을 수정한다. 후속 조치 날짜를 확인한다.

연습 사례 3: 사업

과제 관리 양식

이 양식 ([그림 B-2] 참조)은 부하 직원의 업무를 감독하고 모니터링 하는 것을 용이하게 해준다. 직원의 사진을 복사하고, 각 양식에 당신을 위해 일하는 직원의 이름을 적는다. 주간 회의에서 부하 직원과 함께 정보를 채우고 업데이트한다.

또한 정보를 요청하거나 업무를 할당할 때, 이 양식을 참고자료로 사용할 수 있다. 양식을 작성하고 후속 조치를 할 때에는 성실하고 엄격해야 한다.

연습 사례 4: 사업

쟁점 목록 양식

업무상 중요한 쟁점에 대해 말하고, 계획하고, 녹음하고, 학습하는 데 도움이 될 수 있도록 이 양식([그림 B-3] 참조)을 사용하라.

○○○ 과제 관리

프로젝트 또는 클라이언트	현재 상태	다음 주요 활동	승인자	기한	후속 조치 날짜

[그림 B-2] 과제 관리 양식

매주 15~20분의 시간을 갖고, 직장에서의 대화, 모임, 독서를 관찰해 보라. 당신과 상사, 그리고 동료와 부하 직원에게 가장 중요해 보이는 쟁점을 선택하라. 그런 다음 양식의 첫 번째와 두 번째 열을 채운다. 그 쟁점에 대해 당신이 어떻게 생각하는지 적고, 두 개의 칼럼을 기입하라. 마지막 칸에는 일어난 일을 기록하면서 이러한 과정을 계속해서 개선해 나갈 수 있다.

연습 사례 5: 사업

목표

우선순위를 확인하고, 보다 효과적으로 시간을 관리할 수 있는 관행을 만들고 유지하는 것.

지침

1. 직장에서 실제로 하는 모든 활동을 나열하라.
   a. 카테고리를 A, B, C로 나눈다. A는 사업의 성공에 가장 중요한 것, C는 가장 덜 중요한 것을 의미한다.
   b. 각 카테고리 내에서 우선순위에 따라 활동에 번호를 매긴다. 1이 가장 중요한 활동이다.
   c. 각 활동 옆에 매주(경우에 따라 매월) 얼마나 그 활동에 시간을 할애하였는지 기록한다.
2. 그런 다음 스스로에게 다음의 질문을 해 본다.
   a. 나의 시간을 보다 효율적으로 할당할 수 있을까? 어떻게 하면 될까?
   b. 다른 사람에게 위임할 수 있는 활동은 무엇인가?

c. 이 회사에서 나의 업무는 무엇인가? 진정 그것이 나의 일인가?

3. 직장에서 하고 싶지만 하기 어려운 모든 활동을 나열한다. 꼼꼼하게 작성하는 것이 중요하다.
   a. 활동을 카테고리로 나누고, 우선순위를 정한다.
   b. 각각의 활동 옆에 매주/매월 얼마나 많은 시간을 그 활동에 할애할 수 있는지 적는다.
4. 그런 다음 스스로에게 다음의 질문을 해 본다.
   a. 이 활동을 하면 어떤 이점이 있는가?
   b. 이 활동을 한다면 반복적으로 발생하는 좌절을 피할 수 있을까?
   c. 이 회사에서 나의 업무는 무엇인가? 진정 그것이 나의 일인가?
5. 직원에게 앞의 1번, 2번, 3번, 4번을 수행하게 한다. 그런 다음 작성한 내용을 공유하고, 부서의 작업 체계, 책임, 관리 체계, 보상 체계, 교육 및 직원 경력 개발을 재구성·설계하는 방법을 구상해 보도록 하라.
6. 이 활동을 통해 무엇을 배웠는가?

쟁점 목록

이슈	주요 관계자들	권고한 행위/조언	권고 시기	조언의 결과

[그림 B-3] 쟁점 목록 양식

연습 사례 1: 대인관계

데이트 정보 수집 연습

누군가와 로맨틱한 관계를 지속하기 원한다면 이 연습을 활용하라.

지침

데이트가 끝난 후에 다음의 질문에 답해 보라.

1. 데이트에서 무엇을 했는가? 그것에 대해 어떻게 생각하는가?
2. 그 사람에 대해 어떻게 생각하는가?
3. 그 사람 곁에 있는 나 자신에 대해 어떻게 생각하는가?
4. 그 사람에게 나를 얼마나 개방하는가?
5. 그 사람에 대해 어떤 판단이나 의견, 평가를 가지고 있는가? 그 근거는 무엇인가?
6. 이 사람이 내게 원하는 것은 무엇인가? 나는 무엇을 줄 것인가?
7. 이 사람에게 어떤 지지를 제공할 것인가?
8. 이 사람과의 미래는 어떨 거라고 생각하는가?
9. 이 데이트와 관련하여 좀 더 고려해 볼 할 사항은 없는가?

연습 사례 2: 대인관계

매일 하루를 시작할 때, 각 영역에서 수행할 일을 나열하라. 하루가 끝날 때, 실제로 수행한 것과 배운 것, 보완할 점에 주목하라.

1. 파트너를 지지하기
2. 파트너와 삶을 공유하기
3. 파트너에게 마음을 열고 함께하기
4. 파트너와 즐거운 시간 보내기
5. 파트너와 삶을 함께 보내기

연습 사례 1: 개인

정좌 명상(Sitting)

- 정좌 명상은 관찰, 수용, 연민, 고요함, 그리고 우리의 본질을 발견하는 연습이다.
- 정좌 명상은 간단한데, 그래서 오히려 어려울 수 있다.
- 성실하게 연습한다면 능숙하게 할 수 있을 것이다. 우리는 생각보다 계속해서 자신을 평가하고 비난하는 것에 쉽게 끌린다.

지침

세 달 동안 매일 20분간 이 연습을 하라.

방법

1. 발을 바닥에 평평하게 닿게 하고, 자세를 똑바로 하고 앉는다.
2. 눈을 감거나, 1미터~2미터 떨어진 바닥의 한 지점으로 시선을 향한다.
3. 호흡에 집중한다. 숨을 들이마시고 내쉴 때 복부의 움직임, 그리고 콧구멍에 공기가 들어오고 나가는 것을 느껴 본다. 이 중 가장 많이 느껴지는 부분을 선택한다. 호흡을 바꾸지 말고

그저 관찰한다. 선택한 부분을 중간에 바꾸지 않는다.

4. 숨을 들이마시고 내쉴 때 스스로에게 조용히 말한다('숨을 들이마시고' '숨을 내쉬고'). 숨을 쉬는 동안 발이 바닥에 닿는 곳, 신체가 의자에 닿는 지점에 주의를 기울인다.
5. 모든 관심을 호흡에 집중한다. 주의가 흩어지는 것을 알아차리면 스스로에게 '생각(thought)'이라고 말하고, 다시 호흡으로 주의를 가져온다. 자신의 생각을 계획, 기억, 공상 등으로 이름을 붙이기를 바랄 수도 있다. 원한다면 단순히 '생각'이라는 단어를 사용해도 좋다. 만약 자신을 판단하기 시작하면 '생각' 또는 '판단'이라고 말하고, 호흡에 주의를 기울이기만 하면 된다.
6. '감각'이라고 말하면서 몸의 모든 감각을 인정하고, 호흡에 주의를 가져온다. 이 과정에서 일어나는 어떤 감정과 느낌에도 똑같이 해 본다.

행동

매주 15분의 시간을 할애하여 이 활동을 통해 배운 점과 이 지식을 어떻게 실천할 것인지 적어 본다.

연습 사례 2: 개인

계획 세우기, 일정 잡기 그리고 보고하기

다음 양식을 사용하여 스스로를 조직화해 보고, 당신 인생의 모든 측면에 관심을 가져 보라.

주간 개요

다음의 관심 영역 목록을 참조하여 이번 주말까지 달성할 목표를 나열하라.

관심 영역

- 건강/몸
- 재정
- 휴식/여가
- 일/현업
- 마케팅
- 독서/공부
- 유지: 다이어트, 교육, 집안일, 지역사회, 자동차, 옷, 가족, 장비, 돈, 친구, 그 외 다른 사람들

주별 일정표

1. 한 주간 성취하고자 하는 목표를 열거한다. 일주일 안에 달성할 수 있는지 확인한다.
2. 완료 시 항목에 선을 긋거나 동그라미 표시를 한다.
3. 일주일 동안 필요에 따라 항목을 추가할 수 있다.

주간 보고

목록에 없는 것이더라도 실제로 성취한 것이 무엇인지 스스로에게 질문해 본다. 완수하지 못한 항목에 대해서는 일일 보고 절차를 따른다.

하루 개관

매일 다음의 내용을 읽는다.

- 주간 성취 목록
- 관심 영역 목록

주별 일정표

1. 당일의 활동과 약속을 모두 적는다.
2. 주간 성취 목표를 달성하기 위해 필요한 일들을 열거해 본다.
3. 모든 활동에 시간을 할당한다.
4. 완료 시 항목에 선을 긋거나 동그라미 표시를 한다.
5. 하루 동안 필요에 따라 항목을 추가할 수 있다.

일일 일정표

필요에 따라 항목을 다른 날이나 다른 주로 이동한다. 어떤 항목을 세 번 옮겼다면, 중요한 활동이 아닌 한 제외시킨다. 만약 중요한 항목의 경우에는 지지를 요청한다.

연습 사례 3: 개인

다이어트 지침

다음에 제시된 것을 매일 먹는다. Covert Bailey의 책 『건강 또는 비만 표적 다이어트(Fit or Fat Target Diet)』에 제시된 것과 동일한 크기와 식단을 참고하라.

- 과일과 야채 4인분
- 곡물 및 시리얼 4인분
- 유제품 2인분
- 고기와 생선 2인분
- 지방은 매일 25g 미만으로 섭취하기
- 나트륨은 2,000mg 미만으로 섭취하기
- 매일 2,000 칼로리 미만으로 섭취하기
- 매일 물 1.8L 마시기
- 다음 양식을 이용하여 일일 섭취량을 모니터링 한다([그림 B-4] 참조).

음식 섭취 일기

날짜 : ____________

『Fit or Fat Target Diet』의 지시를 참고하여 식단을 결정한다. 차트를 채우고 하루를 마칠 때 총량을 합산한다.

음식	칼로리	지방(g)	단백질(g)	섬유질(g)
합계(총량)				
목표				
달성된 목표				

[그림 B-4] 음식 섭취 일기

참고문헌

Abrams, Jeremiah, and Connie Zweig, eds. *Meeting the Shadow*. Los Angeles: Jeremy P. Tarcher, Inc., 1991. (12장)

Adams, James L. *The Care and Feeding of Ideas*. Reading, MA: Addison-Wesley Publishing Company, 1986. (9장)

Almaas, A. H. *Spacecruiser Inquiry*. Boston: Shambhala Publications, 2002. (12장)

Anderson, Nancy. *Work with Passion*. New York: Carroll & Graf Publishers, Inc., 1984. (9장)

Arendt, Hannah. *The Human Condition*. Chicago: University of Chicago Press, 1958. (12장)

Argyris, Chris. *Overcoming Organizational Defense*. Boston: Allyn and Bacon, 1990. (9장)

Bar-Levav, Reuven. *Thinking in the Shadow of Feelings*. New York: Simon & Schuster, 1988. (5장)

Barrett, William. *The Illusion of Technique*. Garden City, NY: Anchor Press/Doubleday, 1979. (1장)

Bateson, Mary Catherine. *Composing a Life*. New York: Atlantic Monthly Press, 1989. (12장)

Becker, Ernest. *The Denial of Death*. New York: Free Press, 1973. (1장)

Beckett, Liana, and Stephanie Covington. *Leaving the Enchanted Forest*. San Francisco: Harper & Row, 1988. (9장)

Bellah, Robert M., Richard Madsen, William M. Sullivan, Ann Sweidler, and Steven M. Tipton. *Habits of the Heart.* Berkeley, CA: University of California Press, 1985. (5장)

Bethanis, Susan J. *Leadership Chronicles of a Corporate Sage.* Chicago: Dearborn Trade Publishing, 2004. (3장)

Boss, Medard. *Existential Foundations of Medicine and Psychology.* New York: Jason Aronson, Inc., 1983. (1장)

—. *Psychoanalysis and Daseinsanalysis.* New York: Da Capo Press, 1982. (1장)

Bradshaw, John. *Bradshaw On: The Family.* Deerfield Beach, FL: Health Communications, Inc., 1988. (9장)

Brown, Daniel P., Jack Engler, and Ken Wilber. *Transformations of Consciousness.* Boston: Shambhala Publications, 1986. (6장)

Brown, Lyn Mikel, and Carol Gilligan. *Meeting at the Crossroads.* Cambridge, MA: Harvard University Press, 1992. (5장)

Budd, Matthew, and Larry Rothstein. *You Are What You Say.* New York: Crown Publishers, 2000. (7장)

Burns, David D. *Feeling Good.* New York: Signet Classics, 1980. (9장)

Chek, Paul. *How to Eat, Move and Be Healthy!.* San Diego, CA: Chek Institute, 2006. (11장)

Covey, Stephen R. *The 7 Habits of Highly Effective People.* New York: Simon & Schuster, 1989. (12장)

Dail, Hilda Lee. *The Lotus and the Pool.* Boston: Shambhala Publications, 1983. (9장)

Dass, Ram, and Paul Gorman. *How Can I Help?* New York: Alfred A. Knopf, Inc., 1985. (12장)

DePree, Max. *Leadership Is an Art.* New York: Doubleday, 1989. (9장)

Dinnerstein, Dorothy. *The Mermaid and the Minotaur.* New York: Harper & Row, 1976. (6장)

Dreyfus, Hubert L. *Being-in-the-World.* Cambridge, MA: MIT Press, 1991. (1장)

—, and Paul Rabinow. *Michel Foucault: Beyond Structuralism and*

Hermeneutics. Chicago: University of Chicago Press, 1982. (1장)

—, and Stuart E. Dreyfus. *Mind over Machine*. New York: Macmillan, Inc., 1986. (6장)

Drucker, Peter F. *The New Realities*. New York: Harper & Row. 1989. (5장)

Durrell, Lawrence. *Justice*. Vol. 1. *The Alexandria Quartet*. New York: E. P. Dutton, 1957. (6장)

—. *Balthazar*. Vol. 2 *The Alexandria Quartet*. New York: E. P. Dutton, 1958. (6장)

—. *Mount Olive*. Vol. 3 *The Alexandria Quartet*. New York: E. P. Dutton, 1958. (6장)

—. *Clea*. Vol. 4 *The Alexandria Quartet*. New York: E. P. Dutton, 1960. (6장)

Eliot, George. *Middlemarch*. New York: The New American Library, 1964. (6장)

Eliot, T. S. *The Four Quartets*. San Diego, CA: Harcourt Brace & Company, 1971. (11장)

Erikson, Erik H. *Childhood and Society*. New York: W. W. Norton & Company, 1950; reprint, 1985. (6장)

—. *The Life Cycle Completed*. New York: W. W. Norton & Company, 1985. (6장)

Fischer, Norman. *Taking Our Places: The Buddhist Path to Truly Growing Up*. New York: HarperCollins Publishers, 2003. (12장)

Fiumara, Gemma Corradi. *The Other Side of Language*. Translated by Charles Lambert. New York: Routledge, 1990. (4장)

Flores, Fernando, and Terry Winograd. *Understanding Computers and Cognition*. Norwood, NJ: Ablex Publishing Corporation, 1986. (1장)

Fournies, Ferdinand F. *Coaching for Improved Work Performance*. Blue Ridge Summit, PA: Tap Books, Inc., 1978. (9장)

Fritz, Robert. *The Path of Least Resistance*. New York: Ballantine Books, 1984. (9장)

Fromm, Erich. *To Have or to Be?* New York: Harper & Row, 1976. (1장)

Gadamer, Hans-Georg. *Philosophical Hermeneutics.* Translated by David E. Linge, ed. Berkeley, CA: University of California Press, 1976. (2장)

Gergen, Kenneth J. *Realities and Relationships.* Cambridge, MA: Harvard University Press, 1994. (2장)

Gerrish, Michael. *When Working Out Isn't Working Out.* New York: St. Martin's Griffin, 1999. (10장)

Goffman, Erving. *The Presentation of Self in Everyday Life.* New York: Anchor Books/Doubleday, 1959. (6장)

Goldstein, Joseph, and Jack Kornfield. *The Experience of Insight.* Boston: Shambhala Publications, 1976. (12장)

—. *Seeking the Heart of Wisdom.* Boston: Shambhala Publications, 1987. (9장)

Goleman, Daniel. *Destructive Emotions: A Scientific Dialogue with the Dalai Lama.* New York: Bantam Books, 2003. (3장)

—. *Emotional Intelligence.* New York: Bantam Books, 1995. (3장)

Grossmann, Reinhardt. *Phenomenology and Existentialism.* Boston: Routledge & Kegan Paul, 1984. (1장)

Gutman, Huck, Patrick H. Hutton, and Luther H. Martin, eds. *Technologies of the Self: A Seminar with Michel Foucault.* Amherst, MA: University of Massachusetts Press, 1988. (12장)

Hacker, Andrew. *Two Nations.* New York: Macmillan Publishing Company, 1992. (5장)

Harré, Rom. *Personal Being.* Cambridge, MA: Harvard University Press, 1984. (6장)

Havens, Leston. *Making Contact.* Cambridge: Cambridge University Press, 1986. (8장)

Heidegger, Martin. *The Basic Problems of Phenomenology.* Translated by Albert Hofstadter. Bloomington, IN: Indiana University Press, 1982. (6장)

—. *Being and Time.* Translated by John Macquarrie and Edward

Robinson. New York: Harper & Row, 1962. (1장)

—. *On the Way to Language*. Translated by Peter D. Hertz. San Francisco: Harper & Row, 1971. (2장)

Hillman, James. *Suicide and the Soul*. Dallas, TX: Spring Publications, Inc., 1964. (1장)

Ihde, Don. *Experimental Phenomenology*. Albany, NY: State University of New York Press, 1986. (1장)

—. *Light on Yoga*. New York: Schocken Books, Inc., 1966. (1장)

James, William. *Pragmatism*. New York: Simon & Schuster, 1963. (1장)

—. *The Will to Believe*. New York: Dover Publications, 1956. (1장)

Johnson, Mark, and George Lakoff. *Metaphors We Live By*. Chicago: University of Chicago Press, 1980. (2장)

Johnson, Robert A. *He*. King of Prussia, PA: Religious Publishing Company, 1974; reprint, New York: Harper & Row, 1986. (5장)

Johnson, Vernon E. *Intervention*. Minneapolis, MN: Johnson Institute Books, 1986. (8장)

Keen, Sam. *The Passionate Life*. San Francisco: Harper & Row, 1983. (6장)

Kegan, Robert, and Lisa Laskow Lahey. *How the Way We Talk Can Change the Way We Work*. San Francisco: Jossey-Bass, Inc., 2001. (10장)

Keleman, Stanley, *Emotional Anatomy*. Berkeley, CA: Center Press, 1985. (6장)

Kierkegaard, Søren. *The Present Age*. New York: Harper & Row, 1962. (1장)

Kinlaw, Dennis C. *Coaching for Commitment*. San Diego, CA: University Associates, Inc., 1989. (9장)

Kockelmans, Joseph J. *On Heidegger and Language*. Evanston, IL: Northwestern University Press, 1972. (2장)

—. *On the Truth of Being*. Bloomington, IN: Indiana University Press, 1984. (1장)

Kodish, Susan Presby, and Burce I. Kodish. *Drive Yourself Sane:*

Using the Uncommon Sense of General Semantics. Pasadena, CA: Extensional Publishing, 2001. (11장)

Kornfield Jack. *A Path with Heart.* New York: Bantam Books, 1993. (9장)

Kroeger, Otto, and Janet M. Thuesen. *Type Talk.* New York: Dell Publishing, 1988. (6장)

Kurtz, Ron, and Hector Prestera. *The Body Reveals.* New York: Harper & Row, 1976. (6장)

Lakoff, George, *Moral Politics.* Chicago: University of Chicago Press, 2002. (2장)

—. *Women, Fire, and Dangerous Things.* Chicago: University of Chicago Press, 1987. (2장)

Lasater, Judith. *Relax and Renew.* Berkeley, CA: Rodmell Press, 1995. (10장)

Lavine, T. Z. *From Socrates to Sartre: The Philosophic Quest.* New York: Bantam Books, Inc., 1984. (8장)

Lesser, Marc. *Less: Accomplishing More by Doing Less.* Novato, CA: New World Library, 2009. (11장)

Levine, Stephen. *Guided Meditations, Explorations and Healings.* New York: Anchor Books/Doubleday, 1991. (12장)

—. *Who Dies?* New York: Anchor Books/Doubleday, 1982. (1장)

Loeb, Paul Rogat. *The Impossible Will Take a Little While.* New York: Basic Books, 2004. (10장)

Lowen, Alexander. *Betrayal of the Body.* New York: Macmillan Publishing Company, 1969. (1장)

—. *Bioenergetics.* New York: Penguin Books, 1975. (1장)

—. *The Language of the Body.* New York: Macmillan Publishing Company, 1971. (원래는 *Physical Dynamics of Character Structure*이라는 제목으로 1958년 출판되었음. (1장)

—. *Fear of Life: A Therapy for Being.* Alachua, FL: Bioenergetics Press, 1980. (11장)

MacIntyre, Alasdair. *After Virtue.* London: Gerald Duckworth & Co.,

1981; reprint, Notre Dame, IN: University of Notre Dame Press, 1981. (9장)

Macy, Joanna. *World as Lover, World as Self.* Berkeley, CA: Parallax Press, 1991. (3장)

Maturana, Humberto R., and Francisco J. Varela. *The Tree of Knowledge.* Boston: Shambhala Publications, 1987. (1장)

McCall, Timothy. *Yoga as Medicine.* New York: Bantam Books, 2007. (11장)

McCarthy, Thomas. *The Critical Theory of Jurgen Habermas.* Cambridge, MA: MIT Press, 1978. (4장)

Mellin, Laurel. *The Pathway.* New York: HarperCollins Publishers, 2003. (10장)

Mezirow, Jack, and Associates. *Fostering Critical Reflection in Adulthood.* San Francisco: Jossey-Bass, Inc., 1990. (12장)

Miller, Alice. *The Drama of the Gifted Child.* Translated by Hildegarde and Hunter Hannum. New York: Farrar, Straus, Giroux, 1983. (Originally published as *Prisoners of Childhood.* Frankfurt am Main, Germany: Suhrkamp Verlag, 1979.) (6장)

—. *For Your Own Good.* Translated by Ruth Ward. New York: Basic Books, Inc./HarperCollins, 1992. (6장)

Mingyur Rinpoche, Yongey. *The Joy of Living: Unlocking the Secret & Science of Happiness.* New York: Harmony Books, 2007. (11장)

Moore, Thomas. *Care of the Soul.* New York: HarperCollins, 1992. (12장)

Morgan, Gareth. *Images of Organization.* Bervely Hills, CA: Sage Publications, 1986. (5장)

—, ed. *Beyond Method.* Beverly Hills, CA: Sage Publications, 1983. (1장)

Needleman, Jacob. *The Heart of Philosophy.* New York: Alfred A. Knopf, Inc., 1982; reprint, San Francisco: Harper & Row, 1986. (1장)

Nehamas, Alexander. *Nietzsche: Life as Literature.* Cambridge, MA: Harvard University Press, 1985. (5장)

Nicoll, Maurice. *Psychological Commentaries on the Teaching of Gurdjieff*

& Ouspensky Volumes 1-5. Boston: Shambhala Publications, 1984. (12장)

Nozick, Robert, *The Examined Life.* New York: Simon & Schuster, Inc., 1989. (12장)

Palmer, Parker J. *Let Your Life Speak.* San Francisco: Jossey-Bass, Inc., 2000. (12장)

Palmer, Richard E. *Hermeneutics.* Evanston, IL: Northwestern University Press, 1969. (1장)

Perls, Fritz. *The Gestalt Approach and Eye Witness to Therapy.* Berkeley, CA: Science & Behavior Books, 1973. (1장)

Putnoi, Johanna. *Senses Wide Open: The Art & Practice of Living in your Body.* Berkeley, CA: Ulysses Press, 2000. (11장)

Reich, Robert B. *Tales of a New America.* New York: Random House, 1987. (5장)

Riso, Don Richard, and Russ Hudson. *The Wisdom of the Enneagram.* New York: Bantam Books, 1999. (12장)

Roizen, Michael F., and Mehmet C. Oz. *You: The Owner's Manual.* New York: HarperResource, 2005. (11장)

—. *You: On a Diet.* New York: Free Press, 2006. (11장)

Rolf, Ida, P. *Rolfing.* Santa Monica, CA: Dennis-Landman Publisher, 1977. (1장)

Rorty, Richard. *Consequences of Pragmatism.* Minneapolis, MN: University of Minnesota Press, 1982. (1장)

Rosenberg, Marshall B. *Nonviolent Communication.* Encinitas, CA: Puddle Dancer Press, 2003. (2장)

Ryle, Gilbert. *The Concept of Mind.* Chicago: University of Chicago Press, 1949. (1장)

Schön, Donald A. *Educating the Reflective Practitioner.* San Francisco: Jossey-Bass, Inc., 1987. (9장)

—. *The Reflective Practitioner.* New York: Basic Books, Inc., 1983. (8장)

Schutz, Alfred, and Thomas Luckmann. *The Structures of the Life-World.*

Evanston, IL: Northwestern University Press, 1973. (6장)

Schwartz, Barry. *The Paradox of Choice.* New York: HarperCollins, 2004. (10장)

Scott, Susan. *Fierce Conversations.* New York: The Berkeley Publishing Group, 2002. (2장)

Searle, John R. *Minds, Brains and Science.* Cambridge, MA: Harvard University Press, 1984. (1장)

—. *Speech Acts.* Cambridge: Cambridge University Press, 1969. (2장)

Senge, Peter M. *The Fifth Discipline.* New York: Doubleday, 1990. (3장)

Siegel, Daniel J. *The Mindful Brain.* New York: W. W. Norton & Co., 2007. (11장)

Sieler, Alan. *Coaching to the Human Soul.* Blackburn, Victoria, Australia: Newfield Australia, 2003. (2장, 7장)

Solomon, Robert C. *About Love.* New York: Simon & Schuster, 1988. (9장)

—. *The Passions.* Notre Dame, IN: University of Notre Dame Press, 1983. (6장)

Starcevich, Matt M., and Steven J. Stowell. *The Coach.* Salt Lake City, UT: The Center for Management and Organization Effectiveness, 1987. (9장)

Stone, Douglas, Bruce Patton, and Sheila Heen. *Difficult Conversations.* New York: Penguin Books, 2000. (2장)

Tannen, Deborah. *You Just Don't Understand.* New York: Ballantine Books, 1990. (8장)

Tarnas, Richard. *The Passion of the Western Mind.* New York: Random House, 1991. (1장)

Taylor, Charles. *Human Agency and Language: Philosophical Papers I.* Cambridge: Cambridge University Press, 1985. (1장)

—. *Sources of the Self.* Cambridge, MA: Harvard University Press, 1989. (1장)

Trungpa, Chögyam. *Cutting through Spiritual Materialism.* Boston: Shambhala Publications, 1973. (12장)

—. *Shambhala*. Boston: Shambhala Publications, 1984. (9장)

Unger, Roberto Mangabeira. *Passion*. New York: Macmillan, Inc., 1984. (4장)

Vail, L. M. *Heidegger and Ontological Difference*. University Park, PA: Pennsylvania State University Press, 1972. (1장)

Wilber, Ken. *Sex, Ecology, Spirituality*. Boston: Shambhala Publications, 1995. (1장)

—. *The Atman Project*. Wheaton, IL: Quest, 1980. (6장)

—. *A Brief History of Everything*. Boston: Shambala Publications, 1996. (1장)

—. *No Boundary*. Boston: Shambhala Publications, 1979. (6장)

Wilson, Timothy D. *Strangers to Ourselves*. Cambridge, MA: Harvard University Press, 2002. (10장)

Wilson, William Julius. *The Truly Disadvantaged*. Chicago: University of Chicago Press, 1987. (1장)

Winnicott, D. W. *Holding and Interpretation*. London: Hogarth Press, 1986; reprint, New York: Grove Press, 1986. (4장)

Wittgenstein, Ludwig. *Philosophical Investigations*. Oxford: Basil Blackwell, 1953. (1장)

Woodman, Marion. *Addiction to Perfection*. Toronto: Inner City Books, 1982. (9장)

Yalom, Irvin D. *Existential Psychotherapy*. New York: Basic Books, Inc./HarperCollins, 1980. (1장)

Zimmerman, Michael E. *Eclipse of the Self*. Athens, OH: Ohio University Press, 1981. (12장)

찾아보기

인명

내용

저자 소개

제임스 플래어티(James Flaherty)는 1986년에 New Ventures West를 설립하였고, 2004년에는 Integral Leadership LLC를 설립함으로써 인간 계발을 통하여 개인과 조직에 도움을 주려는 실용적이면서도 근거가 탄탄한 방법을 제공하였다. 그 결과, 그의 노력은 매우 폭넓은 분야를 바탕으로 이루어졌다. 대표적인 예를 들면 다음과 같다. 20세기 철학[하이데거, 설(Searle), 플로레스, 비트겐슈타인, 제임스, 로티(Rorty) 등], 생체이론[예를 들어, 헤클러(Heckler)와 콜드웰(Caldwell)], 인지과학[예를 들어, 다마시오(Damasio)], 융합이론[켄 윌버(Ken Wilber) 등], 영성학(예를 들어, 선, 기독교, 유대교, 수피즘), 계발이론[로어빙거(Loevinger), 길리건(Gilligan), 그레이브스(Graves), 케간(Kegan), 파울즈(Fowles) 등]이다. 이 책에서 지향하는 방향은 계발을 촉진하는 데 초점이 맞추어져 있다. 그럼으로써 이 과정에 참여한 모든 이가 역량과 만족감을 증진시키고, 고난으로부터 배움을 얻고, 자유와 즐거움을 확대하도록 하려는 것이다.

New Ventures West는 일종의 통합적 코칭(Integral Coaching®: 등록상표임) 트레이닝 스쿨인데, 전 세계에 다양한 프로그램을 제공하고 있다. 그리고 Integral Leadership은 주로 팀과 조직, 리더를 상대로 일하고 있다. 이 두 가지에 대한 정보는 www.newventureswest.com에서 얻을 수 있다. 우리 고객의 일부를 소개하면 NASA, Hewlett-Packard, Ford, Boeing, Alcatel, Genentech, Cisco Systems, Capital One, Oracle, Booz Allen Hamilton 등이 있다.

저자인 제임스는 사업 파트너이자 배우자인 스테이시(Stacy)와 함께 샌프란시스코에 거주하고 있다. 이들이 사랑하는 딸 데빈(Devin)은 최근에 New Ventures West에 커뮤니케이션 디렉터로 합류하였다. 제임스의 이메일 주소는 james@newventureswest.com이다.

역자 소개

이윤주

서울대학교 교육학과 학사, 석사 및 박사(교육상담 전공)

현 영남대학교 교육학과 교수

전 기업상담학회장

삼성생활문화센터 선임상담원

한국상담학회 산하 기업상담학회 수련감독급 전문상담사,

한국상담심리학회 상담심리사 1급 전문가

김계현

서울대학교 교육학과 학사 및 석사, 미국 오레곤 대학교 상담심리학과 박사

현 서울대학교 교육학과 명예교수

전 한국상담학회 제2대 회장

한국상담학회 산하 기업상담학회 수련감독급 전문상담사,

한국상담심리학회 상담심리사 1급 전문가

김봉환

서울대학교 교육학과 석사 및 박사

현 숙명여자대학교 교육학부 교수

전 한국진로교육학회 회장

한국상담학회 산하 기업상담학회 수련감독급 전문상담사,

한국상담심리학회 상담심리사 1급 전문가

김혜경

한양대학교 교육학과 석사 및 박사(상담심리 전공)

현 LG전자 가산심리상담실 상담실장

전 삼성전기 생활상담센터 상담실장, 현대자동차 톡톡센터 심리상담사
한국상담학회 산하 기업상담학회 수련감독급 전문상담사,
한국상담심리학회 상담심리사 1급 전문가

박금남

서울대학교 교육학과 석사, 충남대학교 교육학과 박사(교육상담 전공)

현 삼성전기 마음건강센터 상담실장
한국상담학회 수련감독급 1급 전문상담사

박민지

서울대학교 교육학과 석사 및 박사(교육상담 전공)

현 숭실대학교 베어드학부 초빙교수

전 한국생산성본부 공공역량센터 연구원
직업상담사 1급, 한국상담학회 전문상담사 2급

박성욱

미국 UCLA MBA 경영학 석사, 서울대학교 교육학과 석사 및 박사(교육상담 전공)

현 맥스리더십 대표, 서울시립대학교 겸임교수

전 라이트매니지먼트 코리아 부사장, Talent Management 컨설팅/코칭 프랙티스 리더, Marshall Goldsmith 인증 코치

서영석

미국 미네소타 대학교 박사(상담심리 전공)

현 연세대학교 교육학부 교수

전 기업상담학회 회장

한국상담학회 산하 기업상담학회 수련감독급 전문상담사

왕은자

서울대학교 교육학과 석사 및 박사(교육상담 전공)

현 한국상담대학원대학교 상담학과 교수

전 삼성생활문화센터 전임상담원

한국상담학회 산하 기업상담학회 수련감독급 전문상담사,

한국상담심리학회 상담심리사 1급 전문가

이동훈

미국 플로리다 대학교 석사 및 박사

현 성균관대학교 교육학과 교수

전 전국대학상담센터협의회 회장

한국상담학회 산하 기업상담학회 수련감독급 전문상담사,

한국상담심리학회 상담심리사 1급 전문가

전재영

서울대학교 교육학과 석사, 숙명여자대학교 박사 수료(교육상담 전공)

현 LG전자 사이언스파크 심리상담실 상담실장

전 삼성전자 열린상담센터 상담소장

한국상담심리학회 상담심리사 2급 전문가, 한국게슈탈트심리치료학회

게슈탈트상담사 1급 전문가

잠재역량 계발을 위한
기적의 코칭
Coaching: Evoking Excellence in Others

2019년 4월 25일 1판 1쇄 인쇄
2019년 4월 30일 1판 1쇄 발행

지은이 • James Flaherty
옮긴이 • 기업상담학회 코칭상담연구회
펴낸이 • 김진환
펴낸곳 • ㈜ 학지사
04031 서울특별시 마포구 양화로 15길 20 마인드월드빌딩
대표전화 • 02-330-5114 팩스 • 02-324-2345
등록번호 • 제313-2006-000265호

홈페이지 • http://www.hakjisa.co.kr
페이스북 • https://www.facebook.com/hakjisa

ISBN 978-89-997-1484-9 93180

정가 17,000원

역자와의 협약으로 인지는 생략합니다.
파본은 구입처에서 교환해 드립니다.

이 도서의 국립중앙도서관 출판시도서목록(CIP)은 서지정보유통지원시스템 홈페이지(http://seoji.nl.go.kr)와 국가자료공동목록시스템(http://www.nl.go.kr/kolisnet)에서 이용하실 수 있습니다.
(CIP 제어번호: CIP2019009950)